독립·호국·민주화에 나타난 보훈정신과 역사적 승계

한국보훈학회 편 / **유호근** 외

독립·호국·민주화에 나타난 보훈정신과 역사적 승계

발행일 2022년 12월 26일
저 자 유호근 외
발행인 남광규
발행처 도서출판 매봉
등 록 제6-479호
주 소 서울시 영등포구 국회대로 800
ISBN 978-89-92799-27-0 93340
정 가 20,000원

목 차

표·그림·사진 목차

표

제1장

제3장

제4장

제8장

그림

서론
: 보훈 정신과 전통을 성찰하며

유호근

대한제국은 일제의 강점으로 역사의 종말을 고하였다. 그런데 일제로부터 해방된 이후 대한민국의 현대사가 전개되면서 현재에 이르기까지 위기가 아닌 시대가 과연 있었을까 싶었을 정도로 양상만 다를 뿐이지 위기는 계속 반복적으로 나타났다. 오늘의 대한민국은 이런 위기의 극복과 새로운 정치질서의 구축, 즉 독립·호국·민주화 과정을 거쳐 발전하였다. 우선 식민지배로부터의 해방과 독립, 대한민국 건국은 민족의 정치적 삶을 보장하는 정치행위로서 '새로운 시작'이다. 정치행위로서 '새로운 시작'은 이념·원리·정신을 담고 있다. 독립운동과 건국은 식민지배의 종식과 새로운 정치공동체의 형성을 추구하였다. 대한민국 호국의 역사는 해방과 함께 대한민국 국가 수립(nation-building) 이후 6·25전쟁 등을 거치면서 자유민주주의 체제생존을 위한 멸사봉공의 정신이 기저에 깔려 있다. 4·19혁명과 5·18민주화운동의 역사는, 자유민주적 국가공동체의 보존과 유지 확산으로 이어진다. 이 속에서 형성된 보훈의 가치와 정신의 실천은 곧 전통과 공동체의 유지 및 발전을 촉진하는 중요한 행위적 규범으로 정립되었다.

일제강점기 독립운동과 북한의 남침에 따른 6·25전쟁 그리고 민주화운동에 이르기까지 우리나라 역사의 매 순간 나라를 지키기 위해 애쓴 국가유공자는 76만 명이 넘는다. 국민 100명 가운데 1명 이상은 국가유공자인 것이다. 이 분들에 대한 예우와 존경은 아무리 강조해도 지나치지 않을 것이다. 대한민국이 위기에 직면했을 때 누구보다도 살신성인으로 희생·헌신하신 분들이 있었기 때문에 우리의 국가공동체는 굳건하게 유지됐다. 우리는 이 귀중한 교훈을 가슴에 새긴다. 이 공동 저서는 대한민국의 독립·호국·민주화의 분절화된 이해를 넘어서서 체계적 이해를 도모하기 위해 구성되었다. 말하자면 독립·호국·민주화에 나타난 보훈정신과 역사적 승계를 모색하였다. 이런 모색의 일환으로 1부 '민족의 위기와 독립정신,' 제2부 '국가안위와 호국정신,' 제3부 '시민의 정치참여와 민주정신' 등을 통해 독립·호국·민주화의 역사적 맥락과 가치와 정신의 연계성에 주목하였다. 그리고 제4부 '보훈정책과 제도'를 통해서는 우리의 보훈가치가 국가보훈의 제도와 정책으로 실천되는 과정과 결과를 분석하였다. 각 장에는 관련 분야의 전문가 선생님들의 통찰력과 혜안이 자연스럽게 녹아 있고, 오랜 경륜을 바탕으로 한 논의들이 응집되어 있다.

우선 제1장은 한국여성독립운동연구원 원장을 맡고 있는 심옥주 선생님이 집필하였다. 이 글에서는 보훈정신의 역사라는 범주 아래 3·1운동에 참여한 독립운동가들의 희생과 정신이 지니는 성격을 규정하였다. 즉 3·1운동은 평화 · 존중 · 자유 · 독립 · 인권의 의미가 함축되어 있는 역사적 사건이며, 독립운동의 당당한 주체가 되었던 민(民)이 제국주의에 맞선 생존권 투쟁이었다. 특히 이 논고에서는 한국보훈사 또는 한국보훈정신사에서 소외되었던 근대한국보훈사, 한국보훈정신사에 주목하고 대표적인 3·1운동에 주목하였다. 아울러 국가보훈정신사적 관점에서 3·1운동과 독립운동가의 희생정신, 그리고 국가보훈의 상관관계에 대해 살펴보았다. 3.1운동의 배경으로 일제 침탈, 식민화의 역사 속에 이념을 위해 결성된 신한청년당과 주체적인 민족사로서 「독립선언서」를 살펴보았다. 이어 민중에 의한 만세시위와 비폭력 저항, 자유를 위해 함께 저항했던 해외선교사의 사례 등은 3·1운동이 자유와 독립, 평화의 메시지를 담고 있다는 것을 명확히 한다. 하지만 주로 한국독립운동사의 관점에서 3·1운동을 평가하는 경향이 주류를 이루었기에 3·1운동은 한국보훈정신사, 한국보훈사에서는 소외되었다. 따라서 근대보훈정신사의 회복과 민에 의한 호국보훈정신을 3·1운동 사례에 주목하고 한국보훈정신의 맥락을 재정립하고 재평가해나가야 한다는 내용을 담고 있다.

제2장은 고려대학교 아세아문제연구원 통일과 국제평화센터장으로 재직하고 있는 남광규 선생님이 맡았다. 이 글에서는 임시정부와 광복군의 독립투쟁을 '공화주의'의 정립과 실천을 통해 식민 시대에서 국가를 찾는 '복국'(復國)과 해방 이후 새로운 '건국'(建國)노선이 계승되는 과정을 살펴보고 있다. 이를 바탕으로 건국 정신의 보훈적 가치의 계승과 정책적 적용을 밝히면서 공화주의적 건국노선이 향후 남북통합에 기여할 수 있는 통합성을 모색하고 있다. 개인을 바탕으로 만민의 참여를 통한 공공선의 추구라는 공화주의적 사회운동은 사회개혁운동과 독립운동으로 이어져 일제하 국권 회복을 위한 규범적 지표가 되었기 때문이다.

독립운동 시기 임시정부가 제정한 민주공화제(民主共和制)라는 정체는 오늘날 대한민국 헌법 제1조로 이어지고 있다. 일제 시기 자주독립 운동은 새로운 정치체제, 즉 민주공화국의 설립에 기반을 두었다. 대부분의 기간이 왕조 국가였고 40여 년에 거쳐 일제 식민지배를 받았던 신생국이 일체의 경험도 없이 서구에서 3세기에 걸쳐 진행되어 정립된 자유민주적 공화제를 선택한 것은 놀라운 '선택' 이었다고 할 수밖에 없다. 건국 정신은 전통을 통해서 후손들에게 계승되고 발전되는데 건국 정신이 퇴조하면 정치공동체로서 대한민국의 사회통합은 약화될 수밖에 없기에, 건국 정신은 후세에게 보훈정신의 전통으로 계승되어야 한다. 한국사회의 공화주의를 이해하고 현재의 시점에서 우리 사회에서 한층 더 성숙한 공화주의에 대한 담론과 향후 남북한을 아우르는 통합의 공화주의를 모색하는데 역사적 시사점을 찾고 있다.

제3장은 국방부 군사편찬연구소에서 국제분쟁사부장을 역임하고, 현재 한성대학교에 재직하고 있는 박동순 선생님이 맡았다. 이 글에서는 호국정신의 연원을 추적하고 6·25전쟁 수행과 북한의 침투와 도발, 그리고 월남전 파병으로부터 호국정신을 발휘하여 헌신하고 희생한 이들의 가치와 국내외적으로 미친 영향에 대해 기술하였다. 이를 통해 호국보훈의 현주소를 돌아보고 사회통합의 개념으로 접근하였으며, 향후 국가보훈정책의 방향을 공유하고 있다. 국가를 이루는 요소는 영토 · 주권 · 국민이므로, 국가의 책무 중 가장 기본적인 요소는 국민을 보호하는 것이다. 이를 위해 영토는 보전되고 주권이 보장되어야 한다. 즉 국가

는 외부 침략으로부터 영토와 주권을 지켜내고 국민의 생명과 안전을 위해 군대를 유지하게 된다. 군대는 부여된 임무를 수행하기 위해 하나밖에 없는 목숨을 언제든지 바칠 각오로 헌신하고 희생한다. 이것이 바로 호국정신이다.

대한민국의 현대사는 1950년 6월부터 3년간 이 땅에서 치열하게 전개되었던 6·25전쟁이라는 역사적 시련에 모든 고리가 연결되어 있다. 6·25전쟁은 이념전쟁의 성격인 동시에, 범위 면에서 국제전이자 제한전쟁으로 수행되었다. 전쟁의 시작은 북한 기습공격이었으며, 종전이 아닌 정전으로 멈추었다는 특징으로 규정된다. 이로 인해 전쟁의 인적피해는 매우 참혹했으며, 전쟁 이후 대한민국 정부의 보훈은 호국정신을 중심으로 정책과 제도로 자리 잡았게 되었다. 이후 대한민국은 북한의 끊임없는 침투와 도발로부터 영토와 국민을 보호해 왔으며, 세계의 자유 수호를 위해 월남전에 국군을 파병하여 국제사회에 한국의 위상을 드높였다. 그 과정에서 희생과 헌신으로 임무를 수행한 이들을 우리는 참전용사 및 국가유공자 등 호국보훈의 가치로 대우하고 있다는 점을 강조하고 있다.

제4장은 국방부 6·25전쟁 60주년 사업 기획총괄부장을 역임하고, 한성대학교에 봉직하고 있는 이강수 선생님이 집필하였다. 이 글에서는 6·25전쟁의 의미를 국제적 관점에서 조망하였다. 유엔군 참전은 유엔이 창설된 이후 최초로 국제연합군(United Nations Forces)을 구성하여 침략국과 전쟁을 치르고 격퇴함으로써 평화를 위한 인류의 노력을 성공적으로 구현한 대표적인 사례로 꼽힌다. 강조하자면, 한국은 많은 유엔 지원국 중 거의 유일하게 정치·경제적으로 자립에 성공함으로써 아직도 혼란을 겪고 있는 다른 국가에 모범이 되고 있다. 그런데 대한민국이 자국민이 아닌 유엔참전국 참전군인과 참전국에 대한 국제적 보훈제도를 마련하고 우리 국민에게 유엔참전국과 참전군인의 모습을 전하는 정책을 시행하고 있는 이유는 단순히 우리의 생존과 번영을 가능하게 하였다는 의미뿐만이 아니라 자국민의 역사의식과 국가의식을 함양하는 데 큰 도움이 되기 때문이다.

현재의 대한민국의 정체성과 지향가치의 시원이 되는 자유민주주의 정치체제와 시장경제는, 전후복구 과정을 거치면서 미국과 자유세계의 정치·경제체제가 다양한 분야에 영향을 미치고 한국적 상황에 맞게 발전되었다는 점을 명확하게 하고 있다. 전쟁 기간 중 미군과 각국 군대가 보여준 노블레스 오블리주 정신은 우리의 전통적 화랑정신, 선비정신을 다시 일깨우는 계기가 되고 있으며, 병역의 가치와 국가를 유지하는 데 결정적 역할을 하고 있는 지도층의 자세를 배울 수 있다. 전쟁과 전후복구 간에 보여준 세계인의 인도주의 정신은 우리가 앞으로 다른 나라를 도울 때 어떠한 마음가짐과 자세로 임해야 할 것인가를 가르쳐주고 있다. 이러한 가치가 앞으로도 지속적으로 유지되고, 신냉전과 재블록화가 거론되는 국제질서의 변화 속에서 국제보훈이 국제협력을 공고히 하고 우리의 안보를 굳건히 하는 기제로서 효과적인 역할을 하기 위해서는 유연한 정책변화와 실질적 역할 수행이 중요하다는 점을 강조하고 있다.

한국외국어대학교 LD학부 교수로 봉직하였고 현재는 명예교수인 홍원표 선생님은 공동 연구의 일관성을 유지하고자 참여자들의 의견을 조율하는 역할을 맡으며 제5장을 집필하였다. 이 글에서는 2·28 '민주운동'으로 시작되어 3·15 제1차 '마산의거'와 4·11～13 제2차 '마산의거'로 확대되고 '4·19혁명'으로 발전한 정치적 사건의 의미를 고찰한다. 「국가유공자법」은 4·19혁명의 숭고한 정신을 유지하고 계승하는 법적 기반을 마련했다. 시작과 보존 정신은 전통의 두 요소다. 따라서 과거가 전통으로서 권위를 유지하려면, 과거의 사건을 재현하려는 노력이 필요하다. 4·19혁명의 고귀한 민주정신은 한때 주목을 받기에는 먼 과거의 사건으로만 기억됐다. 그러나 과거의 경험이 역사의 퇴적층에 묻혀 있을 때, 귀중한 보배는 빛을 발하기 어렵다. 단지 새로운 것만을 귀중하게 여기는 시대에 그 보배에 주목하기도 어렵다.

우리는 선조들의 고귀한 정치 행위, 4·19혁명에서 빛을 발하였던 투쟁정신을 기억한다. 민주정신의 전통은 역사적 경험의 단순한 반복이 아닌 새로운 해석과 의미 창출로 생명력을 지닌다. 달리 표현하면, 민주화운동은 자주독립운동 · 호국운동을 계승하는 보훈정신과 연계된다. 보훈정신의 실천은 곧 전통과 공동체의 유지 및 발전을 촉진하는 중요한 정치 행위다. 현재의 시점에서 우리는 이 귀중한 교훈을 어떻게 받아들이고 있는가?에 주목할 필요가 있다.

제6장은 경기대 겸임교수, TBS 보도국장 등을 역임한 김홍국 선생님이 맡았다. 여기에서는 한국 사회에서 펼쳐진 민주화운동으로서 1960년 4·19 민주혁명과 1980년 5·18 광주민주화운동, 1987년 6월 민주항쟁을 대표적으로 꼽고 있다. 4월 혁명은 부패한 이승만 정권의 권위주의에 맞서서 자유주의와 민주주의를 세우려는 사회적 열정이 폭발한 것이었다.광주민주화운동은 쿠데타로 권력을 장악한 신군부에 맞서 민주주의와 민족주의를 성취하고자 했던 민주주의의 결집된 장면이었다. 6월 항쟁은 군부권위주의 정권의 강압정치에 대응한 민주주의 회복 운동이었고, 동시에 급속한 산업화에 대응해 진행된 시민사회의 성장에 힘입어 한국사회를 변화시켰다.

국가보훈은 독립·호국·민주 3요소에 의해 국가 보훈정책 및 행정체계가 펼쳐지고 있다. 특히 민주의 가치를 담은 민주화운동 중 5·18민주화운동은 「5·18민주화운동 등에 관한 특별법」(1995년 제정), 「5·18민주유공자 예우에 관한 법률」(2001년 제정), 「5·8 진상규명을 위한 특별법 및 왜곡처벌법」(2022년 1월 개정 시행) 등을 통해 희생자와 공헌자에 대해 합당한 예우를 하고, 이를 통해 민주주의의 숭고한 가치를 널리 알리고 민주주의 발전에 기여토록 하고 있다.

우리 사회는 현실에서 보수와 진보 간의 첨예한 갈등이 민주화운동을 포함한 보훈 분야에도 그대로 나타나고 있다는 점에서 어떻게 국민통합의 가치를 제시하며 양 진영을 설득할 것인지, 어떻게 의제를 설정함으로써 예산과 국가조직을 활용해 적극적인 보훈행정을 펼칠 것인지, 어떤 사업과 예산의 우선순위를 정할지 등을 설정해야 할 것이며, 동시에 이에 대한 국민들의 인식을 개선해 나가려는 범사회적 노력을 기울여야 할 것이다. 또한 독립 · 호국 · 민주를 핵심가치로 하고, 대한민국의 국민통합과 애국심을 이끌어내기 위한 내실 있는 보훈정책이 적극 실천되어야 함을 강조하고 있다.

제7장은 동국대학교 행정경찰학부에 초빙교수로 재직하고 있는 권영복 선생님이 맡았다. 이 글에서는 국가보훈제도가 헌법적 가치질서와 부합해야 할 뿐만 아니라 중요한 헌법적 가치를 수호하기 위한 희생되거나 또는 공헌한 사람들에

대하여 정당한 보상과 예우를 보장할 수 있을 때에 비로소 국민통합과 국가발전의 계기로서 기능을 수행할 수 있다는 입장을 강조하고 있다.

이 글에서는 헌법적 가치질서의 수호라는 관점에서 보훈제도의 규범적 의의와 위상을 정립해야 한다는 점을 제시하고, 현행법상 보훈제도의 체계와 개별 보훈입법이 가지는 의미를 명확히 하였다. 또한 보훈제도가 정립되기까지 입법과정을 개관하면서 현행 보훈제도의 중심을 이루고 있는 개별 법률들, 즉 보훈기본법, 국가유공자법, 독립유공자법, 참전유공자법, 보훈보상자법, 5·18보상법 및 민주화보상법을 중심으로 보호대상과 보훈급여를 살폈다. 아울러 개선되어야 할 과제로 보훈보상자의 위치 재정립, 독립유공자제도의 입법방향, 보훈급여의 형평성 재고의 필요성을 제기하였다.

제8장은 법무법인 청녕의 변호사이며 국가보훈처 보훈심사위원인 노동영 선생님이 집필하였다. 이 글에서는 보훈 법치행정과 정책집행을 다루고 있다. 보훈심사에서 가장 흔히 다루어지는 국가유공자 및 보훈보상대상자의 인정에 있어 국가보훈처의 예산 및 실무 관행에 근거한 보수적인 입장과 군인·경찰과 같이 위험직무에 종사하는 공적 영역에 대한 이해 부족 및 사실 오인, 이에 따라 국가보훈처의 잘못된 법령의 적용이 복합적으로 작용함에 따라 보훈을 받지 못하는 많은 국민이 고통스러워하고 있다. 상이에 대한 추정 규정이 삽입되어 입증책임이 국가에게 전환되지 않는 한 수많은 국가유공자 및 보훈보상대상자 등록신청에 대한 거부처분 및 권리구제 노력은 계속될 것이다.

그럼에도 '보훈법'이라는 영역이 법학에 있어 학문적으로나 법조실무 영역에서 전문적이고 독립적으로 정립되었다고 말할 수 없다. 소위 시장성이 부족하여 학문적으로도 법조 실무적으로도 관심을 덜 받고 있다는 것이 훨씬 더 정확할 것이다. 현실적으로는 국가에 대한 희생·헌신으로 신체적으로나 경제적으로 사회적 약자가 되어 있는 공훈자이기에 보훈법의 정립이 매우 절실히 요구되고 있다. 추상적으로 보훈의 가치를 아무리 외쳐도 결국 국가보훈대상자로 편입시키는 것은 국가보훈처의 제도 운영의 결과이고, 국가보훈대상자로 편입되지 못한 사람들을 실무적으로 구제하는 것은 사법절차의 영역이기 때문이다. 현재 보훈제도에 대한 법적인 연구는 국가보훈대상자 중에서도 국가유공자에 집중되어 있는 편이다. 주로 국가유공자에 대한 헌법적 검토 등에 한정되어 있어 다양한 유형의 국가보훈대상자 및 행정법적 검토를 포함한 공법적 검토가 계속 보완되어야 할 필요성이 있다는 점을 부각하고 있다.

이 공동 저술은 현대 한국의 보훈사상을 구성하는 세 축인 독립정신·호국정신·민주정신의 상호 연관성을 중심으로 그에 입각한 이론과 사상의 토대와 체계적 연계성을 확보하는 데 중점을 두었다. 사상과 이론이 없는 정책은 없을 것이다. 우리가 계승하고 발전시킨 보훈정신과 애국정신을 일관된 틀로 담는 그릇을 정립하려는 노력이 중요할 것이다. 말하자면 한국 특유의 보훈사상과 이론을 정립할 필요가 있다. 따라서 본 연구는 보훈정신의 이론화를 위한 토대 작업의 일환이다. 우리 정부의 보훈정책은 이러한 기본 틀에 기초를 두고 있다. 보훈정책의 전반적 틀에 대한 국민의 '총체적' 이해를 위한 견마지로의 중요한 발자국이다. 즉 대한민국 역사의 분기점에서 발현된 보훈정신이 법과 제도로 실천되면서 나타난 '분절화된' 나이테를 통합으로 이어주기 위한 보훈사상과 논리 체계를 갖추는 토대 작업으로서의 의미를 갖는다. 이를 기초로 우리의 보훈정책이 발현되고, 공동체 유지·발전의 담론으로서 국민 속에 뿌리내릴 수 있기를 간절히 기대해본다.

이 공동 저작의 간행을 위해 귀한 시간을 할애하여 심도 있는 집필을 해주신 일곱 분의 선생님들, 그리고 전체적인 조율을 맡아주신 홍원표 선생님께 깊은 감사의 말씀을 드린다. 특히 보훈의 가치와 이념, 논의 연계성에 대한 깊이 있는 자기 사색과 통찰을 바탕으로 한 선생님들의 노고에 경의를 표한다.

제 1 부

민족의 위기와 독립정신

CHAPTER 1

독립·호국·민주화에 나타난 보훈정신과 역사적 승계

3·1운동 독립운동가의 희생정신과 보훈

심옥주

Ⅰ. 서론

근대 시기 제국주의 팽창 야욕은 '식민지배'와 '자유 투쟁'이라는 근대의 양면성을 양산했다. 제국에서 민국으로 가는 길목에서 일제강점기는 근대화의 조류를 투쟁의 물결로 바꾸는 치명타였다. 동시대에 유럽이 자유와 평등 이념으로 구체제를 무너뜨리는 위력으로 발휘되었다면, 우리나라는 근대가 표방하는 자유와 평등의 시각을 일제에 대한 저항으로 표출하였다. 역사는 그 민족의 삶의 역사가 축적된 것이며 민족의 본질이 역사의 산물로 나타난다.[1] 동시에 민족의 역사는 그 민족성이 배태되어 있다. 본 연구 주제는 3·1운동 시기에 주목하고 있다. 3·1운동과 함께 독립운동이 보훈과 밀접한 관련이 있는 이유는 한국의 보훈정신이 역사에 스며있는 민족정신에 기초하고 있기 때문이다. 한국독립운동은 일제의 식민지배에 저항한 역사였고 국권을 회복하려는 해방의 과정이었다. 그 흐름 속에 국권회복과 외세로부터 해방을 추구하는 과정에서 저항의 시대조류로 나타난 것이 바로 '항일(抗日)'이다.

일제강점기는 민족독립을 쟁취하기 위해 반제국주의·반외세주의 저항운동이 활발하게 전개되고 있었다. 외세로부터 국권회복을 추구하는 과정에 근대화 조류는 민족 해방을 추구하는 저항성을 띤 또 다른 시대조류로 나타났다. 국가를 위기로부터 지키겠다는 민중의지는 1895년 을미의병, 1907년 정미의병, 1907

1) 이광률 외, 『민족정신의 원류와 전개』(경산대학교출판부, 2000), 10쪽.

년 국채보상운동에 이어 1919년 3·1운동과 독립운동으로 이어졌다. 그 과정에서 국권회복을 위한 독립의지가 민족의 결집으로 나타난 대표적인 사건이 3·1운동이다. 오늘날 3·1운동이 주목받는 이유는 국가로부터 서훈을 받은 독립유공자 운동계열 중에서 35%를 차지하는 역사적 사건으로 평가되고 있다. 이처럼 3·1운동 과정에서 독립운동가의 희생과 정신은 보훈정신의 역사 일부분이다. 3·1운동과 국내외에서 활약한 독립운동가를 비롯하여 해방 이후 6·25전쟁, 4·19혁명, 민주항쟁 등 나라를 위해 목숨을 바친 이들의 구국 의지도 국가보훈정신의 기반이다. 그중에서도 3·1운동은 평화, 존중, 자유, 독립, 인권의 의미가 함축된 역사적 사건이며, 민(民)이 제국주의에 맞서 독립운동의 당당한 주체가 된 생존권 투쟁을 했다고 보아도 무방하다.

역사학자 김삼웅은 '3·1운동은 세계 혁명사에서 초유의 일이었으며 3·1혁명으로서 정명(正名) 찾기부터 시작되어야 한다'고 주장한 바 있다.[2] 이번 논고에서 한국보훈정신사에서 3·1운동의 의미를 정립하는 것은 민족정신의 정명을 찾는 것이라고 볼 수 있다. 3·1운동은 신분과 성별, 지역과 세대, 종교를 뛰어넘은 거국적인 민족운동이었다. 일제의 탄압과 억압을 넘어 민족전체가 자유와 독립, 평화를 갈망했고 주변 아시아 국가에도 큰 자극재가 되었다.[3] 기존의 3·1운동 연구는 학자들에 의해 다양한 연구가 진행되었다. 3·1운동의 전개 양상, 아시아 해방 등 전개 과정을 조망하거나 3·1운동의 기본성격과 정신, 그리고 국외에 미친 영향 등을 규명해왔다.[4] 하지만 3·1운동을 국가보훈정신의 역사적 맥락 속에서 살펴보거나 호국, 보훈의 연결 관계에서 접근하고 보훈사적 규명을 하는 연구는 부족했다. 따라서 본 연구는 국가보훈정신사적 관점에서 3·1운동과 독립운

---

2) 김삼웅, "3·1혁명과 여성독립운동", 『세계평화의 길, 한국여성독립운동에서 찾다』 3·1운동과 여성 대토론회 2018년 1월 29일자 자료집, 26쪽.

3) Geoffrey Best, Peace Conferences and the Century of Total War; The 1899 Hague Conference and What Came After, *International Affairs*(Royal Institute of International Affairs 1944, Vol. 75, No. 3(Jul., 1999), p.620.

4) 전택부, "3·1운동의 정신과 그 배경", 『기독교 사상』 22(대한기독교서회, 1978); 김호성, "3·1운동과 한국민족주의", 『한국정치외교사논총』 20(한국정치외교사학회, 1998); 황민호, "「매일신보」에 나타난 3·1운동의 전개와 조선총독부의 대응", 『한국독립운동사연구』 26(한국독립운동사연구소, 2006); 와다 하루끼, "아시아해방사에 3·1독립운동", 『기독교사상』 34(대한기독교서회, 1990) 등이 있다.

동가의 희생정신, 그리고 국가보훈의 상관관계에 대해 살펴보고 그 의미를 찾고자 한다.

Ⅱ. 史 : 3·1운동의 배경

1. 침탈의 진행 史 : 일제의 식민화

3·1운동은 일제의 식민지배와 억압정책에 민족의 저항의지가 표출된 역사적 사건이고, 우리나라 민족해방운동사에 큰 획을 긋는 사건이었다. 1919년 3·1운동은 1년에 걸쳐 국내뿐만 아니라 만주, 연해주, 미국 등으로 만세시위가 확산되어 한국민족운동의 구심점이 되었다. 그 배경은 1910년 일제의 강제병합에 주목할 수 있다. 1910년 10월 1일 조선총독부를 설치한 일본은 식민지 통치제제를 확립하기 시작했다. 사실상 한반도를 군사점령하고 식민지화하기 위해 칙령 제319호 「조선총독부 설치에 관한 건」을 발표하였는데, 내용은 다음과 같다.

〈明治 43년 8월 29일 공포 칙령 제319호 초록〉

> 조선에 조선총독부를 둔다. 조선총독부에 조선총독을 두고 위임 범위 안에서 육해군이 통솔하며 모든 정무를 통할하게 한다. 통감부 및 그 소속관서는 당분간 이를 존치하고 조선총독의 직무는 통감으로 하여금 행하게 한다. 종래 한국정부에 속했던 관청은 내각 및 표훈원을 제외하고 조선총독부 소속관서로 간주하고 당분간 이를 존치한다. 전항의 관서에 재근하는 관리에 관해서는 구한국정부에 재근했을 때와 동일하게 취급한다. 단 구한국법규에 의한 친임관은 친임관 대우, 칙임관은 칙임관 대우, 주임관은 주임관 대우, 판임관은 판임관 대우를 받는 것으로 하고, 또한 재관대로 빙용을 허가받은 자는 명치 37년 칙령 제195호의 적용을 받는 것으로 간주한다 …

조선의 조선총독부의 설치는 조선의 정무총괄을 비롯하여 내각, 관청의 실질적인 장악을 의미했다. 조선총독부 중앙기구 편제를 살펴보면, 칙령 제319호에서 언급된 바와 같이 조선의 부처개각을 통해서 조선총독부의 범위 안에서 관리하도록 하였다. 총독 관방을 비롯하여 참사관실에는 비서관·무관실, 총무부, 내무부, 탁지부, 사법부를 두었고 각 부의 장을 장관이라 칭하였다. 또한 각 부에는 국을 설치하여 관할하였다. 조선총독부 소속 관서로는 중추원을 두었고 지방행정기관인 각 도 및 부·군·면, 그리고 경무총감부에는 서무과·고등경찰과·경무과·보안과·위생과·경성부 직할경찰서·경무부를 설치하여 식민통치체제의 실권을 장악했다. 사법기관인 재판소는 고등법원·공소원·지방재판소·구재판소와 감옥 등을 설치하여 법제기관을 장악하여 저항세력에 대응할 수 있도록 갖추었다. 조선총독부가 설치된 2년 뒤에 다시 기구편제가 되었는데, 중앙과 지방의 행정기구를 재정비하여 본격적인 경제침탈과 통치기반을 갖춘 것이다. 1913년 3월 기준 조선총독부 중앙기구 편제 현황은 〈표-1〉과 같다.

〈표-1〉 1913년 3월 조선총독부 중앙기구 편제[5)]

조선에 대한 일본의 통치기반 구축과정은 조선의 실물경제뿐만 아니라 사회, 정치, 법제, 농상공 등 실생활 전반으로 확대되었다. 이것은 러일전쟁 이후 일본

5) 서민교, 『1910년대 일제의 무단통치』(독립기념관 한국독립운동사연구소, 2009), 30쪽의 도표 재인용.

이 제출한 「전후경영의견서」에 조선의 치안유지, 일본의 이권을 위한 조선의 군비강화 등을 진행한다는 주장을 담고 있는 것과 궤를 같이 한다. 일본은 조선총독부 설치를 통해 식민지 행정조직을 개편함과 동시에 실행했다.[6] 조선총독부 설치 1년 뒤 조선의 경제, 사회, 정치 등 침탈환경은 심각해졌다. 경제부문을 살펴보면, 토지조사사업을 전면 시행하고 불균등한 토지소유제도를 양산했다. 전체 농가호수의 3.1%에 불과했던 지주가 전체 경지면적의 50%를 차지하고 소작하지 않고 살 수 없는 농지를 77.2%를 차지한 것은 배타적 소유권 인정의 사례이다. 이런 상황은 1910년부터 1918년까지 토지조사사업을 전년 시행하여 불균등한 토지소유제도를 적용한 것에서 알 수 있다. 진행과정에서 경작농민이 빼앗긴 토지는 총독부 소유로 편입되었는데, 1912년 기준으로 133,633정보에 달했다. 그 규모가 그해 경지면적의 약 20분에 1에 해당하는 방대한 면적이며 그 토지를 경작하는 소작농은 33,748명에 이르렀다. 이처럼 조선총독부 소유로 편입된 토지가 대량 확보되면서 일본은 식민경제기반을 조성했고 실질적인 장악을 할 수 있었다. 이후 일본은 공업, 교통, 운수, 통신 등으로 확산시켰다.

또한 조선총독부의 식민통치기반을 구축하는 과정에서 민족정신을 말살시키기 위한 교육제도 수립도 주목된다. 일본은 통치기구를 강화함과 동시에 '동화정책'을 주창하는 식민교육제도를 수립하였다. 조선총독부 동화교육의 주목적은 교과서 편찬 개편과 함께 이를 통해 일본의 국가주의와 천황주의에 순응할 인간 육성을 하는 데 있었다. 예를 들면 『보통학교 학도용 조선어독본』의 내용을 대폭 수정한 사례에서 알 수 있다. '우리나라 국기' 단원에는 일장기만 남기고 태극기와 중국기를 모두 지워 일본문화의 우월성을 학생들에게 주지시켰다. 한 사례로 1913년에 편찬한 『보통학교 수신서』에는 천황숭배사상을 고취시키기 위해 식민사관을 학생들에게 주입시켜 순종과 정직 항목을 강화한 것에서 알 수 있다.

제1차 조선교육령 시기의 교과과정을 살펴보면, 교수 시수표의 교과목에 수신, 조선어 및 한문, 일어(국어), 산술, 미과, 체조 및 창가 등으로 구성되어있다.

---

6) 국사편찬위원회, 『한민족 독립운동사 3: 3·1운동』(국사편찬위원회, 1987).

학년별 교수 시수표에는 조선어보다 일어의 시수를 2배로 많이 배치하여 일본의 식민교육 강화에 박차를 가했다는 점도 주목된다. 일본 식민지교육의 주목적은 조선인이 대한제국의 신민으로서 세계 일등국의 인민과 어깨를 견주기를 바라고 동시에 안으로는 행복한 생활을 영위하게 되는 이유를 '모두 황실의 은택'이라는 것에 강조하는 데 있었다. 즉, '일본 황실을 존중하고 식민교육의 당위성을 국가에 진충할 도'에 주지시키는 데 주력한 것이다.[7] 당시 교육계에는 역사 왜곡과 황국신민화 교육이 심각해지자 교사와 학생의 저항은 고조되고 있었다. 3.1운동은 일제의 탄압과 황국식민화정책에 분개한 지식인을 포함한 민족 전체의 저항으로 표출된 역사적 사건이다. 3·1운동 과정에서 교사와 학생의 참여 수가 높거나 체포되거나 수감된 대상에서 교사와 학생이 절반을 차지한 것은 일제의 식민교육 환경에 대한 저항의식이 높았다는 것을 의미한다.

3·1운동이 일제의 식민화 교육에 대한 저항성을 가진다는 것은 근대화 교육 시행 이후 학교 수 및 학생 수 증가와 밀접한 관련을 가지고 있다. 1911년과 1919년 대비 관립학교, 공립학교, 사립학교의 학교 수 및 학생 수의 증가는 다음의 〈표-2〉에 알 수 있다. 1911년에 비해 1919년에는 학교수와 학생수가 급격히 증가했는데, 국제사회변화와 일제탄압에 분개한 학생과교사, 지식인의 적극적 참여의 배경이 된다. 근대 교육기관의 증가는 일제의 황민화교육과 민족정신말살정책이 고조됨에 따라 그에 반하는 저항의식이 강력하게 형성되는 변화요인이 되었다고도 해석할 수 있다.

7) 정혜정, 「일제강점기 보통학교 교육정책 연구」, 『일제의 식민지 지배정책과 매일신보 1910년대』(두리신서, 2005), 138-143쪽.

〈표-2〉 관립·공립·사립학교 학교 수[8)]

학교별		1911		1919	
		학교수	학생수	학교수	학생수
보통학교	공립	236	28,608	482	84,304
	사립	74	4,737	2(부속) 25(사립)	461(부속) 2,031(사립)
고등보통학교	관립	3	921	7	2,083
	사립	2	150	11	1,758
실업학교	관공립	17	805	21	1,797
	사립	1	107	1	162
간이실업학교		17	476	67	1,252
전문학교	관립	1	64	4	424
	사립			2	111

2. 이념을 위한 史 : 민족자결주의와 신한청년당

3·1운동 배경은 '민족자결주의'와 파리강화회의에 따른 국제정세의 변화와 긴밀한 연관성을 가진다. 1919년 전후 급변한 국제정세 변화는 약소국의 저항 의지를 외부로 표출시키는 계기를 마련했다. 1918년 1월 8일 미국의 윌슨 대통령은 신년 연설에서 14개 항의 평화교섭 조건을 발표했다. 그 내용은 민족자결, 비밀외교의 철폐, 군비축소, 국제연맹의 창설 등을 포함하고 있었다. 특히 '식민지 요구의 공평한 조정'의 내용을 언급함으로써 약소국으로부터 주목을 받았다.

> … 식민지의 주권을 결정하는 데 있어서 그 주민의 이익과 수립하게 될 정부의 공평한 주장이 동등하게 고려되어야 한다는 원칙 하에서 모든 식민지 요구를 공평하게 조정한다 …

제1차 세계대전 중에 발표한 윌슨의 민족자결주의는 1918년 11월 상해외교단과 범태평양회의가 공동 주최한 환영회에서 미국 특사 크레인(C. R. Crane)

8) 서민교, 『1910년대 일제의 무단통치』(독립기념관 한국독립운동사연구소, 2004), 194쪽.

의 언급으로 다시금 주목받았다. 그는 '파리강화회의가 각국의 중대한 사명이 있고 피압박민족에 대한 해방을 강조한 것이기 때문에 약소민족에게는 절호의 기회다'라고 강조하였다. 이 연설을 들은 여운형은 파리강화회의에 한국 민족대표도 참석하여 독립의사를 제시하고 민족자결주의 원칙을 한반도에 적용할 것을 요청하는 방법을 모색했다.[9] 그 취지는 신한청년당(新韓青年黨)이 결성되는 계기가 되었다. 신한청년당에서는 영어를 유창하게 구사했던 김규식을 한국 대표로 선정하고 1919년 1월 말 파리로 출발시켰다.[10] 그리고 1918년 11월 28일 신한청년당 대표 여운형의 이름으로 작성한 「한국독립에 관한 진정서」 2통을 파리평화회의 의장과 미국 대통령 윌슨에게 전달하도록 의뢰하였다.[11]

〈그림-1〉 신한청년당 관련 일본외무성기록

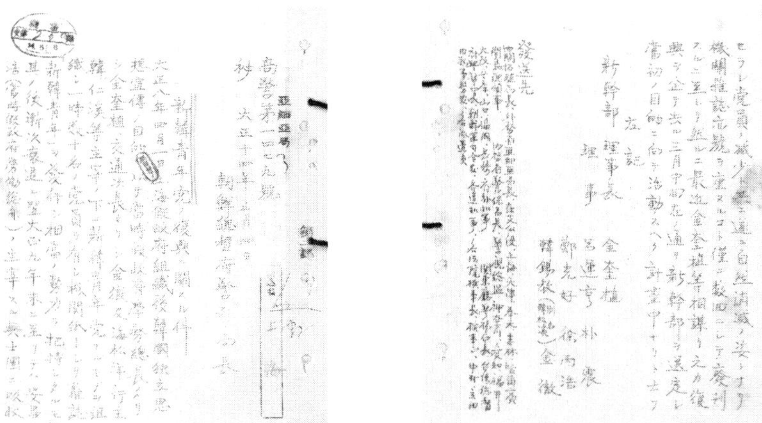

신한청년당은 국내에는 1차로 선우혁과 김철을 파견한 뒤 2차로 서병호·김순애·백남규 등을 파견하였다. 이들은 국내 천도교 및 애국인사들을 만나 만세운동에 대한 논의를 본격화했고 그 영향은 일본의 한국유학생과 독립운동을 논의로 이어졌다. 여운형은 만주와 노령 및 연해주로 파견되어 독립운동을 고양시키

9) 김병기, 반병률, 『국외 3.1운동』(독립기념관 한국독립운동사연구소), 19쪽.
10) 여운홍, 『몽양 여운형』(청하각, 1967), 27쪽.
11) 신용하, 『3·1독립운동』(독립기념관 한국독립운동사연구소, 1989), 26쪽.

는 활동을 통해 만세운동의 협조와 지원요청을 하였다. 이처럼 신한청년당은 국내외 독립운동을 연결하고 3·1운동을 촉발시키는 계기를 마련하는 역할을 하였다. 국내뿐만 아니라 국외 교류로 상호협력하는 관계를 이어나갔기 시작했다. 1925년 5월 4일자 일본외무성기록 「신한청년당의 복당에 관한 건」의 내용에서 김규식(신한청년당 이사장), 김철(임시정부 교통차장), 한인계, 안창호(노동총변), 여운형, 박진, 정광호 등이 신한청년당의 주요 인물로 거론되었다. 동시에 조선총독부에서는 이들을 주요 인물로 주목했다.

신한청년당의 활동은 국내와 국외의 결속을 구축하는 역할을 했다. 평안도 기독교 계통의 독립활동, 일본의 유학생의 2·8독립선언, 김규식의 파리강화회의 파견 등 국내외 협력을 통해 민족 독립의사를 표명하였고 이는 3·1운동의 촉발에 중요한 역할을 하였다.[12] 손병희·권동진·오세진·최린 등 천도교계 인사들은 일본 유학생의 독립선언 소식을 듣고 1919년 1월 중순경 만세시위를 전개하기로 합의하였다. 당시 독립운동 지도자와 지식인들은 민족자결주의가 새로운 보편적 구제 질서의 원리로 제시되었다는 점에 착안해서 한국의 독립운동 기회를 포착해나갔다. 민족대표 위치에 있던 손병희는 당시의 상황을 다음과 같이 언급하였다.[13]

> … 이번 파리에서 열리는 강화회의에 제창된 미국 대통령의 민족자결문제로 인해 새로운 세계가 도래할 것이라는 기대로 … 이번 기회에 조선도 민족자결의 취지에 따라 독립을 달성하려는 희망을 갖게 되었다.

3·1운동 지도부는 윌슨의 민족자결주의에 기초한 식민지 문제의 평화적 해결방법을 모색하기 시작했다. 그러나 윌슨 행정부는 한국 독립운동가들의 파리강화회의 대표 파견에 긍정적인 반응을 보이지 않았다. 일본의 한국 병합은 제1차 세계대전으로 발생한 문제가 아니라고 보았기 때문에 미국은 그 사안을 가능성이 없는 것으로 판단했기 때문이다. 이러한 국제정세변화 속에 한국의 독립운동

12) 김희곤, 「신한청년당의 결성과 활동」, 『한국민족운동사연구 1』, 163-166쪽.
13) 김정명 편, 「손병희 지방법원 예심신문조서」, 『3·1독립운동 1』(원서방, 1983), 201-202쪽.

에 대한 열망은 국내에서 국외로 이어지고 있었다.

3. 주체에 의한 史 : 독립선언서

'3·1운동'의 전개과정에서 주목할 것은 서면화 및 공식화를 통한 국내외 민족항일운동의 경격을 가진다는 점이다. 3·1운동의 메시지를 서면화된 독립선언서를 통해 공식적으로 전달했다는 것은 중요한 의미를 가진다. 서면화된 독립선언서의 제작과 배포는 민중저항의지를 표출시키는 당위성을 명확히 하고 있다. 독립선언의 실질적 주체와 독립운동의 당위성, 독립운동의 방략 등을 독립선언서에 내용으로 담았고 대중적 만세시위의 촉발제 역할을 하였다. 1919년의 「2·8독립선언」과 「대한독립선언」, 「3·1독립선언서」, 「대한독립여자선언서」등이 대표적인 예이다.

1919년 1월 일본의 한국 유학생에 의해 준비된 「2·8독립선언서」는 동경에서 이광수에 의해 독립선언서가 기초되었다.[14] 한국 유학생들은 조선기독교청년회관에서 웅변대회를 개최한 뒤 임시실행의원 10명을 선출하였다. 작성한 독립선언서는 각국 대사와 공사, 일본 귀족원과 중의원 등에 배포하여 독립의지를 알렸다. 1919년 2월 중국 길림에서 해외독립운동가 39인의 명의로 발표된 「대한독립선언서」는 대한독립의군부를 중심으로 독립을 위한 외교활동과 의열투쟁적 성격이 짙다. 국내외 독립운동가 39명은 박은식을 포함하여 안창호·윤세복·안정근·신채호·김규식·이동녕·이동휘 등이다. 이 선언서는 해외독립운동을 염두에 둔 독립선언서라는 점에서 국경지역과 인접한 중국과 만주 등에서 해나가야 할 해외독립운동의 방향성을 제시하였다. 「대한독립여자선언서」는 1919년 4월 8일 무렵 미국 및 노령지역의 부인들이 부인회를 결성하여 8명의 연서로 발표한 선언서이다. 이 선언서는 순한글로 작성되었다.[15] 일본침략의 부당성과 국가 위기 속의 여성의 역할, 동포 호소 등의 내용을 담아 여성계에 던진 파장이 컸다.

---

14) 신용하, 『한국근대민족운동사연구』(일조각), 221-222쪽.
15) 일본외무성기록, 「不逞團關係雜件-朝鮮人의 部-在滿洲의 部 9」 騷密 第391號; 祕受 4659號, 1919년 4월 18일.

1919년 3월 1일 「3·1독립선언서」는 파고다 공원과 태화관, 그리고 전국 9개 지역에서 사전에 배포되었다. 민족대표 33인은 회합을 통해 독립운동 대표자 회의를 개최하여 의기를 다졌고 천도교·기독교·불교 등 범종교계를 비롯한 민족대표 33인의 인장 날인이 되었다는 점에서 대중에 미친 영향이 컸다. 1919년 3월 1일 오후 2시 민족대표 33인은 태화관에 모여 독립선언서를 낭독하고 대한독립만세 삼창을 했고[16] 일본 경찰에 체포되어 연행되었다. 동시에 그 시각에는 2월 20일부터 비밀리에 인쇄된 3만 5천 매가 제작 배포되어 서울·평양·선천·원산·개성·서흥·수안·사리원·해주·대구·마산·전주·군산 등으로 독립선언서가 배포되고 있었다.[17] '3·1운동'과정의 독립선언서 발표는 저항메시지를 서면화함으로써 저항의지 표출의 당위성을 명확히 한 것이다. 독립선언서에는 독립선언의 주체와 독립운동의 당위성, 독립운동의 방략 등의 내용이 담겨 있었기 때문에 대중적 만세시위의 촉발제 역할을 하였다.

〈그림-2〉「3·1독립선언서」

「3·1독립선언서」는 3·1만세운동의 정신이 형식화되어 갖추어진 선언서이다. 선언서 제작 및 배포가 국내뿐만 아니라 국외 동포를 대상으로 전개되었다는 점

16) 이윤상, 『3·1운동의 배경과 독립선언』(독립기념관 한국독립운동사연구소, 2004), 82-83쪽.
17) 3·1독립선언서는 2·8독립선언서의 초안을 바탕으로 최남선이 내용을 기초하고 선언서 말미의 공약삼장은 한용운의 견해가 반영되었다.

에서 미친 영향도 컸다. 이 선언서는 삼균주의의 사상적 태동과 대한민국임시정부 건국강령의 정신이 집결되어 근대적 민족국가를 지향했다는 내용을 담고 있다. 3·1운동과 독립운동가의 정신을 대변하는 사상적 골격으로 의미가 크다. 3·1운동의 초기의 독립선언서의 작성 주도자들은 체포된 뒤 열린 공판 과정에서 일본인 판사를 향해 당당하게 독립의지를 밝혔다. 1919년 8월 21일 고등법원에서 손병희와 에심 판사 사이의 문답 내용은 다음과 같다.

> 판 사: 선언서를 본 즉 조선민족에 대하여 최후 일인 최후 일각까지 정당한 의사를 발표한다고 했는데, 이것을 본 즉 어디까지나 독립의 의사를 발표할 것을 권하고 민족전체에 분기할 것을 재촉하는 것이 아닌가?
>
> 손병희: 그렇다. 조선민족은 최후 일인 최후 일각까지 어디까지나 독립의 의사를 가지고 있다. 그래서 이것을 발표하게 된 것이다.
>
> 판 사: 처음부터 이런 의사를 가지고 기초하였는가?
>
> 손병희: 그렇다. 자기들도 단결하여 독립의 의사를 발표하고 너희들도 최후의 일각까지 독립의사를 발표하라는 의사로써 기초한 것이다.

미국정기 기록한 주한미군사 사료에 의하면, 3.1운동의 전개와 독립선언서 배포에 대한 미국의 시각도 나타난다. 그들은 만세운동에 대해 '조선인들을 괴롭히는 압제에 의한 품위 있는 성명'이라고 표현하고 있다.

> 조선인들은 가혹한 통치에 순종하지 않았다. 독립을 향한 그들의 열망은 늘어갔고, 우드로 윌슨(Woodrow Wilson) 대통령이 민족자결과 '민주주의를 위해 세계를 안전하게' 만들기 위한 그의 신념을 발표했을 때, 조선인들의 희망은 약간의 실현 가능성이 있는 듯했다 … 1919년 3월 초에 고종황제의 장례식이 거행되었다. 고종 황제의 장례식은 비탄에 빠진 사람들의 시위를 확산시키고 조선의 모든 큰 도시들에서 비폭력적인 집회를 이끌었다. … 이들 중 33명(그중 15명이 기독교인이었다)은 독립선언서에 서명했다. 이는 조선인들을 괴롭히는 압제에 대한

품위 있는 성명이었다…18)

이정식 교수의 저서 *The Politics of Korean Nationalism*(University of California Press, 1965)의 내용에는 3·1운동 참여자 중 피검자의 종교분포에 대해 언급하였다. 3·1운동의 피검자들의 종교는 동학(시천교 포함) 2,283명(11.8%), 불교 220명(1.1%), 유교 346명(1.3%), 기독교(개신교·천주교) 3,428명(18.1%), 무교 9,304명(47.7%), 기타 3,907명(20.5%) 등으로 정리 분석하였다. 참여자 가운데 무교와 기타종교를 제외하고 기독교와 동학의 비율이 높은 것도 주목할 부분이다. 반면, 무교와 기타종교가 68.3%를 차지한 것은 무종교자의 참여자도 높았다는 것을 의미한다. 향후 기독교인과 동학인의 3·1운동의 높은 참여 비율에 대해서는 주목할 부분으로 판단된다.

Ⅲ. 史 : 3·1운동의 전개

1. 민중에 의한 史 : 만세시위와 참여자

3·1운동의 전개를 보는 시각은 학자에 따라 달리 볼 수 있고 운동시기의 구분에서도 다소 차이가 있다. 이번 연구에서는 3가지 흐름으로 구분하였다. 3·1운동의 전개과정은 첫째, 민족대표 33인이 독립선언을 하고 파고다 공원을 시작으로 만세운동이 점화된 시점을 말한다. 둘째, 3월 1일을 기점으로 4월 말까지 거국적으로 확산된 시기를 말한다. 셋째, 만세운동이 국내뿐만 아니라 국외로 확장된 시기로 나눌 수 있다. 주지하다시피 3·1운동은 종교계와 각계를 대표하는 지식인을 포함한 민족대표 33인이 선구적 역할을 했다. 서울에서 민족대표 33인의 독립선언서 낭독이 있었던 시점에 파고다공원에서도 시민 2만여 명이 만세시위를 하였고 집회 지도자 등 169명이 일본군에게 피체되었다. 3월 2일 서울에서는 학생 400여 명이 종로에서 가두시위를 하는 등 학생들과 학생대표, 기독교

18) 국사편찬위원회, 『한국현대사 사료총서 2: 주한미군사 1』 발간 중에 미군정기 자료 주한미군사에서 '조선인의 저항'을 기록한 것으로 멕켄지(Mckenzie)의 1921년 자료 중 일부를 발췌한 것이다.

청년 등이 매일 가두시위를 이어갔다. 3월 상순까지 만세운동은 경기도·황해도·평안도·함경도에서 기독교계가 주축이 되어 전개되었다. 점차 확대되면서 남부지방으로 이어졌고 참여폭도 농민과 노동자 등으로 넓어졌다. 4월 이후에는 전국적으로 확산되었다. 만세운동의 참여층도 종교인·청년·농민·노동자, 그리고 외국인 선교사로 이어졌다. 이처럼 3·1운동은 민중에 의한 항일저항운동이었다.

국사편찬위원회의 『일제침략 하 한국 36년사』 자료에 의하면, 1919년 3월부터 4월 말까지 전국의 도별 만세시위 횟수와 참여 규모는 거국적이었다. 지역별로 편차가 있지만 전체 결집 인원은 약 110만에 달했고 만세시위 횟수는 1,214회에 이르렀다. 그중에서 평화적 시위는 788회이며 시위 중 충돌한 사례는 426회였다. 평화적 시위의 지역별 현황을 살펴보면, 경기 180회, 충북 28회, 충남 35회, 전북 32회, 전남 40회, 경북 36회, 경남 82회, 강원 53회, 황해 84회, 평남 59회, 평북 66회, 함남 57회, 함북 36회 등으로 나타났다.

〈표-3〉 3·1운동의 규모

	지역별 분류	지방수	집회수	참가인원수	사망자수	부상자수	체포자수
1	경기	25	303	668,100	4,469	2,677	4,220
2	황해	16	115	102,670	238	544	4,330
3	평안	34	314	494,670	2,032	3,882	11,640
4	함경	17	85	57,750	127	216	6,275
5	강원	13	57	98,510	130	737	1,250
6	충청	23	160	120,850	180	1,346	5,220
7	전라	28	231	284,850	384	897	3,965
8	경상	57	226	147,089	2,910	5,415	10,043
9	외국	8	51	48,600	39	247	5
	계	211	1,542	2,023,089	7,509	15,961	46,948

박은식의 『한국독립운동지혈사』 에 의하면, 3·1운동은 전체 인구의 10%가 만세시위에 참여했다고 기록하고 있다. 전국 218개 부·군 가운데 212개 부·군에서 만세시위에 참여했다. 만세시위에 참여한 이들의 직업을 살펴보면, 농민

58% 지식인 21% 상인 11% 자본가 3% 노동자 4% 기타 3% 순으로 나타난다.[19] 일본 경찰의 통계자료를 살펴보면 당일 시위 횟수는 776회, 참가인원 509,502명, 비폭력 시위 운동 486회, 폭력저항운동 290회, 참가인원 209,751명에 달했다고 기록하고 있다. 3·1운동의 사망자와 부상자, 체포자의 규모가 거국적이었다는 것은 〈표-3〉에서 확인된다.[20]

만세시위가 전국적으로 확산되면서 지역에서는 만세시위와 함께 관공서와 경찰서 습격도 이어졌다. 황해도·경상도·전라도 등에서는 장날을 이용하여 만세시위를 하였고 주재 면사무소와 경찰서를 습격하여 주도자들이 피검되었다. 치열해진 국내의 만세운동 소식은 해외로 전해져 독립운동을 후원하는 모임으로 결성되는 계기가 되었다. 동년 3월 29일 하와이 각 지방 부녀대표자 손마리아·황마리아·김유실 등이 독립운동 후원을 위해 대한부인구제회를 결성했고 블라디보스톡 신한촌에서 소년애국단을 조직했으며, 북경에서는 신대한동맹회가 조직되었다. 4월 14일 미국 필라델피아에서는 대한자유대회를 개최하고 100여 명이 독립축하행진을 하는 등 독립의 열망은 국외로 이어졌다.

3·1운동은 치열했던 2~3개월과 이후 1여 년 동안 국내와 만주, 연해주, 미국 등 해외로 확산되는 과정에서 일제에 저항하는 민족의 자유의지를 전 세계에 알렸다. 1919년 4월 11일 중국 상해에서 대한민국 임시정부가 수립되어 제국에서 민국으로 나아가는 민주공화국 수립 운동이 일어남으로써 3·1운동의 민족정신은 한국독립운동의 구심점으로 형성되었다. 따라서 1919년 3·1운동과 대한민국임시정부 수립은 한국독립운동사에서 중요한 의미를 가지고 있다.

2. 비폭력 저항을 위한 史 : 학생·여성만세시위

일제강점기 학생들은 일본 제국주의 통치에 저항하는 애국계몽과 주권수호운

19) 박은식, 『한국독립운동지혈사』에 의하면, 당시 만세운동에 참가한 인원은 200만 명을 넘었다고 하였다. 일본의 조선만세소요사건에는 770여회의 시위, 연 참가인원이 45-50만 명으로 집계, 2019년 국사편찬위원회는 만세운동 기간 동안 1,692건의 시위, 80-100만 명의 시위 참여, 900여 명의 사망자가 집계되었다고 발표한 바 있다(《조선일보》, 2019년 2월 21일).

20) 〈표-3〉 3·1운동의 규모는 조시훈, 『한국독립운동사』, 139쪽 참조.

동에 참여했다. 1919년 초순 연희전문학교 김원벽, 보성법률상업전문학교 강기덕, 경성의학전문학교 한위건, 보성전문학교 졸업생 주익, 기독교청년회 간사 박희동 등은 함께 모여 회합을 하고 동지들을 모아 독립운동을 준비했다.[21] 2월에는 학생들이 정동 예배당에 모여 만세운동을 준비했는데, 2·8독립선언에 가담했던 수백 명의 학생이 본국에 돌아와 3·1운동에 참여하여 그 범위는 더 확대될 수 있었다.[22]

3월 1일 민족대표들이 태화관에서 독립선언식을 거행한다는 소식을 듣고 학생대표 강기덕과 학생들은 장소변경을 비판했다. 하지만 학생들은 파고다공원에 모인 시민들과 함께 독자적으로 독립선언식을 갖기로 했다. 대표학생이 2시 30분경 팔각정에서 독립선언서를 낭독하자 수천 명의 학생과 시민들은 '대한독립만세' 구호를 외쳤다. 만세시위는 동과 서 두 갈래로 나뉘어 이어졌다. 시위대들은 '독립만세'를 외치며 시위행진을 했고 도처에서 시민들이 합류하여 함께 만세를 외쳤다.[23] 3월 3일 고종황제의 국장에 참석하고 귀가하던 시민들도 만세운동에 참여하면서 당일 시위군중은 1만 명을 넘었다. 출동한 경찰에 의해 학생대표 50명이 연행되었지만 3월 5일 학생단은 대규모의 만세운동을 다시 진행시켰다. 남대문 밖 서울역 앞에 수천 명의 학생이 집회를 연 가운데 학생대표 김원벽·강기덕 등의 주도로 태극기를 흔들며 만세를 외쳤다.

2·8독립선언의 준비과정에서 동경의 여자유학생도 '재동경조선여자친목회(在東京朝鮮女子親睦會)'를 조직하고 잡지 『여자계(女子界)』를 발행하여 독립운동의 열의를 다졌다. 2·8독립선언 장소에는 김마리아·황에스더·현덕신·정자영·유영준·나혜석 등 여자유학생도 참여했다. 일본에서 귀국한 김마리아는 2.8독립선언서를 숨기고 와서 황애덕, 신준려 등과 함께 여성독립운동의 방안을 찾기 시작했다. 교육을 받은 신여성이 증가하면서 여성단체도 증가하고 있었기 때문에 여성계의 만세운동 참여는 적극적이었다.[24]

---

21) 이병헌, 「박희도심문조서」, 『3·1운동비사』(3·1운동 동지회, 1966).

22) 일본의 유학길에 올랐던 유학생들은 1908년 270명, 1909년 420면, 1913년 547명 등으로 1910년대에는 6,700여 명의 일본 유학생으로 늘었다. 이들은 친목 도모 및 정보교류를 위해 단체를 결성했는데, 조선기독교청년회·조선유학생학우회·반도청년회·조선여자유학생친목회·동경고학생동우회 등이다.

23) 신용하, 『3·1독립운동』(독립기념관 한국독립운동사연구소, 1989), 91-93쪽.

여기서 3·1운동 과정에서 여성의 적극적인 참여가 나타난 배경을 주목할 필요가 있다. 1898년 9월 10일 서울 북촌의 양반 부인을 중심으로 여권 획득을 위해 여성교육을 실시해야 한다는 통문 '취지문'가 발표되었다. 여성계는 '찬양회'를 조직하고 '순성여학교'를 설립하여 여성교육의 중요성을 알렸다.[25] 당시 근대 여성교육기관의 등장은 '가정'에 제한된 여성 활동이 공식적인 교육기관 '학교'를 통해 교육의 기회를 가지고 사회 진출하는 통로로 열리는 기회를 마련했다. 이런 배경에서 1919년 3·1운동 과정에서 여성의 참여는 활발했다. 만세운동 과정에서 전국의 교육기관에서 수학했던 여학생은 비밀결사대, 비밀단체, 독서회 등을 조직하여 적극적으로 참여했다. 서울, 경기, 강원, 충청, 전라, 경상을 비롯하여 황해도, 함경도, 충청도 등 전국 여학생의 참여는 활발했다. 3월 1일에 선천의 보성여학교, 평양의 숭의여학교, 원산의 루씨여학교, 서울 경성여고보와 정신여학교를 비롯하여 이후에는 함흥의 영생여학교, 개성의 호수돈여학교, 대구의 신명여학교, 광주의 수피아여고, 김책의 보신여학교, 부산의 일신여학교 등 전국적으로 이어졌다. 전주와 마산, 공주, 해주, 목표, 둥진, 중화, 금천, 재령, 길주, 명천, 수원, 천안, 통영 양양 등 중소도시에서도 여학생의 참여가 두드러졌다.

3·1운동 과정에서 '여학생 비밀결사대'를 자발적으로 조직하여 만세운동을 준비한 여성단체로는 '호수돈여학교 비밀결사대'와 '숭의여학교 숭죽결사대'가 대표적이다. 호수돈여학교의 비밀결사대는 권애라·장정심·조숙경을 중심으로 한 선배그룹의 핵심인물과 이향화·권명범·이영지·류정희·조화벽·김정숙 등 후배그룹이 합류하여 조직되었다. 이들은 3월 3일 독립선언서를 낭독하고 만세행진을 이어가자 개성시민이 합류하면서 개성 만세운동은 확산되었다. 숭의여학교의 송죽결사대는 김경희·황에스더·안정석 등을 중심으로 20여 명의 선후배가 구성된 조직으로 발전하여 전국 지부를 결성, 만세운동의 동력이 되었다. 또는 3·1운동

24) 1886년부터 1900년까지 여성단체는 6개에 불과했으나 1920년에는 27개, 1940년에는 64개까지 늘어났다. 심옥주, 「여성독립운동가의 지역활동 특성에 관한 고찰」, 『통일의 길, 한국여성독립운동에서 찾다』(한국여성독립운동연구소, 2015), 46-47쪽.

25) 박용옥, 한국여성독립운동』(독립기념관 한국독립운동사연구소, 1989), 24쪽.

에서 비밀결사대에 참여한 여성들은 임시정부 요원이나 대한애국부인회 활동의 주역으로 성장하였다.[26] 3·1운동의 대표적 인물인 유관순 열사는 천안 아우내 장터에서 만세를 주도했으며 교회 전도사로서 개성 일대에서 만세시위를 주도한 어윤희도 있다. 이 외에도 여성은 교사, 전도사, 기생 등 다양한 계층에서 참여했다. 전국의 여학교에서는 교사와 학생, 교사와 선후배, 선후배 간에 화합을 이루는 단체를 조직하여 만세시위를 준비했고, 시민들과 함께 참여했다. 이 외에도 소녀회와 숙명여학교, 경성여자상업학교 등이 있다. 여성의 참여는 국내의 만세운동과 함께 일본과 간도, 노령, 상해, 미주 등에서도 여성단체가 조직되었다. 1919년 5월 18일 새크라멘토 한인부인회와 다뉴바 부인회 등 미주에서도 통합된 한인여성단체가 결성되었으며, 대한여자애국단과 하와이의 대한부인구제회 등을 조직하여 독립운동 지원을 했다.

〈표-4〉 3·1운동의 참여학교와 학생수

	관립학교		공립학교		일반사립학교		종교사립학교	
	학교수	학생수	학교수	학생수	학교수	학생수	학교수	학생수
경기	6	1006	12	521	11	839	7	302
충북			1	13				
충남			4	10			3	300
전북			6	232			3	150
전남			5				2	150
경북	1	100	6	232			4	259
경남			15	665	4	145	7	259
황해			3	210			6	350
평북			6	605			10	740
평남	2	271	5	595	5	255	44	2851
강원			1	70				
함북			5	116	3	10	3	120
함남	1	210	7	137	14	300	9	500
계	10	1,587	75	3,788	37	1,549	98	6,072

26) 숭의학원, 『숭의백년사』(숭의학원, 2013).

3. 자유를 위한 史 : 3·1운동과 해외선교사

3·1운동의 만세 시위과정에서 일제의 탄압과 폭력 등 만행이 국제사회에 알려진 것은 해외선교사에 의해서였다. 1919년 4월 기준, 국내에는 387명의 개신교 선교사들이 있었다. 그해 말에는 로마 카톨릭의 54명 선교사가 들어와서 전체 433명의 외국인 선교사들이 활동하였다(Baldwin, 1973). 이들은 3·1운동의 참상과 전개 과정에 대해 공식적인 보고서와 언론을 통해서 일제의 만행을 고발했다. 《뉴욕 타임즈(*The New York Times*)》, AP통신, 그리고 해외 영사관 등에서 일제의 만행과 이에 저항하는 한국인의 실상을 폭로하여 국제적 이슈가 되었다.[27] 해외 선교사가 바라본 한국의 3.1만세운동과 저항하는 한국인, 독립운동가를 보는 시각은 다소 분석적이고 비판적이다. 미국기독교연합회 동양문제연구회(The Commission on Relations with Orient of the federal Council of the Churches of Christ in America)가 보고서 내용을 취합하여 발간한 『1919년 한국의 상황(*The Korean Situation, 1919*)』에는 다음과 같은 내용을 담고 있다.

> 3월 초에 들어서자 상해와 천진으로부터 조선에 전국적인 독립운동이 폭발하고 일본 정부는 여기에 대하여 형언하기 어려울 정도로 잔인하게 억압한다는 전문이 전달되기 시작했다. … 미국 내 모든 인사들은 지금 야만적이고도 비인도적인 대우를 받으면서 무자비하게 희생을 당하고 있는 한국인들을 구해낼 무슨 대책을 마련하라고 호소하고 있다 …

---

27) 스코필드의 보고서는 『끌 수 없는 불꽃(*Unquenchable Fire*)』 책으로 출간되었는데, 스코필드는 유관순을 비롯한 여성독립운동가의 서대문 형무소 수감 당시 면회하여 그 실상을 파악했던 인물이다. 미국기독교연합회 동양문제연구회(The Commission on Relations with Orient of the Federal Council of the Churches of Christ in America)에서도 보고서를 집약하여 출간한 『한국의 상황』, 그리고 영국 선교사와 호주선교사 등도 한국독립운동의 실상에 관한 보고를 본국으로 하였다. 이들 선교사는 본국 복귀 후에도 한국의 만세운동에 한 충격적 현실 내용을 담은 내용을 서적으로 출간했는데, 연구자가 하와이 현지조사과정에서 발견한 Shannon Mccune에 의해 쓰여진 『1919년 한국의 상황(*The Mansei Movement- March 1, 1919*)』 책은 제목이 '만세운동'이었다.

상기 내용과 같이 선교사들은 3·1운동의 실상과 일제의 만행을 본국에 보고하거나 일부 선교사들은 한국인과 함께 독립운동에 투신했다. 1919년 3월 17일자 미국영사관 문서 No. 800 「Statement of what happened at Fusanchin and Fusan — Margaret S. Davies」[28]와 1919년 4월 7일자 조선총독부 경무총감부 고등경찰과 「騷擾事件에 대한 外國宣敎師의 言動에 대하여」에 의하면, 1919년 호주 선교사의 독립활동이 자세히 기록되어 있다. 일본외무성기록 「不逞團關係雜件-朝鮮人의 部-朝鮮人과 宗教 1」의 '소요사건과 외국인의 언동', '소요사건에 관한 가택 수색', '호주 선교사 보안법위반(불기소, 외국인)', '호주 선교사 증거인멸(기소유예)' 자료에는 호주 여선교사가 일신여학생을 지도한다는 심문을 받거나 행정 검속을 받는 등 체포와 감시대상이었다는 내용도 확인된다[29].

> 三月十一日慶尙南道釜山鎭ニ於ケル騷擾ノ際同地濠洲長老派經營日進女學校々長英人女宣教師「ダビス」及女教師「ホツキング」ハ同校生徒ヲ指揮セシ事實アリシヲ以テ釜山警察署ニ於テ檢束ヲ加ヘタル處之ニ對シ京城駐在英國總領事ヨリ逮捕ノ事由及兩名ヲ釋放スル際有罪ナルコトヲ申聞セタル理由ニ付照會セシヲ以テ行政執行令ニ依リ檢束ヲ加ヘタルコト及有罪ナルコトヲ申聞カセタル事實ナキ旨回答セリ此ノ事實ノ內容ハ別項ニ記載ス[30]

1885년 이후 입국한 미국 북장로교회 선교사 원두우(H. G. Underwood) 목사와 북감리교회 선교사 아펜젤러(H. G. Appenzeller) 목사, 해외 미국여선교회에서 활동한 메리 스크랜톤(Mary F. Scranton) 등 선교사 가족의 국내 선교

---

28) 『No. 800: Intervention of U.S. Government in Reestablishing the Independence of Korea, etc.(Seoul, Korea (Records from Pusan included) Volume 202)』, 「Statement of what happened at Fusanchin and Fusan」, 미국 영사관 보고문서.

29) 심옥주, 「호주 여선교사의 독립운동:멘지스·데이비스·호킹의 독립운동과 서훈과정을 중심으로」, 『한국보훈논총』 제21권 제3호, 2022, 43-67쪽.

30) 일본외무성, 「不逞團關係雜件 朝鮮人ノ部 在內地 五」, 1919년 4월 20일.

활동을 시작으로[31] 국내에 파송된 선교사의 수는 지속적으로 증가했다. 그들의 국내입거와 선교 활동은 사회문화에 미친 영향이 매우 컸다. 동시에 3·1운동의 배경, 과정에서 그들은 한국인과 함께 활동한 사례가 많다.

특히 해외 여선교사의 경우, 미혼의 신분으로 국내에 파송된 뒤 선교 및 교육 활동으로 일생을 마감한 이가 다수이며, 그들이 설립한 학교의 존립을 위해 학생들과 함께 일제에 저항했다. 부산 일신여학생의 호주선교사의 사례는 교사와 학생들을 보호하고, 일제의 만행을 보고서를 통해 상세히 기록하여 알렸다. 그리고 3·1운동 과정에서 교사, 학생들과 함께 만세시위의 대열에 있었다. 3·1운동 상황은 PWMU보고서를 통해 해외로 알린 호주선교사처럼 본국으로 추방된 뒤 한국의 독립운동을 응원하고 당시의 상황을 기록한 '만세운동(MANSEI MOVEMENT)' 제목의 책을 펴낸 미국 선교사의 사례 〈그림-2〉도 주목된다.

〈그림-2〉 호주선교사 PWMU 보고서 & 미국선교사의 『MANSEI MOVEMENT』책자[32]

이처럼 3·1운동은 자국민과 함께 해외 선교사도 독립운동에 참여했다는 것을

31) Minutes of the Korean Mission of the Methodist Episcopal Church, from its beginning to Dec. 29, 1891.

32) 〈그림-2〉는 1919년 3월 11일 부산만세운동의 상황과 부산진 일신여학교 학생의 투옥, 검거, 체포 등의 내용으로 호주 女선교사가 보고한 내용이 수록된 보고서 표지와 주요 내용이며, 미국 선교사의 『THE MANSEI MOVEMENT』 책자는 미국 선교사 섀넌 맥쿤(Shannon Mccune)이 미국에 복귀하여 1919년 만세운동을 회상하며 쓴 내용을 발간한 책이며, 책 표지이다. 이 책은 하와이의 후손에 의해 발견되었다. 섀넌 맥쿤은 부친 조지 섀넌 맥쿤이 한국선교사로 방문했고 1919년 3·1운동이 일어났을 때 6세였다고 밝히고 있다. 당시 순천에서 평양, 서울로 이주했으며, 일본 감시로 인해 가족의 삶이 힘들었고 협박편지를 받았다고 내용에서 서술하고 있다.

알 수 있다. 이들은 자유와 독립, 평화를 위한 저항의 대열에 함께 섰다. 해외 선교사들은 3·1운동을 세계사적으로 큰 사건으로 보고 3·1운동이 희구한 가치가 자유와 독립, 평화를 향한 메시지였다고 하였다. 이들은 3·1운동의 상황을 기록하여 해외에 알렸고 일제의 탄압을 결코 묵과하지 않았다. 그리고 3·1운동을 세계사의 한 획을 긋는 비폭력 저항운동이라고 평가하였다.

Ⅳ. 결어: 한국보훈정신史에서 본 3·1운동

1. 근대 보훈정신사의 회복: 3·1운동부터

대한민국 헌법 전문에는 “유구한 역사와 전통에 빛나는 우리 대한국민은 3·1운동으로 건립된 대한민국임시정부의 법통과 불의에 항거한 4·19민주이념을 계승하고, 조국의 민주개혁과 평화적 통일의 사명에 입각하여 정의·인도와 동포애로써 민족의 단결을 공고히 하고 …”라고 명시되어있다. 대한민국 헌법은 법의 기초로서 국가의 근본이 되는 법규이다. 그 법규의 내용에는 대한민국의 근간이 되는 정신이 함축되어 있고, 축적된 역사를 반영한다. 국가발전을 거듭하면서 법규는 변화해왔다. 그럼에도 불구하고 대한민국 헌법 전문의 3·1정신이 대한민국 건국과 존립의 근간이 되는 것에는 변함이 없다.

1948년 7월 17일 제헌국회에서 공포한 대한민국 최초 헌법인 제헌헌법은 ‘기미삼일운동으로 대한민국을 건립’했다고 명시하였다. 지금까지 헌법은 개정을 거듭해왔지만 역대 헌법과 같이 대한민국이 ‘3·1운동의 숭고한 독립정신을 계승’한다는 내용은 변함없이 명시하고 있다. 3·1운동과 그 정신의 숭고함을 계승하는 것은 건국정신의 뿌리가 3·1정신이라는 것을 주지시키고 있다. 하지만 3·1운동의 독립정신은 일 국의 건국정신의 의미를 넘어 세계평화를 향한 저항정신이며, 자유평화정신이라는 해석도 필요하다. 3·1운동은 한국민족운동사에서 반제국주의, 반평화주의, 반침략주의를 민족 전체가 외친 항일저항운동이다. 국내외에서 전개된 규모의 확장은 3·1운동의 역사적 의미뿐만 아니라 3·1운동으로 희생된 선열들의 독립정신이기도 하다. 나라를 위해 희생한 독립운동가의 운동계열 가운데 3·1운동이 차지하는 부분은 크다. 더 나아가 3·1운동 그 자체가 갖는 역사적 의미와 세계사적 의미도 다시금 주목할 부분이다. 3·1정신은 호국보훈과 국가보훈의 정신사적 맥락에서 중요한 부분을 차지하고 있다.

국가보훈은 국가를 위한 희생과 공훈에 대해 보답한다는 의미를 가진다. 국가보훈법 제1조에 "국가를 위하여 희생하거나 공헌한 사람의 숭고한 정신을 선양하고 … 나아가 국민의 나라사랑정신 함양에 이바지함을 목적으로 한다"라고 명시하고 있다. 국가를 위한 헌신과 희생에 대해한 국가의 법적·윤리적 책임을 가지며 보은의식을 가지는 것, 그것은 국민에 대한 의무이며 국가보훈의 명백한 책무이다. 이제 국가보훈의 범위는 국가가 국가유공자에게 배상하는 것을 넘어 배상과 함께 예우, 존중, 계승의 의미를 포함하고 있다. 이것은 과거로부터 현재로 귀결되어지는 정신적 유산을 실체화하고 나라사랑정신을 기억함으로써 국가의 존립과 발전의 원동력으로 삼아 국가보훈정신을 계승해나가는 것으로 나아가야 할 당연한 책무이다.[33] 하지만 지금까지 한국보훈의 역사는 6·25전쟁을 기점으로 주목해왔으며 3·1운동 및 대한민국임시정부 수립 시기인 근대시기의 보훈정신을 포함해서 포괄적으로 다루지 못했다. 최근에 들어 독립운동가의 발굴과 예우에 대해 관심이 고조된 것이 3·1운동 및 대한민국임시정부 수립 100주년에 들어서면서 부터였다. 1919년 3·1운동은 근대시기 한국보훈정신이며 역사이다. 국가를 위해 희생한 독립정신이 3·1운동 — 대한민국임시정부 — 4·19민주이념으로 호국보훈정신이주목되어야 하며 대한민국의 법통성의 정신적 원류를 근대로 회복하는 것에 다시금 주목해야 한다.

이번 연구에서 3·1운동과 독립운동가의 정신을 한국보훈정신사에서 회복해야 할 근대보훈의 역사로 보고 대한민국 법통성을 건국으로 나아가는 기본정신으로 보고 있다. 그것은 기존의 한국보훈사와 한국보훈정신사의 시각이 6·25전쟁 시기에서 거슬러 가서 소외된 근대 보훈의 역사, 근대 보훈정신에 주목해야 한다는 것에 의미를 두었다. 특히 3·1운동을 보는 시각은 기존의 한국보훈사 또는 한국

33) 심옥주, 『한국여성독립운동과 국가보훈』(한국여성독립운동연구소, 2014), 16쪽.

보훈정신사가 해방 이후, 6·25전쟁의 역사에 안주해있었으며 기존의 보훈정신에서 소외되었다는 것을 언급하고자 한다. 다시 말해서 1919년 3·1운동 과정에서 희생한 독립운동가를 보훈 예우해야 할 대상, 독립유공자로 예우하고 있지만 근대 보훈정신사 및 보훈역사의 범주에 포함하지 못하고 있었다. 또는 3·1운동을 한국독립운동사의 일부분으로서 역사적 평가를 하여 한국보훈사에서 회복해야 할 근대보훈정신사로 인식하고 있지 못했다. 하지만 3·1운동에 배태된 3·1정신은 의병정신에서 이어져 국내외로 이어진 항일저항정신, 독립정신으로 이어져 광복을 맞이하는 밑거름이 되었다.

2022년 8월 기준 독립유공자로 예우를 받는 대상자는 17,588명이다. 한국독립운동을 위해 희생한 독립운동을 인정받은 독립운동가의 운동계열 가운데 3·1운동 부문의 독립유공자는 6,113명으로 전체의 35%에 해당된다.[34] 이 비율은 독립유공자의 3분의 1을 차지하는 운동계열이 3·1운동이며, 3·1운동의 역사적 의미가 크다는 것을 확인시켜준다. 앞의 장에서 살펴본 바와 같이 3·1운동에 참여했지만 훈격 조건을 충족시키지 못해 독립유공자로 인정받지 못한 대상자를 포함하면 가늠할 수가 없을 정도이다. 3·1운동은 범국민적 민중저항운동이었고 항일독립투쟁이었다. 동시에 국가와 민족의 안위와 자유와 평등, 평화를 염원한 투쟁의 역사였으며 근대 보훈정신사의 맥락이다.

2. 민(民)에 의한 호국보훈정신: 3·1공동체정신

국가 구성원이 국가를 위해 실천해야 할 역할과 책무가 무엇인가. 국가가 국민을 위해 해야 할 책무, 국가 구성원이 국가를 위해 해야 할 책무는 국가 위기상황에서 확인된다. 우리 역사에서 3·1운동은 민(民)에 의한 호국정신이 실현된 호국구국의 역사이다. 도이치(Karl W. Deutsch)는 민족을 '우리의식(we-consciousness)을 가진 공동체'라고 하였다. 동일한 혈연과 전통, 역사를 가진 '우리'라는 공동체의식이 발현되는 시점은 역사적 사건과 마주할 때일 것이다. 3·1운동에 결집된

34) 국가보훈처 https://e-gonghun.mpva.go.kr/user/index.do.

민족정신은 시대의 정의를 실현시키기 위한 민족저항운동이었다. 더욱이 시대와 제도라는 틀을 넘고 탄압과 억압의 틀을 넘어 민중의 호국구국의지가 분출되었다는 점이다. 국가와 그 구성원 간의 관계가 결집을 통해 확인되었으며 세대와 지역, 신분과 남녀 구분을 초월한 만세운동으로 나타났다.

조선총독부의 「조선총독부 통계연보」에 의하면 1919년 서대문형무소 수감자는 3,075명이며 전국의 수감자 15,176명의 20.26%에 해당되었다. 전년도 1918년의 서대문형무소 수감자가 1,219명이었던 것과 비교하면 1919년 수감자는 전년도보다 65.68%가 증가했다. 이것은 수용기준 인원 500명의 6배를 초과하는 수치였고, 전국 수감자 증가인원이 3,398명 중 35.87%가 서대문형무소에 수용되었다는 것으로 확인되었다.[35] 당시 서대문형무소 소장을 맡고 있던 가키하라는 다음과 같이 회고하였다.

> 독립만세소요사건은 경성에서 발생하여 불길같은 세력으로 전선에 퍼져 검거당한 인원은 대단한 수에 달하고 각 감옥들은 모두가 일시에 입감자가 증가하여 어느 곳이나 그 대비에 고심했습니다. 그 중에서도 서대문 감옥은 그 사건의 간부인 천도교주 손병희 외 30여 명을 비롯하여 많은 연루자를 수용하여 재감자가 3천에 이르러 드디어 교회당과 공장에도 철조망을 둘러 감방으로 대용하는 궁책을 취했습니다 …

3·1운동으로 인한 수감자 폭증으로 서대문형무소는 독립운동가 증가와 사상적 감염을 막기 위해 저지해야 할 감옥이었다. 일제강점기 동안 전국 최대 규모의 감옥으로 운영되면서 폭증하는 독립운동가와 사상적 감염을 막았던 곳으로 구타와 폭행, 억압이 무분별하게 자행된 대표적인 장소가 바로 서대문형무소이다. 민족정신을 말살할 목적으로 옥사, 사형장, 고문공간이 운영되었지만 옥고를 치른 독립운동가들은 석방된 뒤에도 끊임없이 독립운동을 실천했다. 애국심이란 무엇인가. 애국심은 국가 구성원의 나라를 사랑하는 믿음이다. 국가가 위기에

---

35) 박경목, 「일제강점기 서대문형무소 공간확장과 수감자 변화」, 『보훈연구』(보훈교육연구원, 2018), 21쪽.

처했을 때 자발적으로 애국심을 발휘하는 것, 그 실천이 3·1운동으로 확인되었다. 우리 민족은 7대 국난과 수난의 역사를 거듭하면서 국가수호를 위해 호국 의지가 발휘되었는데 바로 민(民)으로부터 발휘한 호국정신이었다. 3·1운동은 자주독립에 대한 민(民)의 의지를 세계만방에 알린 사건이며 그 민(民)의 정신이 대한민국임시정부 건립의 기초가 되었다. 광복 이후 대한민국 건국과 민주화 정신으로 이어지는 역사의 현장에는 늘 민(民)의 주도가 있었다. 그런 점에서 볼 때, 3·1운동은 근대 시기 민(民) 주도의 독립정신을 알리는 사건이었고 동시에 호국정신을 실천한 역사의 일부분이다.

오늘날 보존해야 할 보훈정신의 역사는 국가 구성원 스스로가 민족의 개체라는 것을 인식하고 국가의 위기 상황을 극복하기 위해 확고한 신념과 의지를 표출한 것을 말한다. 3·1운동은 나라사랑을 실천하고 자유와 평등의 정신적 가치를 실현시킨 민(民)에 의한 호국보훈정신의 역사이다.

3. 한국보훈정신의 과제: 3·1운동의 기억

와다 하루끼는 3·1운동에 대한 일본인의 시각이 변한 것은 1980년 전후라고 하였다. 기존에는 한국의 독립선언서를 낮게 평가했고 기회주의적이고 편승적인 평가에 그쳤다. 하지만 '비폭력 혁명과 억압민족'의 범주에서 민족독립을 외친 것이라고 재평가하고 거족적인 민족적 결집을 가능하게 한 원천이라고 하였다.[36] 3·1운동은 우리나라뿐만 아니라 아시아 국가에 미친 영향도 무관하지 않다.

> 조선은 독립을 도모하여 "독립할 수 없으면 차라리 죽겠다"고 말했다. 만일 국가의 존망, 국토의 할양이라는 문제에 봉착해서도 국민이 일대결심하여 최후의 제기를 하지 않는다고 한다면, 그건 20세기의 열등민족이고, 인류라고 일컬을 수 없다 …

36) 와다 하루끼, 「아시아해방사에 3·1독립운동」, 『기독교사상』 34권 4호(1990), 124-126쪽.

제국주의적 21개조 조약이 베르사이유에서 승인된 것에 분노해서 천안문 앞에서 북경대학생들이 시위를 한 중국의 5·4운동은 3·1운동이 직접적으로 자극을 주었다고 하였다. 동 시기에 인도에서 간디의 수동적 저항운동(Passive Resistance)이 조직되고 전개된 것도 이와 무관하지 않다. 인도에서는 전시 비상령인 인도 국방조항 규정을 영국화하자 이에 저항하는 일체 행위를 재판을 거치지 않고 체포, 투옥하는 법안을 제출시켰다. 이에 1919년 4월 6일 인도 국민들은 전국 휴업을 단행하고 비폭력 행동을 전개했다. 중국과 인도, 아시아로 확장된 식민지저항운동의 흐름에서 1919년 3월 1일 3·1운동의 전개와 그 파장은 주목된다.

국가가 없어도 민족은 존재하지만 민족 없이 국가는 존재할 수 없다. 국권상실과 국권회복의 과제가 양립되었던 시기, 3·1운동은 국권회복과 조국독립을 위해 국가 구성원이 자발적으로 희생하고 저항했으며 구국정신을 발휘한 사례이다. 그래서 국가를 위해 희생하거나 공헌한 이들의 숭고한 정신을 선양하고 대상자와 유족, 그 가족의 영예로운 삶을 도모하는 국가의 역할은 중요하다. 국가의 존속과 발전을 위해 희생한 이들에 대한 존숭의 의미가 한국 보훈정신이라는 것을 상기시켜주는 사례 3·1운동에서 국가보훈의 가치를 일깨워야 한다. 동시에 국권 회복과 민족독립을 위해 목숨을 바친 선열의 존중이 곧 국가의 명예와 연결되어 있다는 것을 알 필요가 있다.

프랑스는 과거 역사의 기억을 체계적으로 정리하여 국민을 지속적으로 학습시키는 '기억의 정치'를 적극 활용해 왔다.[37] 과거의 희생정신을 기억하고 그 정신을 사회에 흡수시켜 국민으로 하여금 나라사랑정신을 고취시키는 것, 그것이 현실에 적용되고 문화화될 때 진정한 통합의 방향을 보여줄 수 있다고 보았기 때문이다. 이런 시각에서 3·1운동은 우리 역사에서 대표적인 민족통합의 사례이며 나라사랑정신을 실천한 역사로 주목한다. 과거와 현재, 미래의 관계성을 정립해주는 한국보훈정신의 실천적 사례이지만 여전히 미발굴 독립운동가의 과제가 있는 과거에 대한 현재의 책임을 상기시키는 책무라는 점도 주지해야 한다.

---

37) 오일환, 「국가보훈과 국가정체성」, 『민족사상』 제5권 제2호, 한국민족사상학회, 2011, 52쪽.

한국보훈정신은 올바른 국가보훈정책의 방향성을 제시하는 기초이다. 동시에 추구해나가야 할 보훈정책의 미래방향을 제시해주는 지표가 될 수 있다. 그런 점에서 3·1운동과 그 정신은 기억해야 할, 기억해나가야 할, 그 기억이 국민에게 다가가야 할 '한국보훈정신'의 역사라는 것은 분명하다. 친일의 논란과 미발굴의 과제가 남아있지만 민족통합의 실현이 담겨있는 3·1운동과 그 정신은 오늘날 존숭해야 할 보훈정신이다. 따라서 3·1운동과 그 정신을 통해 근대 보훈정신의 회복하고 한국보훈정신의 역사를 재정립해나가야 한다.

참고문헌

국사편찬위원회. 1987. 한민족독립운동사 3권 3·1운동. 국사편찬위원회.

김병기, 반병률. 『국외 3·1운동』. 독립기념관 한국독립운동사연구소.

김삼웅. "3·1혁명과 여성독립운동." 『세계평화의 길, 한국여성독립운동에서 찾다』 3·1운동과 여성 대토론회 2018년 1월 29일자 자료집.

김정명 편. 1983. 「손병희 지방법원 예심신문조서」. 『3·1독립운동 1』. 원서방.

김호성. 1998. '3·1운동과 한국민족주의.' 『한국정치외교사논총』 20. 한국정치외교사학회.

김희곤. 1986. 「신한청년당의 결성과 활동」. 『한국민족운동사연구 1』.

박은식. 1999. 『한국독립운동지혈사』. 서문당.

박용옥, 1989. 『한국여성독립운동』. 독립기념관 한국독립운동사연구소.

서민교. 2009. 『1910년대 일제의 무단통치』. 독립기념관 한국독립운동사연구소.

숭의학원. 2013. 『숭의백년사』. 숭의학원.

신용하. 1989. 『3·1독립운동』. 독립기념관 한국독립운동사연구소.

심옥주. 2015. 「여성독립운동가의 지역활동 특성에 관한 고찰」. 『통일의 길, 한국여성독립운동에서 찾다』. 한국여성독립운동연구소.

심옥주. 2022. 「호주 여선교사의 독립운동: 멘지스·데이비스·호킹의 독립운동과 서훈과정을 중심으로」. 『한국보훈논총』 제21권 제3호.

심옥주. 2014. 『한국여성독립운동과 국가보훈』, 한국독립운동연구소.

여운홍. 1967. 『몽양 여운형』. 청하각.

와다 하루끼. 1990. '아시아해방사에 3·1독립운동.' 『기독교사상』 34. 대한기독교서회.

이광률 외. 2000. 『민족정신의 원류와 전개』. 경산대학교출판부.

이병헌. 1966. 「박희도심문조서」, 『3·1운동비사』. 3·1운동 동지회.

이윤상. 2004. 『3·1운동의 배경과 독립선언』. 독립기념관 한국독립운동사연구소.

전택부. 1978. "3·1운동의 정신과 그 배경." 『기독교 사상』 22, 대한기독교서회.

정혜정. 2005. 「일제강점기 보통학교 교육정책 연구」. 『일제의 식민지 지배정책과 매일신보 1910년대』. 두리신서.

조시훈. 1996. 『한국민족운동사』. 나남.

황민호. 2006. 「매일신보」에 나타난 3·1운동의 전개와 조선총독부의 대응」. 『한국독립운동사연구』 26. 한국독립운동사연구소.

《조선일보》 2019년 2월 21일.

국가보훈처 https://e-gonghun.mpva.go.kr/user/index.do.

미군정기 자료. 『한국현대사 사료총서 2: 주한미군사1』, 국사편찬위원회.

일본외무성, 「不逞團關係雜件-朝鮮人의 部-在滿洲의 部 9」 騷密 第391號; 祕受 4659號. 1919년 4월 18일.

일본외무성. 「不逞團關係雜件 朝鮮人ノ部 在內地 五」. 1919년 4월 20일.

미국 영사관 보고문서. 『No. 800: Intervention of U.S. Government in Reestablishing the Independence of Korea, etc.(Seoul, Korea (Records from Pusan included) Volume 202)』, 「Statement of what happened at Fusanchin and Fusan」,

Bladwin Jr. Frank P. "Missionaries and The March First Movement: Can Moral Men be Neutral?" in Korea Under Japanese Colonial Rule. Kalamazoo: Center for Korean Studies, Western Michigan University, 1973, 193-219.

Geoffrey Best, "Peace Conferences and the Century of Total War; The 1899 Hague Conference and What Came After," *International Affairs*(Royal Institute of International Affairs 1944, Vol. 75, No. 3(Jul., 1999), p.620.

Minutes of the Korean Mission of the Methodist Episcopal Church, from its beginning to Dec. 29, 1891.

CHAPTER 2

독립·호국·민주화에 나타난 보훈정신과 역사적 승계

임시정부와 광복군의 독립투쟁: '공화주의'의 정립과 건국노선으로 계승

남광규

Ⅰ. 서론 : 건국 정신의 승계와 보훈 정신의 정립

서구세력이 아시아로 몰려오는 '서세동점'(西勢東漸)의 시기였던 19세기 한말 이후 지금까지 한민족은 120여 년의 역사를 거치면서 국권 수호, 식민지 극복과 국가 수립, 6·25전쟁, 근대화, 민주화와 같은 시대적 과제와 맞부딪히면서 세계 어느 국가와도 비교할 수 없는 파란만장한 근현대사를 겪어 왔다. 그러나 대한민국은 불가능하게 보였던 각각의 시대적 과제들을 하나하나 극복해 나가면서 비참했던 과거의 역사를 뒤로 하고 전 세계에서 가장 발전하고 많은 성취를 이룬 '기적의 역사'를 만들어 냈다. 망국과 분단, 전쟁, 경제위기를 겪으면서 국가수립 70여 년 만에 대한민국이 이렇게 발전한 것은 '세계사의 기적'이라고 밖에는 달리 표현할 방법이 없다.

한 국가의 보훈 정신은 건국 활동에 기원을 두는데 일제 시기 자주독립 운동은 새로운 정치체제, 즉 민주공화국의 설립에 기반을 두었다. 건국 정신은 전통을 통해서 후손들에게 계승, 발전되는데 건국 정신이 퇴조하면 정치공동체로서 대한민국의 사회통합은 약화될 수밖에 없기 때문에 건국 정신은 후세에게 보훈 정신의 전통으로 계승되어야 한다. 대한민국 역사에 있어서 자주독립·건국·호국·민주화 정신은 역사적 발현의 차이에도 불구하고 '상호 연계된' 요소로서 민주공화국으로서 대한민국의 발전을 구성하는 세 축인 삼위일체라고 할 수 있다.

민주화 정신은 건국 정신과 호국정신이 '보존'되고 '확장'되는 원동력이다. 특히, 건국 정신은 후손들의 '정치적 윤리적 책임'의 관점에서 시대의 변화에 부응하여 보훈 정신과 보훈 활동에 관한 체계적 기반을 마련한다. 현대 한국의 보훈 사상을 구성하는 세 축인 독립정신·호국정신·민주정신의 상호 연관성은 이론과 사상의 정립과 함께 실천으로 연계되어야 한다. 따라서 보훈 정신의 구성 요소인 세 축이 독립적이면서도 상호 연계되어 있다는 이론체계의 정립이 필요하며 이런 접근은 통합적이고 연속적인 보훈 정신의 계승으로 보훈연구의 새로운 분석 틀로 볼 수 있다. 일제와 해방 이후 보훈 영역 속에는 '독립'의 가치가 가장 중시되었고 이어 분단과 6·25전쟁으로 인해 '호국' 가치가 최우선으로 부상되었다. 2000년대 이후에는 보훈 영역에서 부차적 가치로 존재하던 '민주'의 가치가 전면에 부상했다. 여기에 추가로 건국과 호국 과정에서 분단과 이념 대립으로 무고하게 희생된 국가 구성원들에 대한 보훈은 국가공동체의 통합과 안정이라는 관점에서의 보훈정책으로 볼 수 있다.

선조들의 분투적인 희생정신과 활동은 후손들이 물려받은 고귀한 '유산'이다. 이 유산은 후손들의 노력으로 그 의미를 드러낼 수 있다. 그런 점에서 독립, 호국, 민주라는 대한민국 정통성의 계승과 보훈 정신의 함양이 필요하다. 대한민국이라는 국가 정체성과의 연계성 속에서 보훈의 가치와 '국민' 공동체의 통합과 안정에 기여할 수 있는 가치체계 정립이 필요한 것이다. 우리 정부의 보훈정책은 이러한 기본 틀에 기초를 두고 보훈 정책의 전반적 틀에 대한 국민의 '총체적' 이해를 변화시키는 노력을 펼칠 필요가 있다.

보훈 정책은 국가에 대한 헌신과 희생을 한 분들에게 대한 정신적 '기억'과 물질적 보상 및 지원을 통해 애국심을 유지하고 고취시키는데 있다. 즉, 보훈에 있어서 가장 핵심적인 것은 '보훈 정신을 기리는 보훈 선양'이라 할 수 있다.[1] 이것은 보훈 정책이 기억의 정치, 즉 특정한 기억들을 효과적으로 조직, 관리하는 것을 의미하기 때문이다. 보훈의 관점에서 기념관, 또는 조형물을 설치하고 역

1) 정숙경, "국가보훈의식과 보훈정책의 새로운 방향-전문가 면접결과를 바탕으로." 한국보훈학회. 『호국보훈의식 제고를 위한 정책 방향』(서울: 한국보훈학회, 2007), 21쪽.

사적 장소를 보존, 유지하고 다양한 형태의 현장교육을 하는 것은 공동체의 발전을 위한 정신적 가치를 극대화하기 위한 노력이기도 하다.[2)]

이러한 배경적 논의를 중심으로 본문에서는 임시정부와 광복군의 독립투쟁을 '공화주의'의 정립과 실천을 통해 식민 시대에서 국가를 찾는 '복국'(復國)과 해방 이후 새로운 '건국'(建國)노선으로 계승되는 과정을 살펴보고 있다, 이를 바탕으로 건국 정신의 보훈적 가치의 계승과 정책적 적용을 말하면서 건국노선의 공화주의가 향후 남북통합에 기여할 수 있는 통합성을 모색하고 있다.

Ⅱ. 공화주의(共和主義)로의 복국(復國)을 위한 독립투쟁

대한민국 헌법의 모태인 임시정부 헌법을 만들 당시인 20세기 초 당시 세계사적인 사조인 제국주의가 팽배하는 시대에 '대한민국은 민주공화제로 함'을 하는 임시헌법을 제정했다. 이때 제정된 민주공화제의 정체는 오늘날 대한민국 헌법 제1조로 지금까지 이어지고 있다. 공화주의 기본 원리라 할 수 있는 개인권 및 개인 이익의 공동체 발전과의 결합은 한말 민권주의와 일제 식민지배하 일제의 국가주의에 의한 억압에 대한 저항과 독립운동으로 연결되었고 임시정부와 해방 이후 대한민국 국체로 정립되어 발전해 왔다.

제헌헌법에서 대한민국은 자유민주적 질서를 바탕한 민주공화국임을 천명하고 자유민주주의와 시장경제를 골간으로 하는 국가의 틀을 마련했다. 제2차 세계대전 이후 세계에서 가장 발달한 국가로 최단 기간에 가장 많은 것을 성취한 대표적인 성공국가가 대한민국이라는 사실은 세계가 인정하고 있다. 우리 역사 5천 년사에 있어 이처럼 성공적이고 국력이 발달했던 시기는 없었다. 대부분 기간이 왕조 국가였고 40여 년에 거쳐 일제 식민지배를 받았던 신생국이 일체의 경험도 없이 서구에서 3세기에 걸쳐 진행되어 정립된 자유민주적 공화제를 선택한 것은 놀라운 '선택'이었다고 할 수밖에 없다.

---

2) 황우갑, 『항일민족운동가 생가의 장소마케팅을 통한 국가보훈의식 함양 연구』(수원: 보훈교육연구원, 2008), 326쪽.

1. 서구 공화주의의 기원과 역사적 발전 과정

'공화주의'의 사전적 의미에 대해서는 "공화제도를 주장하거나 실현하려는 정치적 태도"로 설명되는데 'republic'의 어원은 '공공의 것'을 뜻하는 라틴어 'res publica'에서 유래한다. 로마인들은 기원전 509년 폭군 타르퀴니우스를 축출한 뒤 자신의 국가를 '공공의 것'이라는 뜻의 'res publica'로 불렀다. 동양에서 '공화(共和)'라는 말은 중국 주나라의 려왕(厲王)이 폭정을 일삼자 제후들이 반란을 일으키고 왕을 대신해 집정하던 시기(기원전 841~828)를 가리키면서 처음 쓰였다. 왕 없이 정치가 이루어진다는 의미의 '공화제(共和制)'라는 말은 여기에서 비롯되었다. 왕정이 아닌 제후들의 집단 통치를 가리키던 '공화'가 영어 단어의 'republic'의 번역어로 쓰이게 되었으나 동양에서의 공화라는 개념은 현대적 의미의 공화주의는 아니다. 로마 시대의 정치가이자 철학자인 키케로(Marcus Tullius Cicero)는 『국가론(*De republica*)』에서 "공화국은 인민들의 일. 그러나 인민은 아무렇게나 모인 일군들의 사람들을 뜻하는 것이 아니라, 정의와 공동의 이익을 인정하고 동의한 사람들의 모임이다"라고 정의했다. 여기서 인민이란 시민 개개인을 의미하는 것이 아니라 공동체 구성원 전체를 의미한다고 보는데 즉, 인민이 곧 국가이고, 국가가 곧 인민인 것이다. 인민은 서로 동등한 관계에 있으며, 국가를 구성하는 핵심 요소다. 키케로는 공동의 정의, 법, 이익을 인정하고 동의한 사람들의 모임이자 정치공동체로서의 공화정은 혼합정(混合政; mixed constitution) 속에서만 가능하다고 보았다.[3)]

공화주의는 역사적으로는 군주주의를 부정하며 등장한 개념으로 공화주의의 고전적 전통을 부활시켜 근대에 전달한 것은 르네상스 시기 피렌체의 마키아벨리(Niccolò Machiavelli)였다. 마키아벨리는 『로마사 논고(*Discourses on Livy*)』에서 로마 공화정의 역사야말로 정치적 지혜의 보고로 평가했다. 마키아벨리의 이상적 해결책은 공화정이나 당시 극도로 타락하고 분열된 이탈리아 상황에서는 하나의 "거의 왕과 같은 손길" 즉, 군주제의 일종이 요구된다고 결론짓

3) 김경희, 『공화주의』(서울: 책세상, 2009), 20-21쪽.

고 있다. 자유주의가 개인의 자유나 권리를 중시하는 데 반해, 공화주의는 공공선 가치에 역점을 두고 있다.

17세기 시민혁명에 의한 근대국가의 정립은 그것이 'nation'의 의미로 국가=국민(시민)이라는 등식이 성립되었다. 이것이 근대국가와 시민사회의 형성 계기가 되었다. 근대입헌주의에 입각한 헌법은 국민의 주권적 정당성에 기초한 헌법체제로 구체제의 군주 주권을 국민주권으로 대체한 것에서 시작된다. 입헌주의의 본질적 징표는 헌법을 통한 국민주권주의의 현실적 구현에 있다. 공화주의에서는 법과 제도의 중요성 못지않게 시민의식 혹은 시민적 덕성(*civic virtue*)이 중요한데 법과 제도는 스스로 기능하는 것이 아니기 때문에 시민들의 선한 의지가 필요하다는 것이다. 공화주의는 법의 지배 안에서 시민들이 다른 시민들에게 예속되지 않고, 자유를 누리며, 시민적 덕성을 실천하는 정치 질서를 세우는 것을 목표로 한다.

영국의 명예혁명과 프랑스 혁명, 그리고 미국 혁명 등을 거치면서 공화주의는 현실 정치제도에서 군주제를 대신하는 대표적인 정치제도로 자리 잡았다. 1688년 왕권에 도전한 영국의 명예혁명으로 나온 '권리선언'은 오늘날 민주주의 의회정치 발달의 기초를 확립했다. 1789년 일어난 프랑스혁명은 인간의 기본권을 규정한 〈인권선언〉을 통해 자유, 평등, 국민주권, 저항권, 재산의 신성함 등을 규정했다. 독립전쟁을 치른 미국은 1787년에 미합중국 헌법을 제정하였는데 여기서 군주, 귀족의 신분이나 봉건적 토지제도의 잔재가 일소되고, 삼권 분립에 의한 양원제를 주축으로 하는 민주공화제가 탄생했다. 이를 통해 미국은 민주주의의 모범국가가 되었다.

근대에 와서 독립혁명을 겪은 미국과 왕을 처형한 프랑스가 'res publica'로 불렸고 19~20세기를 거치면서 'res publica'는 왕이 없는 나라를 가리키는 용어로 많이 사용됐다.[4] 프랑스의 공화주의 정신의 이념적 기초를 마련한 루소(Jean-Jacques Rousseau)의 사상에서 가장 중요한 것이 '자유'다. 루소의 애국심은, 일인에 대한 충성이나 전체주의적인 것이 아니라, 같은 조국에 살고 있는

4) 박찬승, 『대한민국은 민주공화국이다』(서울: 돌베개, 2013).

시민에 대한 사랑에서 비롯된 것이다. 시민에 대한 사랑은 바로 법과 자유에 대한 사랑으로 규정되었다. 조국은 공동의 자유를 의미하며 정치적 덕을 유지하는 역할을 하는 애국심은 우리 자신의 자유와 동료 시민의 자유를 아우르는 공동의 자유라는 것이다.[5)]

18세기 유럽과 아메리카 식민지에서 전범은 군주와 왕조들을 지명했다. 평화애호적인 정치체제는 대중들의 염원을 반영하는 사람들에 의해 이루어지는 공화정과 민주정으로 생각했다. 몽테스키외(Montesquieu, Charles De)는 군주제는 전쟁으로 공화정은 평화로 가는 길이라고 주장했는데 이는 영국의 자유주의자들과 미국의 국부들(國父; Founding Fathers)에게 지대한 영향을 끼쳤다. 매디슨(James Madison Jr.), 제퍼슨(Thomas Jefferson), 애덤스(John Adams)가 몽테스키외의 원칙을 적용하려고 했으며 성서를 제외하면 몽테스키외의 저서가 가장 많이 인용되었다.[6)]

공화주의는 실제로는 서구 근대 시민사회의 형성과정에서 기존 절대왕정에 대항하는 개혁이념으로 대두된 자유민주주의를 구성하는 주요 원리로서, 서구 각국의 독특한 정치적, 사회적 환경하에서 형성되었다. 공화주의는 민주주의와 결부되면서 그 의미가 혼용되어 실제로 민주주의와의 차이점을 구별하는 것이 별로 의미가 없다.[7)] 근대 초기에만 하더라도 민주주의는 고대로부터 내려온 부정적인 이미지를 갖고 있었으나 공동선을 추구한다는 공화주의와 연결되면서 긍정적인 의미로 바뀌게 되었고 공화주의의 내용은 사실상 오늘날의 민주주의 개념인 것으로 이해되기도 한다. 이런 점에서는 현대 민주주의가 공화주의의 특성 중의 하나라고 볼 수 있다.

---

5) Rousseau, *The Second Discourse, Government of Poland*; 김용민, "루소 정치철학에 있어서 일반의지와 애국심," 『정치사상연구』 8집(2003), 95-96쪽.

6) 파리드 자카리아 저, 나상원 역, 『자유의 미래』(서울: 민음사, 2004), 45쪽.

7) 달(Dahl)은 근대 초기 공화정에서는 귀족정의 요소와 민주정의 요소가 있는데 민주정의 요소가 더 강한 공화정이 권력분립이론을 받아들였고, 대의제를 수용하면서 민주주의 개념과 결합되었다고 본다. R. H. Dahl, *Democracy and Its Critics*(Yale University Press, 1989), 27-28쪽.

2. 공화주의 정립을 통한 임정의 복국(復國), 건국(建國)노선

독립운동 시기 임시정부가 제정한 민주공화제(民主共和制)의 정체는 오늘날 대한민국 헌법 제1조로 지금까지 이어지고 있다. 1919년 4월 10일 밤 10시 프랑스 조계(租界) 김신부로 60번지에서 조선 13도 대표와 만주·연해주·미주 등 각 지역 대표 29명이 참가한 가운데 정부 조직을 위한 회의가 개최되었다. 여기서 제헌의회인 임시의정원(臨時議政院)을 구성한 뒤, 4월 11일 '대한민국'(大韓民國)으로 국호를 정하고 한국 최초의 근대식 성문 헌법인 〈대한민국 임시헌장〉(大韓民國 臨時憲章)을 제정하여 조각을 마쳐 대한민국 임시정부를 수립했다. 임정은 상하이(上海, 1919), 항저우(杭州, 1932), 전장(鎭江, 1935), 창사(長沙, 1937), 광둥(廣東, 1938), 류저우(柳州, 1938), 치장(綦江, 1939)을 거쳐 충칭(重慶, 1940)에서 독립을 준비하면서 광복을 맞았다. 충칭에서는 광복군(光復軍)을 창설하여, 태평양전쟁에 임하여 대일선전포고를 발하고 연합군과 함께 중국·인도·버마 전선에 참전했다.

임정은 1931년 조소앙(趙素昂, 1887~1958)의 삼균주의(三均主義)를 제창했는데 삼균이란 인균(人均), 족균(族均), 국균(國均)으로 인류 평등, 민족 평등, 국가 평등과 정치·경제·교육의 균등을 내용으로 한 정치·경제·사회적 민주주의 원리다. 삼균주의는 1941년 〈건국강령〉(建國綱領)에서 더욱 구체화되어 1944년 새 헌법에 반영되어 광복 한국의 기초이념으로 다져졌고 이것이 1948년의 〈대한민국헌법〉에 반영되었다. 일제가 패망한 직후 임정의 여당인 한독당(韓獨黨)은 1945년 8월 26일 제5차 임시전체대표대회를 열고 당면 임무와 정치 노선을 천명하면서 해방 이후 민족운동을 복국(復國), 건국(建國), 치국(治國)의 단계로 나누어 진행할 필요를 확인했다.[8)]

해방 직후인 1945년 12월 당시 독립된 조선이 나아갈 정치체제에 대한 한 여론조사를 보면 민주주의정체가 28%, 입헌정체가 21%, 진보적 민주주의정체가 16%, 사회주의정체가 9%, 신민주주의정체가 7%, 기타 2%의 경향을 보여주고

---

8) 재중경 한국독립당, "제5차 임시대표대회서 당면임무를 중외에 선포," 《中央新聞》, 1945년 11월 10일.

있다.[9] 민주주의 정체에 대한 뚜렷한 규정이 없는 것으로 보아 이는 제외하고 입헌정체를 공화정으로, 진보적 민주주의와 사회주의를 광의의 사회주의노선으로 해석할 때, 좌우가 지향하는 정치체제의 비율은 엇비슷하다고 볼 수 있다. 그러나 공산당 노선으로 구별되는 사회주의정체는 소수가 지향함을 알 수 있다. 이 여론조사는 당시 대부분의 정당, 통신출판사, 각 학교, 학술원, 사회단체 등 총 105개 단체의 각계 인사들에게 복수선택으로 설문투표를 한 결과이다. 따라서 각 정치체제의 차이에 대한 이해를 하고 있는 지식인의 의향을 반영한 것으로도 볼 수 있다.

해방 직후 정당들이 추구한 국시 기본 이념은 민권 평등, 균산적 경제체제, 국민개로, 국제적 호혜평등 등으로 정리할 수 있다. 해방 시기 다수의 정당이 대략 공통으로 내건 국가 체제는 민주공화제, 중앙정권은 최고인민대표회의가 선출한 중앙국무위원회로 하는 것이다.[10] 경제정책에 있어서는 공리주의적 혼합경제정책으로 기간산업의 공기업화와 자유 사기업의 균형적 발전을 도모했다. 해방 조선이 처한 현실적 경제여건 상 경제정책에서 비슷한 정책대안을 제시하고 있는데 기본 골격은 경제발전을 위해 주요 기간산업과 대기업은 국가가 경영하고 경공업과 관련된 산업 활동에 있어서는 사기업의 활동을 촉진시킨다는 것이다. 공기업과 사기업의 조화적 발전을 꾀하나 산업 활동의 공적 관리를 강조하는 정책이다. 이는 해방 당시 조선의 현실에 있어 가장 적합한 정책으로 사회주의적 경제정책과 자본주의적 경제정책을 적절히 혼용하는 혼합경제정책의 추구였다. 대부분 국가 소유 경제체제를 정책으로 내세우고 있는데 이는 아마도 이데올로기적 차원에서보다는 해방된 신생독립국가의 현실적 상황과 국가건설의 통합적 요소를 고려한 것으로 이해된다.

그러나 해방 전후 건국노선의 정립에 있어서 국내노선보다 현실적으로 더 중요한 요소는 해방을 가져다준 미국을 중심으로 한 국제세력과의 관계 정립이었다. 해방 직후 통일국가를 수립하기 위한 국내정치세력의 민족주의는 단순히 국

---

9) 朝鮮指導人物 輿論調査發表, 「先驅」, 1945년 12월호.

10) 憂國樵夫, "자주독립에 비할 기본국책으로 본 '민족통일'의 가능성—국민건의 제2호," 1946년 4월호(74호).

내적인 성격을 지닌 것이 아니라 어디까지 나 국제적 연관 속에서 미국, 소련과의 관계설정이라는 구도하에 정립되고 실천되어야 하는 구조적 성격을 배태한 것이었다. 따라서 정부 수립을 통한 통일국가건설을 위한 민족주의 노선은 국제주의노선과도 공존할 수 있는 성격의 것이어야 한다는 점에서 당시 한국 민족주의의 대외적 성격은 불가분 국제세력과의 협력적 성격이라는 전제조건을 만족시켜야 한다는 점이었다. 따라서 분단을 극복하고 통일정부 수립을 통한 민족대통합을 우선적 과제로 지향하는 것이 민족주의 정치세력의 현실적 과제였다고 할 수 있다.

그런 점에서 이상적으로는 한반도를 둘러싼 국제세력과의 우호적 관계를 지향하는 친미친소 중도노선으로 '열린 민족주의'이면서 미소 지배의 국제적 조건의 극복을 1차 과제로 하는 현실적, 실용적 민족주의 노선을 정리할 수밖에 없었다. 이를 바탕으로 통일정부의 정권은 여러 정치세력간 권력 공유를 통해 임시정부 수립을 목표로 하며 정부 수립 후에도 모든 정치세력의 공존과 자유로운 경쟁이 보장되는 정치체제를 지향했다. 따라서 해방의 국제적 성격에 대한 이해가 우선이었기 때문에 국내 사회경제정책의 내용은 미소 점령기에 꼭 완성된 형태로 규정되어야 할 시급한 사안이 아니었다. 통일국가가 지향해야 할 국내적 사회경제정책의 방향은 후차적 사안으로 선후 관계를 분명히 인식했어야 한다는 점이다. 해방기의 민족주의의 기본 명제는 자주독립 국가건설이 기본 내용이 된다. 따라서 일차적으로 외세의 지배를 극복하는 내용의 민족주의가 될 수밖에 없다. 그런데 해방을 실질적으로 가져다준 미국과 소련의 국제세력을 힘으로 극복한다는 것은 불가능한 것이었다. 우리 자체의 역량으로 해방을 맞지 못하고 미소 국제세력의 도움으로 일본 지배를 벗어난 해방된 조선의 운명은 자연이 미국과 소련이 일차적 결정권을 쥘 수밖에 없었다.

III. 한말(韓末) 이후 공화주의에 대한 개별적 인식과 건국노선으로의 정립

대한민국이 '민주공화국'임에도 불구하고 실제 공화주의에 대한 논의는 헌법을 중심으로 한 법리적 논의 외에 시대정신에 따라 활동했었던 지도자들의 공화주의 사상에 대해 구체적으로 토의되고 사회적으로 합의된 경우와 내용은 많지 않다. 오히려 최근 들어 6공화국 개정헌법이 그 모태가 된 '1987 체제'에 대한 제도적 한계와 정치적 피로감, 공화주의의 기본체제인 자유민주주의에 대한 사회복지주의의 대두, 한반도에서의 냉전 극복과 통일준비 등의 논의들이 제기됨으로써 역으로 우리 사회의 공화주의를 되짚어보는 연구와 논의들이 제기되고 있다. 그런 점에서 본 장에서는 한말 이후 대한민국 수립 초기까지의 공화주의적 전통에 대한 법리적 해석이나 공화주의 자체와 한국적 공화주의의 내용에 대한 철학적·사상적 논의에 중점을 둔 것이라기보다는 공화주의적 정향을 지녔던 주요 지도자들의 공화주의에 대한 인식과 구체적인 현실에서의 활동들을 공화주의적 관점의 리더십이라는 측면에서 살펴보고 있다.

1. 한말 이후 식민 시기 공화주의에 대한 지도자들의 인식과 실천

한국 역사에 있어서 공화주의(共和主義; Republicanism) 수용은 왕권정치에 반대하면서 정치 주체로 주권의 소재를 국민으로부터 찾는 민권주의(民權主義) 대두로부터 그 기원을 찾을 수 있다. 구한말 민권 참여의 시작이 되었던 〈만민공동회(萬民共同會)〉, 〈독립협회(獨立協會) 〉 등이 추구했던 민본을 바탕으로 하는 공화주의 국가가 지향하는 목표는 부강한 나라를 만드는 것이었다. 개인을 바탕으로 만민의 참여를 통한 공공선의 추구라는 공화주의적 사회운동은 사회개혁운동과 독립운동으로 이어져 일제하 국권 회복을 위한 규범적 지표가 되었다. 또한 공화주의는 대중의 보편적 교육을 기반으로 하기에, 공화주의자들은 대체로 교육의 중요성을 인식하고 있었고 교육 분야에서 활동하며 리더십을 발휘했다. 서재필과 김규식, 신익희, 안창호, 이승만은 저술뿐만 아니라 본인들이 직접 학생들을 가르쳤었으며 유길준 역시 저작에 몰두하는 것뿐만 아니라 대중계몽에 나섰던 단체에 관여했다. 이들은 공통으로 교육을 중시하였고 국민계몽에도 적극적이었다.

서재필(徐載弼, 1864~1951)은 1884년 급진개화파로 조선의 근대적 개혁을 꿈꾸며 일으켰던 갑신정변에 참여했다가 실패한 후 일본을 거쳐 미국으로 망명했다. 서재필은 미국에서 민주주의, 공화주의의 실체를 직접 경험하고 근대교육을 받으며 정치사상을 형성했다. 서재필은 미국에서 공화제의 우수성, 민주주의, 그러한 정치체제를 실현하고 유지하는 제도적 장치들인 의회와 입헌, 언론과 집회의 자유, 국민교육 등에 주목했을 것으로 보인다.[11] 1895년 말 미국에서 귀국한 서재필은 독립협회 설립, 독립신문 발간 등을 주도하며 근대적 개혁을 추진했다. 그가 이끈 독립협회는 새로운 정치 주체로 '인민'을 상정하고 '군민공치'(君民共治)라는 '공화주의적' 정치 형태를 지향했다, 서재필은 만민공동회, 관민공동회와 같은 대중운동을 전개하는 한편 자신이 추구하는 개혁 내용을 알리고 '인민'의 지지를 이끌어 내기 위해, 또 '인민'을 계몽하려는 목적으로 『독립신문』을 발행했다. 서재필이 '국민' 창출과 통합을 위해 무엇보다 우선시했던 것은 교육과 계몽이었다. 교육과 계몽의 주된 내용은 국사와 국어 그리고 각종 의례를 통한 국가의식, 애국심 형성, '인민'의 권리를 법률로 보호해 주는 것이라고 주장했다. 서재필이 말한 '인민'의 권리는 생명권·재산권· 자유권과 같은 인간으로서 누려야 할 기본권이었다.

안창호(安昌浩, 1878~1938)의 공화주의는 '국민 전체에 의한 정치' 또한 '세계평화에 기여하는 정치'를 지향했다. 안창호는 공화주의를 "국가의 사업을 그 국민 전체 의사에 의하여 행하는 것," "국민의 여론에 의거하여 행사하는 것," "이천만으로 하여금 천연이 복락을 누리게 하는 것"으로 봤다. 공화국 건설은 또한 "세계의 항구적 평화를 돕고자 함"이요, "동양평화가 견고"해지도록 하기 위한 것이었다. 이러한 공화주의자로서 안창호는 연설가, 교육자, 조직가, 독립운동가로 능력을 발휘하였고 좌우갈등 해결을 위해 계속 노력했다. 1907년 안창호 등이 결성한 비밀결사 신민회(新民會)는 최초로 공화국 수립을 민족운동의 공식 목표로 정립한 단체로 알려져 있다. 3·1운동 이후 민주공화제를 정체로 표방한 대한민국 임시정부의 수립에 안창호의 공이 큰 것은 부인할 수 없는 사실이

11) 이상철, "서재필의 《독립신문》 활동", 이택휘 외, 『서재필』(서울: 민음사, 1993), 217쪽.

다. 안창호는 '공화'와 '공화국'을 '국민의 의사와 국민의 여론에 의해 국가가 운영되는 것'으로 인식했다. 안창호는 공화국의 목적을 '국민이 복락을 누리게 하기 위함'이라고 했고 한국에서의 공화국 건설은 다음과 같이 동양과 세계의 평화를 위한 것이라고 했다.

> 한국은 일본에서 벗어나 신공화국을 건설하려 하오. … 우리가 우리 주권만 찾는 것이 아니라, 한반도 위에 모범적 공화국을 세워 이천만으로 하여금 천연의 복락을 누리려 함이오. 그러므로 우리는 생명을 희생하여 이 목적을 달성하여야 하겠소."[12)]

이승만(李承晩, 1875~1965)은 한말 서구의 자유민권사상을 받아들인 '자각적' 자유주의자로 근대적인 자유민권 국가를 독립 국가의 이상으로 추구했다. 이승만은 입헌주의(立憲主義)에 대한 확고한 인식을 갖고 있었다. 입헌주의는 일반적으로 제정헌법을 전제로 하여 정치 권력의 작용이 제정헌법의 내용에 의하여 지배를 받아 자의적인 권력 행사가 억제되거나 방지됨을 뜻한다. 입헌주의의 구성 요소들은 기본권의 보장, 국민주권, 권력분립, 의회주의, 헌법의 제정화와 경성화 등이 해당된다.[13)] 이승만은 1899년 1월부터 1904년 8월까지의 한성감옥 투옥이라는 계기를 통해 본격적인 공화주의자로 변신했다. 감옥에서 저술한 『독립정신(獨立精神)』에서 이승만이 3가지 정치체제 중에서 백성들이 직접 지도자를 선출하는 대통령제를 가장 먼저 소개하고 최상의 제도로 기술하고 있다. 이승만은 세계 여러 나라의 정치제도들을 비교하면서 미국과 일부 유럽 국가들이 채택하고 있는 대통령제(공화제)야말로 백성이 지도자들을 직접 뽑고 지도자와 백성이 함께 나라의 부강을 도모하기 때문에 최상의 제도였음을 지적하고 있다.[14)] 이승만이 1914년 2월 『태평양 잡지』에 기고한 「미국 헌법의 발전」에서는 공화정치체제를 군주정과 반대되는 것이라고 파악하는 한편, 왕이나 양반과 같은 특권계층이 통치하지 않고 모든 국민이 동등한 권리와 의무를 지니는 것으로 인식

12) 안창호, "내무총장에 취임하면서," 『서북학회 월보』(1907).
13) 권영설, "이승만과 대한민국 헌법"(출처 분명, 1999).
14) 유영익. "이승만 대통령의 업적," 유영익 편, 『이승만 대통령 재평가』(서울: 연세대학교 출판부, 2006), 485-486쪽.

했다. 1919년 8월 27일 대한공화국 대통령 이승만과 구미위원부위원장 김규식이 공동으로 공표한 『대한공화국 헌법 요강』에서도 다음과 같이 양반계급들의 특권을 폐지하고 공화주의 체제를 추구했다.

다-1 국체는 공화제로 한다.

다-2 정체는 의회주의 형식을 따른다.

다-5 귀족의 특권은 폐지한다.[15)]

이승만은 공화체제에 입각한 민주주의 국가 수립을 위해서는 국민교육이 가장 중요하다고 생각했다. 1919년 4월 15일 이승만이 필라델피아에서 개최된 '대한인총대표회'에서 채택한 『(건국)종지(宗旨)』에서는 국민교육을 정부의 업무 중 가장 중요한 것으로 간주했는데, 그 이유는 교육수준이 향상되지 않으면 국민이 정부에 참여할 수 없었기 때문이라는 것이다.[16)] 1919년 8월 27일 대한공화국 대통령 이승만과 구미위원부위원장 김규식이 공표한 『대한공화국 헌법 요강』에서도 교육을 장려했다. 이승만이 1924년 7월의 『태평양 잡지』에 기술한 글 역시 공화주의 시대에는 서민들의 지식 정도를 높이는 것이 급선무라고 역설했다.

해방 후 이승만이 1948년 5월 27일의 제헌국회 첫 모임에서 행한 연설에서는 모든 국민이 평등하게 국정에 참여하여 권리와 의무를 지니는 공화주의적인 정치체제의 추구, 제헌헌법의 전문 역시 모든 국민에게 평등한 기회를 제공함을 명시했다. 이승만은 공화주의를 최고의 정치제도로 추구하면서 공화제를 구현하기 위한 전제조건으로 인민교육의 필요성을 역설했다. 따라서 이승만은 제1공화국에서 당연히 교육정책을 중시하였는데, 제헌헌법에서 약속한 초등학교 과정에 대한 '무상의무' 교육 약속이 이를 잘 보여주고 있다. 인민교육을 통해 조선이 구습에서 벗어나 개인의 자유와 평등을 기반으로 문명국가를 건설해야 한다는 것이다. 문명국가의 도덕적 기반을 이승만은 기독교에 바탕한 기독문명국가론에서 찾았다. 이승만이 받아들인 자유민주주의는 자유,민주,반공을 기본 축으로 하는 내용들을 담으면서

---

15) 유영익. 2006. 487-488쪽.

16) 유영익, 486-487쪽.

기독교 입국론에 입각한 문명된 자주독립 국가를 지향했다.[17]

신익희(申翼熙, 1894~1956)는 임정의 〈임시의정원법〉을 손정도, 조소앙, 이광수와 함께 기초. 이시영, 조소앙과 함께 기초위원으로 일했는데 '대한민국은 민주공화제로 함'을 주요 내용으로 하는 임시헌법 제정에 참여했다. 조소앙이 초안 및 임정의 주요 법률을 주도한 것으로 보지만[18] 신익희는 조소앙과 함께 〈대한민국임시약헌〉(1940), 〈대한민국 건국강령〉(1941), 〈대한민국임시헌장〉(1944)을 작업. 해방 이후에는 헌법안을 입안해서 입법의회에 제출해 입법회의에서 '임시헌법안'으로 통과되었다.

김구(金九, 1876~1949)가 꿈꾸었던 문화국가로서의 통일 한국의 모습도 민족주의, 민주주의, 경제 평등의 연장선에서 나왔다. 그가 말하는 민족주의는 자유와 민주주의를 정치이념으로 하는 민족주의였으며, 특히 임시정부가 조선의 왕조체제를 부정하고 새로운 정부체제로 자유와 민주의 원칙에 입각한 민주공화정을 표방했다는 점이 주목된다. 임시정부는 1919년 9월 11일 발표한 헌법에서 역사상 최초로 주권이 인민 전체에게 있으며, 국가권력은 인민으로부터 위임되었다는 점을 명확히 선언했고, 신앙·언론·출판·집회·결사·서신비밀·거주 이전의 자유와 함께 재산의 보유와 영농의 자유 등 인민의 자유와 권리를 보장했다. 이처럼 김구와 임시정부는 일찍이 자유주의와 민주주의를 기본 이념으로 받아들였다. 김구는 "나의 정치이념은 한 마디로 표시하면 자유다. 우리가 세우는 나라는 자유의 나라라야 한다"고 했다.[19] 그러나 김구는 "우리는 개인의 자유를 극도로 주장하되 그것은 저 짐승들과 같이 저마다 제 배를 채우기에 쓰는 자유가 아니요, 제 가족을, 제 이웃을, 제 국민을 잘 살게 하기에 쓰이는 자유다"[20]라며 절제된 자유를 강조했다.

---

17) 남광규, "이승만 정부의 통일정책 내용과 평가,"『통일전략』제12권 제2호, 2012, 137쪽.
18) 한인섭, "대한민국은 민주공화제로 함-대한민국 임시헌장(1919. 4. 11) 제정의 역사적 의의,"『서울대학교 法學』 제50권 제3호(서울: 서울대학교, 2009), 172-174쪽.
19) 김구, 『백범일지』(서울: 교문사, 1980), 294쪽.
20) 김구, 303쪽.

2. 공화주의의 건국노선에의 정립

앞에서 논의한 지도자들과 함께 해방 직후 건국과 통일국가 수립에 헌신한 지도자들이 갖고 있던 공화주의적 인식도 연속적 관점에서 동질성과 차이점들을 발견할 수 있다.

우선 해방 직후 건국준비위원회(建國準備委員會)로 해방 정국을 선점한 여운형(呂運亨, 1886~1947)의 인식을 살펴볼 수 있다. 좌우정치세력을 당면한 민족국가 건설에로의 방향으로 통합시키고자 혹은 일시적으로라도 연합시키고자 했던 여운형의 좌우합작운동은 그 목적이 임시정부 수립을 통한 독립 국가가 궁극의 지향점이다. 그가 독립운동기부터 해방 정국기까지 보여주는 극단적인 정치스펙트럼의 공존은 이와 같은 하나의 목표를 위한 당면의 현실적 적용이었다. 여운형이 민족주의자냐 사회주의자냐의 판단 기준은 그가 통일된 국가를 우선했느냐 아니면 통일된 국가의 사회 성격을 우선했느냐를 평가하면 쉽게 그 결론이 도출된다. 여운형은 해방 직후 조선의 현 단계를 부르주아민주주의혁명으로 규정했고 이를 또한 '진보적 민주주의'로, 국가건설의 측면에서 '진보적 민족주의'로 규정하였다. 민주주의에 있어 '진보적'이란 소수 자본가 지배를 거부하며 다수 민중의 이익, 조선 현실에서는 대다수를 차지하는 농민, 근로대중의 이익을 우선한다는 것이다. 민족주의에 있어 '진보적'은 반봉건적 지배구조와 경제구조의 타파를 의미하였다. 따라서 여운형은 자유민주주의적 부르주아 경제와 구분되는 자본주의 경제체제를 인정하였다. 이것은 자본가적 생산양식의 발전은 불가피하나 국가의 힘으로 자본가를 육성시킨다는 의미가 강했고 그런 점에서 그가 제시한 주요한 경제정책은 대부분 국영을 근간으로 하고 있다.[21)]

여운형은 통일국가의 내부적 사회 성격보다 우선 현실적으로 가능한 국가건설을 당면과제로 추구하였다. 민족국가건설의 당면과제를 위한 실천 운동이 바로 좌우정당연합운동과 좌우합작운동의 전개였다. 이는 상층부 통일전선의 형성이 되는데, 이럴 경우 불가분 각 정치세력이 타협할 수 없는 국내적 요구사항은 일

---

21) 李基洙, "朝鮮經濟建設의 基本方向," 『科學戰線』 1946년 2월호(1호).

시 유보되거나 임시정부 수립 이후로 천연되어야 한다는 면에서 가능성을 넓혔어야 했던 것이다. 따라서 여운형의 민족주의는 과도적 성격을 지닐 수밖에 없는, 즉 미소에 적대적이지 않는 미소의 배제를 통한 임시정부 수립을 통한 국가건설기에 유용한 잠정적 정치세력연합의 통합적 민족주의의 연장선에서 이해해야 한다. 여운형은 사회주의적 공산국가냐 자본주의적 민주국가냐는 후차적인 민중 자유 선택의 문제이고 우선은 좌우정치세력이 국제조건과 일치하는 입장에서서 외세를 우호적 관계 속에서 배제시킨 이후 좌우가 연합하는 임시정권 수립을 통한 민족국가건설이 여운형 정치노선, 정치세력간 연합적 민족주의의 본질적 성격이라 할 수 있다.

여운형과 함께 일시 해방 정국을 도도했던 안재홍(安在鴻, 1891~1965)은 진정한 민족주의는 민족 구성원 간의 완전한 평등과 민족 전체의 균등, 모든 계급이 친화 단결하는 민주주의적 민족주의여야 한다고 주장하면서, 이러한 민주주의를 '신민주주의'(新民主主義)라고 하였다.[22] 안재홍 역시 소수지배의 경제구조보다는 다수 민중의 이익이 보장되는 방향으로의 민족공동체적 민주주의와 민족주의를 지향하였다. 안재홍이 내걸은 '신민족주의'(新民族主義)도 내적으로는 다수 민중을 중심으로 한 자주적, 초계급적 협동체를 대외적으로는 국제협동의 정립적 분담자로의 국가건설을 목표로 하고 있다.[23] 그리고 신민주주의의 원형을 조선 고유의 과거 전통으로부터 형성되었다고 주장하면서 이것을 고대 이래의 한국 고유의 '다사리주의'에서 찾았다. 안재홍이 말하는 신민주주의는 한국 고유의 '다사리주의'을 현대적 의의로 발전시킨 조선 고유의 민주주의 이념의 산물이라는 것이다. 신민주주의는 정치·경제·교육 등 권리의 균등과 근로·협동 등 의무의 균등을 조건으로 삼는 진정한 민주주의라는 것이다. 신민주주의를 바탕한 안재홍의 다사리주의는 안으로 민족자존으로 민족의 이익과 복지를 국가조직을 통해 보존, 발현하면서 밖으로는 전 인류대동의 이념에 순응하여 선린 친선과 세계평화를 구현하는 국제생활협동체에 의한 국가를 지향하는 정치이념이다. 이를

22) 安在鴻, "大衆共生의 理念-新民主主義論,"『白民』, 創刊號, 1945년 12월.
23) 嚴雨龍(國民黨 선전차장), "新民族主義와 新民主主義,"『開闢』 1946년 1월호(73호).

다음과 같이 설명했다.

> 신민주주의 국가를 창업하여 만민개유와 대중공생을 이념으로 하는 계급독재를 지양시킨 신민주주의의 실현을 목표한 정치적 문화적 신기원의 역사를 개창하여야 함. … 오인조선의 신민족주의는 민주자존의 강고한 협동체요 밖에서는 국제협동의 정립적 분담자로서의 공고한 민족국가를 보유함을 그 사명으로 함.
> 강령; (1) 민족국가의 건전한 발전과 국제협력의 최선한 자됨을 기함. (1) 국민개로와 대중공생을 이념으로 신민주주의의 실현을 기함. (1) 민족문화의 전면적 앙양과 인류 대동의 조류에 순응키를 기함. - 1945년 9월 25일 국민당[24]

> 신조선을 건설하는데 큰 이념이 있으니 안에서는 민족자존의 생활협동체로서요 밖으로는 국제협동의 강고한 분담자로서인 것. … 대륙과 해양의 중간에서 남침북략을 제마음대로 할수 있는 필연의 형승을 지녔으메! … 조선의 건설문제는 안에서 인민대중의 총의를 무시하는 편벽한 책동으로 될 수 없는 것이요 밖으로는 4개국의 정치가들의 광명정대한 성원에서 완성될바.[25]

해방 시기 이승만을 도와 대한민국 건국에 큰 역할을 한 김성수(金性洙, 1891~1955)의 민족운동 전략은 애국계몽운동을 중심으로 민족자강을 실현하는 것이었다. 이 민족자강은 서구의 근대화를 수용해 국민국가로 발전시키는 것이었다. 그러한 인식은 '서구 근대성의 제도적 수용 — 국민적 자각에 의한 제도의 수립 — 근대적 제도에 의한 민력의 함양 — 근대 국민국가로의 발전'이 그것이다. 무장투쟁과 해외에서의 외교활동의 공백을 메우는 작업이 바로 민력의 함양으로 인촌은 국내에서 다른 형태의 민족운동을 전개하면서도 다른 방식의 민족운동에 대해서도 배타적이라기보다는 연대적인 모습을 보여 주었다.[26] 김성수의 실천운동 노선은 한말 실학의 전통을 잇는 개화사상, 1884년의 갑신정변과 갑오경장, 1896년의

---

24) "각 정당과 단체(3)-국민당," 《신조선보》, 1945년 10월 18일.
25) 안재홍, "신조선은 탄생한다," 『신조선보』, 1945년 10월 6일.
26) 진덕규, "한국 민족운동사와 인촌 김성수의 위상," 인촌 김성수 서거 50주기 추모집 간행위원회, 『인촌을 생각한다』, 162-163쪽.

독립협회의 결성과 1920년대 전개된 교육언론을 통한 애국계몽운동 전개와 괘를 같이하는 위로부터의 민족운동이었다. 여기에는 반식민지 저항운동의 성격도 내재되어 있지만 근본적으로는 봉건적인 유교 질서와 그에 입각한 사회구조의 타파를 위한 것이었다. 이를 통해 김성수가 지향하고자 한 사회의 모습은 서구의 자유주의와 민족국가의 건설을 통한 근대화된 국가발전이었다.

그런 점에서 김성수는 서구의 젠트리(*gentry*)로 비유할 수 있다. 이는 근대시민혁명 이후 부르주아적 시민계급이 지녔던 계급적 위치와 혁명성보다는 근대성의 내용들을 자본주의적 모랄과 결합하여 물질과 그에 대한 건강한 정신적 통제력 및 사회 공익의 영역을 확보해 나가는 계몽성의 의미로 받아들인 측면에서의 평가이다. 즉, 시민문화적 요소로서 젠트리들이 가지는 '변화를 일상화시키는 건강한 보수성'으로 받아들인다는 의미로 보는 측면에서 김성수를 그렇게 평가할 수 있지 않나 하는 것이다. 김성수가 도덕적으로나 실천적 운동의 측면에서든 사회적 공익, 민족과 국가의 올바른 발전을 위해 사익을 버리고 최선을 다했다는 점은 추호의 이견도 없다. 따라서 김성수를 우리 사회에서는 찾기 힘든 한국의 '노블레스 오블리주'(*noblesse oblige*)의 전형으로 삼는데는 이견의 여지가 없을 것이다.

Ⅳ. 해방 직전 임시정부의 건국노선과 통합 활동

1940년 중칭(重慶)으로 이주한 임시정부는 한국독립당이 주도하는 가운데 중도노선의 김규식을 부주석으로 영입하고 사회주의계의 독립운동가들이 임시의정원뿐 아니라 국무원에도 참여하는 연립정부 형식을 취하게 되었다. 1942년 8월 4일 조소앙은 신익희를 외교연구위원회의 위원으로[27] 발탁하였고, 나아가 외무부 차장에 신익희를 추천하여 1943년 3월 4일 임명되었다.[28] 같은 해 4월 10일 새로이 김규식이 위원장인 선전위원회 위원을 선임할 때도 신익희, 조소

27) 『대한민국임시정부공보』 제75호, 1942년 8월 20일 자.
28) 『대한민국임시정부공보』 제77호, 1943년 4월 15일 자.

앙, 엄항섭 등과 함께 위원으로 선임됨으로써 중경 임정에서 다시 자리를 잡아갔다. 임정 시기 신익희는 한때 한국혁명당을 조직했지만 늘 독립운동세력 내 정당통합운동에 앞장섰으며 종국에는 한국독립당에 참여해 김구, 조소앙 등과 함께 활동하면서 해방을 맞이했다.[29] 계급투쟁보다는 민족독립을 우선한다는 명분하에 성립된 일종의 좌우협력 정부였다. 해방 직전 중국의 충칭에 자리하고 있던 대한민국 임시정부는 김구를 수반으로 해서 통합적 구심체의 역할을 강화하기 위해 임정 조직을 대대적으로 재정비했다. 하태평양전쟁 후 임정의 혁명전선 구축 노력이 시급한 통일단결의 계단을 밟지 않으면 안 되게 되어서 한국독립당, 민족혁명당, 조선공산당, 무정부주의연맹의 4당 통일선언이 발표된 이후 민족통일전선을 위하여 굳게 손을 맞잡고 투쟁을 전개했다.[30]

해방을 앞두고 임시정부 내에서는 기존 임정과 민족혁명단을 중심한 통일전선이 결성되었다. 난항을 거급하던 임시정부를 통한 통일전선운동은 1944년 4월의 제36회 임시의회에서 다시 기도되었다. 결국 국무위원의 수를 14명으로 늘려 한독당의 김구를 주석, 민혁당의 김규식을 부주석으로 하고 한독당의 이시영, 조성환, 황학수, 조완구, 차리석, 박찬익, 안훈, 조선혁명자연맹의 장건상, 김붕준, 김원봉 등 4명, 조선혁명자연맹의 유림, 조선민족해방동맹의 김성숙으로 구성되는 통일전선 내각을 수립할 수 있었다.[31] 민족혁명당원으로 통일전선정부 임정에 참가했던 장건상은 독립을 대비한 해외 항일단체의 통합을 위한 통일된 조직의 구성이 필요하고 그래도 조직의 기둥은 임정이 될 수밖에 없다고 말하였다.[32] 계급대립보다 민족통합을 우선하는 입장은 임정내 좌익세력으로 참가한 민족주의적 공산주의자인 김성숙(金星淑, 1898~1969)에게서 보다 더 분명하게 나타난다. 김성숙은 1944년 임시정부의 국무위원에 참가할 때도 임정이 국내에 돌아가서 좌우익의 합작통일에 매개체적 역할을 할 것이라는 전제하에 참가했다. 특히 김성숙은 독립운동시 민족전선연맹의 기관지『조선민족전선』을 통해 통

29) 김학준, "해공 신익희 선생 재조명 : 만인의 가슴에 남아있는 거목의 생애," 국회사무처,『우남 이승만과 박사·해공 신익희 선생 재조명』, 국회사무처,「국회보」5월 통권 403호(서울: 국회사무처). 10쪽.
30) "중경특신1,"《신조선보》(1945. 11. 1).
31) 강만길,『조선혁명당과 통일전선(서울: 화평사, 1991), 264쪽.
32) 강만길, 268쪽.

일전선을 '민족전선'으로 규정했는데 이는 민족해방운동의 통일전선은 일본 제국주의 타도에 일차적인 목적을 둔 계급과 당을 초월한 계급연합적 민족전선이 되어야 한다는 논리였다.[33]

따라서 해방 시점에서 중국의 중칭 임시정부의 구성 요소는 민족주의적 우파 진영인 대한독립당(김구, 이시영, 조완구, 엄항섭, 조소앙), 민족주의적 좌파진영의 조선민족혁명당(김규식, 김상덕, 김원봉), 공산주의진영인 민족해방동맹(김성숙), 민족주의 우익인 신한민주당(유동열), 무정부주의자총동맹(유림)이 결합된 좌우연립정권의 형태였다.[34] 귀국 후의 국내정책에 대해서는 임정 우파인 한독당이 8월 26일 제5차 임시전체대표대회를 열고 발표한 당면임무와 김구 명의로 9월 3일 발표된 '임정당면정책'에 나타나 있다.

> 한독당 黨議로는 조소앙의 '三均主義'에 입각하여 정치, 경제, 교육의 균등을 기초하여 민주국을 건설하여 국민각개의 균등생활을 확보한다는 정치노선을 밝혔다. 기본강령인 黨綱의 5개항중 (2)항은 計劃經濟制度를 확립하여 균등사회의 행복생활을 득케 한다. (3항)은 民主共和國體制를 완성한다. 행동강령인 黨策의 27개항에서 토지는 국유를 원칙으로 하여(7항) 인민에게 분급하여 경작케 한다(8항). 전국규모의 대규모생산기관은 國家經營이나(9항) 국민이 현재 소유하고 있는 사유토지와 소규모의 사영기업은 법률로써 보장한다(10항). 일제청산과 관련하여 敵産은 그 관공사유를 불문하고 일률로 몰수하여 국유로 한다(25항). 매국노와 독립운동을 방해한 자를 응징하여 재산을 몰수하여 국영사업에 이용하고 그 토지는 國有로 한다(27항).[35]

조소앙의 삼균주의(三均主義)는 "개인과 개인, 민족과 민족, 국가와 국가가 균등한 생활을 하게 하는 주의"다. 삼균주의는 정치적 측면에서 자유민주주의를 경제적 측면에서는 사회민주주의를 받아들이고 있다. 삼균주의는 의미를 일제하 민족독립3

---

33) 김오성, 『지도자군상 제1권』(서울: 대성출판사, 1946), 190－204쪽.
34) 重慶特信1. "金柄豪지사의 회고담,"『新朝鮮報』 1945. 11. 1; 金正道, "臨時政府論,"『朝鮮週報』 1946. 1. 8.
35) 趙白山, "韓國獨立黨의 黨策-제5차임전대표대회선언," 『開闢』 73호(1946년 1월호); 《中央新聞》(1945년 11월 10일).

운동에서의 연합전선추구에 이론적 기여, 일제하 우익노선이 수립한 민족국가건설론의 핵심 이론, 좌우익의 대립을 지양한 이론, 노동 독재정권과 자본가 전횡 정권을 반대하고 전체 민족 구성원의 정치·경제·교육상의 균등을 실현하려 한 이론으로 평가받고 있다.[36] 삼균주의는 쑨원의 삼민주의와 유사하다. 삼민주의는 민족주의(民族主義), 민권주의(民權主義), 민생주의(民生主義)의 3자를 가르침이니 민족주의의 목적을 달성하기 위하여 전제와 불평등조약의 철폐를 구하며 민권주의의 목적을 달성하기 위하여 봉건 군벌의 타파를 행하고 민생주의의 목적을 달성하기 위하여 지권 평등과 자본 절제를 행하려고 하는 것이다.[37]

김구가 이끌었던 한독당 당의는 조소앙의 '삼균주의'에 입각하여 정치, 경제, 교육의 균등을 기초하여 민주국을 건설하여 국민 각개의 균등 생활을 확보한다는 정치노선이었다. 해방 직전의 시점에서 임정의 정치 노선과 정책 내용은 이데올로기가 중심이 아닌 민족을 중심으로 하는 '중간노선'으로 계급적, 이념적 절충을 통해 친미, 친소, 친중의 자주독립정부수립을 지향했다. 임정은 해방 후 이념과 조직의 차이를 상호 인정하고 협력적 민족통일전선체를 구성하여 통합된 내세역량을 극대화하려 했다. 대외노선에 있어서도 해방에 기여한 연합국의 역할을 현실로 받아들여 이들과 협조하되 어느 한 외세에 대한 추종과 편승을 경계했다.

한편 美洲지역에서는 在美韓族聯合會(약칭 연합회)가[38] 미주 지역의 다수 교포조직을 통합한 조직으로 종전을 전후하여 미국무부를 상대로 적극적인 대외활동을 전개하고 있었다. 연합회는 국민회(國民會)와 동지회(同志會)로 갈려져 있던 미주한인운동세력의 통일과 단결을 위해 구성되었고 중도적 합리주의노선에 가까웠다. 연합회는 임시정부의 재정을 지원했고, 미주 청년들을 미군 OSS부대에 입대토록 주선하는 활동도 하였다.[39]

---

36) 강만길, 『趙素仰』(서울: 한길사, 1982). 제4, 5장.

37) 편집부, "삼민주의란 무엇인가," 『동광』 22호(경성: 동광사, 1931), 79쪽.

38) 美洲의 정치활동단체는 國民會를 시초로 한다. 그후 국민회운동 일파로 혁명당이 조직되었는데 중경의 김약산계통의 민족혁명당과 관계하였고 국민회와 대립했다. 이후 이승만이 중심되어 同志會가 발족한 후 동지회의 일부 인사들이 1941년부터 국민회계통과 협력하여 재미한족연합위원회(在美韓族聯合委員會)를 설립하였다. 在美聯合委員會代表 田耕武, "재미 동포의 활약상," 週報, 『建設』, 1권 4호(1945년 12월).

V. 건국 가치의 보훈적 계승과 통일을 위한 통합성의 모색

1. 건국 가치의 보훈적 계승

「국가보훈기본법」에 따르면 “국가를 위해서 희생하거나 공헌한 사람의 숭고한 정신을 선양하고, 그와 그 유족 또는 가족의 영예로운 삶을 도모하며 나아가 국민의 나라사랑 정신을 함양”[40]하기 위해 보훈정책을 시행하고 있다. 그런데 건국 관련 보훈정책은 상대적으로 뒤늦게 시행되었다. 6월 6일 현충일은 1956년 대통령령으로 만들어졌지만, 전몰군인 추모를 바탕으로 하고 있었기 때문에 일본 식민지배에 대항하여 독립을 위해 순국한 선열들은 제외되었다. 국립묘지의 안장 대상도 8가지로 제한되어 있으며 순국선열과 애국지사는 김영삼 정부 때 법률 개정을 통해서 명단에 포함되었다.[41] 2000년대 이후 국가보훈처는 독립유공자 추가 발굴과 계승사업 및 독립운동관련 학술대회를 개최하고 해외독립기념행사에 주안점을 두는 정책을 시행했다.[42]

앞에서 살펴본 독립운동 시기에 활동한 독립운동가들의 생애를 전체적으로 평가함에 있어서 일제 시기와 대한민국 건국기의 활동들과 이에 대한 평가는 사실을 바탕으로 당시의 시대적 맥락과 함께 해석이 이루어져야 균형 잡힌 평가가 될 것이다. 건국 도상에서 남북한은 건국 정신에서 민주공화제라는 개념을 공유하지만 계급 문제에 대한 접근에서는 차이를 보였다. 결국 계급 문제에 대한 상반된 접근은 결국 민주공화제의 내용에 대한 견해 차이로 이어졌다. 계급투쟁을 방지하려는 남한은 국가의 개입으로 계급갈등을 완화함으로써 민주공화국을 건

---

39) 조동걸, “8·15 직전의 독립운동과 그 시련”, 송건호 외, 『해방전후사의 인식』(서울: 한길사, 1980), 261쪽.

40) 「국가보훈기본법」, 제1조.

41) ① 현역군인·소집 중인 군인 및 군무원으로서 사망한자 ② 전투에 참가하여 무공이 현저한 자·장관급 장교 또는 20년 이상 복무한 자 중 전역·퇴역 또는 면역된 후 사망한 자로서 국방부 장관이 지정한 자, ③ 국장(國葬) 또는 국민장으로 장의(葬儀) 된 자, ④ 국가유공자등 예우 및 지원에 관한 법률 제4조 제1항 제1호 및 제2호의 규정에 의한 순국선열 및 애국지사로서 국가보훈처장의 요청에 의하여 국방부장관이 지정한 자, ⑤ 전투에 참가하여 전사한 향토예비군과 임무 수행 중 전사 또는 순직한 경찰관, ⑥ 국가 또는 사회에 공헌한 공로가 현저한 자 중 사망한 자로서 국방부 장관의 제청으로 국무회의의 심의를 거쳐 대통령이 지정한 자, ⑦ 군인·군무원 또는 경찰관으로 전투 또는 공무 수행 중 부상을 입고 사망한 자 중 국방부 장관이 지정한 자, ⑧ 대한민국에 공로가 현저한 외국인 사망자 중 국방부 장관의 제청에 의하여 국무회의의 심의를 거쳐 대통령이 지정한 자.

42) 국가보훈처, 『미래지향적 보훈정책 발전방향 모색』(서울: 국가보훈처·한국정책학회, 2002), 97~98쪽.

설할 수 있다는 입장인 반면에 북한의 마르크스-레닌주의자들은 계급투쟁을 통하여서만 민주주의를 실현할 수 있다는 입장이었다.

공화주의 기본 원리라 할 수 있는 개인권 및 개인 이익의 공동체 발전과의 결합은 한말 민권주의와 일제 식민지배 하 일제의 국가주의에 의한 억압에 대한 저항과 독립운동으로 연결되었고 임시정부와 해방 이후 대한민국 국체로 정립되어 발전해 오면서 1987년 민주화 이후에는 사회적 복지주의와 결합하는 양상으로 변화·확대되고 있다. 한편으로는 자유주의 한계에 대한 비판과 함께 공화주의도 탈근대적 양상을 보이는 지금의 국제환경과 각종 사회변동이 심층적, 다중적으로 진행되고 있는 한국사회의 변화에 맞지 않는 보수적 한계를 보인다는 문제 제기도 있다. 그런 점에서 제헌 헌법의 사회민주적 요소도 주목할 필요가 있는데 이는 제헌헌법의 기본 정신이 "공공의 것으로 번역할 수 있는 '*res publica*'의 의미, 즉 오늘날의 공화주의라고 할 수 있다[43]"고 보는 측면이다. 한국사회의 공화주의를 이해하고 현재의 시점에서 우리 사회에서보다 성숙한 공화주의에 대한 담론과 향후 남북한을 아우르는 통합의 공화주의를 모색하는데 역사적 시사점을 찾을 수 있을 것이다.

국가가 위기에 직면할 때, 국민 개개인이 자신을 희생하겠다는 희생정신을 갖추는 것은 국가존립과 유지 및 발전에 필수적이다. 군의 사기를 올리는 데는 여러 가지 방법이 있다. 그중에서도 국가를 위해 희생하고 헌신한 사람들에 대한 보훈정책의 강화가 매우 효과적일 수밖에 없다. 국가안보를 튼튼히 유지하는 국가들은 국가적 차원에서 잘 정비된 보훈제도와 정책을 구비해 왔다.[44] 전후 세대가 85%를 넘는 현실에서 시대변화에 맞는 호국·보훈의식을 강화하는 프로그램과 실천 교육이 필요한 것은 건강한 보훈의식이 강한 안보의식을 만드는 필요조건이기 때문이다. 다시 말해 강한 안보의식을 만들기 위해서는 우선 건강한 보훈의식을 확산, 정착시키는 데 정책적 노력을 배가시켜야 한다는 점이다.[45]

국가의 존속은 경제력이나 국방력과 같은 물질적 능력 같은 하드파워(*hard*

43) 박찬승, 『대한민국은 민주공화국이다』(서울: 돌베개, 2013).
44) 오일환, "국가보훈과 국가정체성," 『민족사상』, 제5권 제1호, 51－52쪽.
45) 고휘주, "국가안보와 보훈정책," 『군사논단』, 제38호. 23쪽.

power)에 의해 크게 좌우되기도 하지만, 정신력이나 문화력 같은 소프트파워(*soft power*)의 국력 상승을 위해서는 국가 정체성 확립 등 국민정신을 강화시키는 노력이 급선무다. 이를 위해 정부는 보훈 선양정책을 강화해 학교 교육이나 사회교육에서 보훈의 가치를 높이는 방안을 강구해야 할 것이다.46)

오늘날 한국 사회에서 가장 시급하고도 절박한 과제는 갈등과 대립이 일상화된 사회공동체의 통합과제이다. 갈등과 대립이 없는 국가와 사회는 없지만 한국사회의 경우 그 정도가 너무 심해 사회공동체가 유지될 수 있을까하는 의구심을 갖게 할 정도로 사회적 갈등의 정도가 높고 반대로 공동체 의식은 약화되고 있다. 한국사회의 구성원들이 느끼는 주관적인 평가 말고도 객관적인 수치와 일반국민이 느끼는 갈등의 정도를 보더라도 한국사회의 갈등 수준은 매우 높게 나타나고 있다. 사회 구성원 간 갈등과 대립이 정도를 넘어서면 그 사회는 일종의 사회해체 현상인 아노미 상황이 나타날 수 있으며 그러한 상황은 내적으로는 사회유지를 외적으로는 국가안보를 불가능하게 한다.

그런데 이런 환경의 조성은 국가를 위하여 봉사하고 헌신한 대상자들에게 정당한 대가를 지불하는 데서부터 시작된다. 국가를 위해 희생한 분들에 대한 정당한 보상이야말로 국가 및 사회공동체에 대한 긍정적 강화요인으로 국민에게 국가와 민족에 봉사하고 충성할 수 있도록 동기 부여될 수 있는 요소가 되는 것이다. 보훈의식은 국민의 공동체 의식과 정체성을 함양하고, 국가와 사회의 안정과 안보를 유지하는 토대로 국가와 사회를 유지, 발전시키는 가장 기본적인 정신이 되는 것이다. 그래야만 국가가 위기에 빠졌을 때 자신의 안위를 돌보지 않고 국가를 위해 희생하는 사람들이 나오고 그들의 희생을 바탕으로 국가공동체는 유지되고 발전될 수 있다.

2. 건국 시기 공화주의의 현대적 실천을 기반한 통일시대의 모색

1948년 이후 대한민국은 자유민주주의와 시장경제를 바탕으로 하는 산업화,

46) 오일환, “국가보훈과 국가정체성,” 『민족사상』, 제5권 제1호, 2011, 75쪽.

개방과 국제화의 길을 선택해 발전과 번영을 이루었다. 앞으로 우리는 대한민국의 선진화와 남북통일, 한민족 시대의 도래를 추구하는 시대적 과제를 달성해야 한다. 약소국의 비애를 안고 살았던 한민족이 이제는 세계 모든 곳에 나가서 역량을 발휘하면서 한민족의 우수성을 보여주고 있다. 중견 국가로서 국제적 책임과 의무도 담당하는 선도 국가로 발전하고 있다. 정치, 경제, 사회문화, 스포츠 등 모든 분야에서 전 세계에 영향을 미치는 국가로 성장했다. 19세기 말 이후 한민족은 국권 수호, 일제 시기 독립과 탈식민지, 해방 이후 지금까지 독립과 분단극복, 그리고 분단 이후에는 근대화와 민주화를 목표로 하는 시대적 과제들과 직면했고 이를 독립운동, 민족갱신운동, 분단극복운동, 근대화운동, 민주화운동을 통해 실현해 왔다. 이런 과정을 통해 대한민국은 세계 최빈국에서 세계 10위권의 경제 대국이 되었고 국제사회의 원조를 받던 국가에서 최초로 빈국을 도와주는 공적개발원조(ODA) 국가가 되었다. 20세기 국가들 중 최단 기간에 가장 많은 것을 성취한 대표적 성공국가가 대한민국이라는 사실은 세계가 인정하고 있다. 한민족 5천 년사에 있어서도 이처럼 성공적이고 국력이 발달했던 시기는 없었다고 봐도 과언이 아니다. 이런 성취를 바탕으로 이제는 21세기 세계화와 4차산업혁명이라는 문명적 변화 속에서 선진화와 통일, 한민족 시대의 도래를 추구하는 시대적 과제들을 달성해야 한다.

구체적인 보훈정책의 내용 이전에 통일 한국의 보훈 이념을 재정립하는 기준이 먼저 설정되어야 한다. 따라서 남북한 보훈제도를 통합하기 위해서는 합리적인 기준과 사회적 인식의 통합이 가장 중요하지만 남북한 보훈제도가 갖고 있는 이념과 체제의 차이를 수렴해 통일 한국의 공통 지향점을 찾아가는 정책이 필요하다. 그럴 경우, 민족화해와 민족 정체성 회복이라는 전제하에 포용적 보훈정책을 수립할 필요성이 있다. 통일 이후의 보훈정책도 통일 후 사회통합과 민족화해를 위해 '통합성'의 근거가 될 수 있는 공통의 역사 인식을 공유하는 것이 중요하다. 이를 바탕으로 보훈제도의 통합에 있어 포용성의 정도를 어떻게 설정하느냐가 중요하다. 이를 위해 통일 이후에도 분단 이전까지 남북한 구분 없이 국가를 위해 몸을 바친 보훈대상자에게는 그에 합당한 생활보장이 가능하도록 해야 할 것이다. 그런 점에서 공화주의라는 건국적 가치에 대한 이해를 통해 통일을 위한 통합성의 방향도 모색할 수 있다. 우리 사회 내 국민통합과 통일 모습에 대한 국민적 합의와 공감대 형성을 이끌어 냄으로써 통일대비 공동체 의식의 함양에 도움을 줄 수 있는 역사적이면서 시의적인 의미들을 찾을 수 있다. 이를 통해 사회 구성원의 시민적 덕성 함양을 위한 교육적 내용과 가치들을 제공함으로써 공적 영역에서 시민의 올바른 권리와 의무 개념 도출 및 장차 통일한국사회의 공동체 규범과 합의 도출에도 기여할 수 있을 것이다.

분단을 극복하고 통일 한국이라는 민족적 과제를 달성해야 하는 현재의 시점에서 통일 한국의 올바른 가치관을 정립하는 작업이 필요하다. 통일 이후 예상되는 문제점들을 통일 이전에 미리 보완하기 위해 2000년대 초 남북화해 분위기에 속에서 당시 국가보훈처는 남북한 보훈정책의 통합에 관한 정책 방향을 제시했다. 당시 국가보훈처는 일제 강점기 독립운동이 통일 이후의 민족 동질성 회복과 통합을 이룩하기 위한 정신적 바탕이 된다고 보았다. 이에 따라 민족동질성 회복과 남북의 정신적 통합에 주안점을 두고 '보훈 시책'을 펴나갈 것을 표명했다.[47] 이를 실천하기 위한 미래 전략방향으로 첫째, 오랜 분단에 따른 정신적 이질감을 해소하며 민족공동체 의식 회복, 둘째, 민족통일 과정에서 선결 요건인 역사적 동질성을 확보, 셋째, 남북화해와 남북통합의 중심 가치로서 보훈이 자리매김하도록 준비, 넷째, 통일시대를 대비한 화해와 통합의 보훈제도 구상 등을 통해 통일시대의 선도자적 역할을 수행한다는 목표를 수립했다.[48]

통일국가를 통해 한민족공동체를 구현하기 위해서는 내적으로는 남북한, 해외의 한민족 구성원이 민족적 동질성으로 하나가 되는 통합이 필요하다. 외적으로는 국제사회에서 자주와 평화를 유지하는 것이 필요하다. 국제사회와 교류하며 더불어 나가는 '열린 민족주의'를 지향해야 한다. 국제사회 속에서 한민족이 긍정적인 역할을 할 수 있도록 노력하는 것이 올바른 민족 자주와 자존의 길이다.[49] 현실의 국제환경을 무시한 감성적 민족주의나 세계적 보편 기준과 충돌하

47) 김유배, "남북화해협력시대의 보훈정책," 《대한매일》(2000년 12월 29일).
48) 한국보훈복지의료공단 보훈교육연구원, 『보훈정책 중장기 발전방안 연구』(수원: 보훈교육연구원, 2010), 259쪽.
49) 남광규, "통일한국을 대비하는 보훈정책의 모색," 『보훈논총』 11권 2호, 2012, 105쪽.

는 민족주의는 통일 한국의 미래에 바람직하지 않다. 민족공동체를 정립하기 위해서는 '다양성의 공동체'를 지향하는 '열린, 시민적 민족주의'에 기반으로 하는 통일국가 민족주의 정립이 필요하다.

우리 사회가 향후 통일준비를 위해 필요한 공화주의의 방향은 자유민주주의의 내실화와 이를 통해 권리와 의무를 구현하는 올바른 '자유인'으로의 국민 성숙과 시민 양성이 되어야 한다. 이와 함께 한국사회의 엘리트들이 나눔과 봉사의 실천이라 할 수 있는 '노블레스 오블리주'의 실천이 그 어느 때보다도 절실하게 필요한 때다. 우리 사회의 엘리트들이 각자가 활동하고 있는 영역과 관련된 사회공동체를 위해 '노블레스 오블리주'를 실천해서 사회 곳곳으로 확산시켜 나갈 필요가 있다. 자기 혹은 자신이 속한 집단만이 잘되면 된다는 이기주의로는 우리 사회가 선진사회로 성숙해질 수 없고 통일로 나갈 수도 없다. 남을 지도하고 이끌려면 나라를 위해 먼저 헌신하고, 이웃과 지역을 위해 봉사하는 아름다운 풍토와 문화를 만들어 나가야 한다. '너'와 '나'가 함께 성장하고 상생할 수 있는 방안 모색을 위해 고민하고 공동체를 위해 자신의 것을 나누고 함께 하려는 자세와 희생이 선진국 진입과 통일의 밑거름이 되는 것이다.

참고문헌

각 정당과 단체(3)-국민당.' 『신조선보』. 1945년 10월 18일.

강만길. 1992. "조소앙과 삼균주의." 『계간 사상』.

강만길. 1991. 『조선혁명당과 통일전선』. 서울: 화평사.

강만길. 1982. 『趙素仰』. 서울: 한길사.

김구. 1980. 『백범일지』. 서울: 교문사.

김경희. 2009. 『공화주의』. 서울: 책세상.

김오성. 1946. 『지도자군상 제1권』. 서울: 대성출판사.

김유배. 2000. "남북화해협력시대의 보훈정책." 『대한매일』, 2000년 12월 29일.

金正道. 1946. "臨時政府論," 『朝鮮週報』 1946. 1. 8.

김용민. 2003. "루소 정치철학에 있어서 일반의지와 애국심." 『정치사상연구』 8집.

국가보훈처. 2002. 『미래지향적 보훈정책 발전방향 모색』. 서울: 국가보훈처·한국정책학회.

고휘주. "국가안보와 보훈정책," 『군사논단』. 제38호.

권영설. 1999. "이승만과 대한민국헌법." 출처 분명.

남광규. 2012. "통일한국을 대비하는 보훈정책의 모색."『보훈논총』 11권 2호.

남광규. 2012. "이승만 정부의 통일정책 내용과 평가,"『통일전략』제12권 제2호.

『대한민국임시정부공보』 제77호. 1943년 4월 15일자.

『대한민국임시정부공보』 제75호. 1942년 8월 20일자.

박찬승. 2013. 『대한민국은 민주공화국이다』. 서울: 돌베개.

안창호. 1907. "내무총장에 취임하면서." 『서북학회 월보』.

안재홍. 1945. "신조선은 탄생한다." 『신조선보』. 1945년 10월 6일.

安在鴻. 1945. "大衆共生의 理念-新民主主義論." 『白民』. 創刊號, 1945년 12월.

李基洙. 1946. "朝鮮經濟建設의 基本方向," 『科學戰線』 1946년 2월호(1호).

이상철. 1993. "서재필의 『독립신문』 활동." 이택휘 외. 『서재필』, 서울: 민음사.

憂國樵夫. 1946. "자주독립에 비할 기본국책으로 본 '민족통일'의 가능성-국민건의 제2호." 1946년 4월호(74호).

嚴雨龍(國民黨 선전차장). 1946. '新民族主義와 新民主主義.' 『開闢』 1946년 1월호(73호).

오일환. 2011. “국가보훈과 국가정체성. ”『민족사상』. 제5권 제1호.

유영익. 2006. “이승만 대통령의 업적.” 유영익 편.『이승만 대통령 재평가』. 서울: 연세대학 교출판부.

진덕규. 1945. “한국 민족운동사와 인촌 김성수의 위상.” 인촌 김성수 서거 50주기 추모집 간행위원회,『인촌을 생각한다』, ‘중경특신1.’ 〈신조선보〉. 1945년 11월 1일.

重慶特信1. 1945. “金柄豪지사의 회고담.”『新朝鮮報』1945년 11월 1일.

조동걸. 1980. “8·15직전의 독립운동과 그 시련.” 송건호 외.『해방전후사의 인식』. 서울: 한길사.

趙白山. 1946. “韓國獨立黨의 黨策-제5차임전대표대회선언.”『開闢』73호, 1946년 1월호.

朝鮮指導人物 輿論調査發表.「先驅」. 1945년 12월호.

정숙경. 2007. “국가보훈의식과 보훈정책의 새로운 방향-전문가 면접결과를 바탕으로.” 한국보훈학회.『호국보훈의식 제고를 위한 정책 방향』. 서울: 한국보훈학회.

在美聯合委員會代表 田耕武. 1945. ‘재미동포의 활약상.’ 週報,『建設』1권 4호, 1945년 2월.

재중경 한국독립당. 1945. “제5차 임시대표대회서 당면임무를 중외에 선포.”「中央新聞」. 1945년 11월 10일.

파리드 자카리아 저·나상원 역. 2004.『자유의 미래』. 서울: 민음사.

편집부. 1931. “삼민주의란 무엇인가,”『동광』22호. 경성: 동광사.

한국보훈복지의료공단 보훈교육연구원. 2010.『보훈정책 중장기 발전방안 연구』. 수원: 보훈교 육연구원.

한인섭. 2009. “대한민국은 민주공화제로 함-대한민국 임시헌장(1919. 4. 11) 제정의 역사적 의의.”『서울대학교 法學』제50권 제3호.

황우갑. 2008.『항일민족운동가 생가의 장소마케팅을 통한 국가보훈의식 함양 연구』. 수원: 보훈교육연구원.

《中央新聞》1945. 11. 10.

R. H Dahl. 1989. *Democracy and Its Critics*. Yale University Press.

Rousseau. *The Second Discourse*, Government of Poland.

제2부

국가안위와 호국정신

CHAPTER 3

독립·호국·민주화에 나타난 보훈정신과 역사적 승계

대한민국 안보를 위해 희생한 자의 정신적 유산

박동순

Ⅰ. 서론

국가(國家)란, 일정한 영역의 범위 내에 살고 있는 사람들이 주권에 의해 하나의 통치조직을 이룬 집단을 말한다. 국가를 이루는 3대 요소는 국민, 영토, 주권이다. 국가의 역할은 외부의 침략이나 위협으로부터 국민을 보호하고 영토와 주권을 지켜내는 일이다. 이 중 영토를 제1요소로 삼고 있는데 그 이유는 국민이 호흡하며 살아가는 영역을 확보하고, 그 땅에서 수립된 정부의 주권을 행사할 수 있는 공간이기 때문이다. 그만큼 국가의 영토는 영해, 영공과 더불어 소중하고 기본적인 요소이다. 전 세계 수많은 민족들 중에 영토가 없는 민족은 독립국가에 귀속되어 하나의 부족으로 살아가기도 한다. 그뿐만 아니라 영토와 민족은 있으나 주권이 없는 나라에서 사는 국민들도 찾아볼 수 있다.

대한민국은 그런 면에서 한민족이 한반도에서 주권국가를 이루고 살아가고 있는 국가다. 한국 정부는 국가를 유지하기 위해 국민에게 4대 의무를 부과하고 있는데, 그것은 바로 국방과 납세, 교육, 근로의 의무이다. 국방의 의무란 대한민국 헌법 제 제39조에 따라 "모든 국민은 법률이 정하는 바에 의하여 국방의 의무를 진다."는 규정에 근거하고 있다. 국방(國防), 즉 국가를 지킨다는 의미는 한 나라를 구성하는 국민과 영토와 주권을 지킨다는 뜻이다. 국민의 생명과 재산이 안전하기 못하거나 영토나 주권을 위협받았을 경우, 국가는 전쟁과 같은 위기상황을 감수하고라도 국가의 3대 요소를 지켜내야 한다.

국민의 자유와 행복은 오직 국가의 존립을 전제로 한다. 국가가 없으면 국민의 자유와 권리도 보장받을 수 없기 때문이다. '국가의 보전(保全)'은 많은 외침을 극복해 온 우리가 미래를 위해 목숨 바쳐 지켜야 할 영원한 과제이다. 그러므로 국가를 지키는 일은 신분, 성별, 연령, 이념과 종교적 갈등도 뛰어넘어야 할 최우선의 가치인 것이다. 튼튼한 국가의 존립은 국민의 안전과 행복을 위한 토대로 '가장 위에 국가가 있고, 그 다음에 너와 나, 우리가 있다'고 생각해야 할 것이다. 따라서 국가를 지키고자 하는 강인한 의지인 '호국안보 공동체의식'은 우리가 지향해야 할 지선(至善)의 덕목이다.

인류의 역사는 전쟁의 역사로 비유될 만큼 수없이 많은 전쟁을 치르며 오늘에 이르렀다. 6천여 년의 인류문명의 역사에서 전쟁이 없었던 기간은 불과 수백 년에 지나지 않는다. 인간사회에서의 전쟁은 영토의 확장, 이념의 갈등, 종교의 대립, 자원의 확보 등 다양한 요인으로 인해 발생하였다. 인류가 경험했던 지금까지의 모든 전쟁은 나름대로의 이유가 있었고, 전쟁 방지를 위한 인간사회의 노력 또한 끊임없이 계속되어 온 것이 사실이다. 그럼에도 세계 어느 지역에서는 지금도 전쟁이 중이며, 미래에도 전쟁은 계속될 것이다. 역사적으로 현명한 국가들은 평화로울 때 전쟁에 대비해 왔다.

이 글은 대한민국 정부 수립 이후 지금까지 약 70여 년 동안 대한민국 국군을 중심으로 6·25전쟁과 정전 이후 북한의 침투와 도발에 대응, 그리고 월남전 파병에서 발휘되었던 호국정신과 정부의 호국보훈정책 및 활동을 중심으로 기술하였다.

Ⅱ. 호국정신의 역사와 계승

1. 호국정신과 국군의 역할

어느 민족이나 마찬가지겠지만 우리 한민족도 주변 이민족과의 경쟁과정에서 성장해왔다. 한민족은 지정학적 여건으로 인해 지난 5,000년 동안 주변국들로부터 수많은 침략을 받아왔다. 그럼에도 불구하고 끊임없는 수난과 위기를 맞이할 때마다, 오늘의 대한민국은 '호국정신(護國精神)'에 바탕을 둔 끈질긴 항쟁과 슬기로운 지혜로 국가를 보존해왔다. '호국(護國)'은 '나라를 보호하고 지킨다'는 뜻이다. 서양에서의 호국정신은 노블레스 오블리주(noblesse oblige)라 하여 지배층의 덕목으로 여겼지만, 우리 겨레의 호국정신은 상하 계층 모두의 실천 사상이었다.

역사적으로 호국정신은 우리 민족의 전통적 상무정신과 함께 이어져 왔다. 호국정신은 고구려의 조의 선인사상, 백제의 싸울아비정신, 신라의 화랑정신, 고려의 상무정신, 조선의 의병정신 및 구한말과 일제 식민지로부터의 독립정신 등으로 구현되기도 했다. 그러나 1945년 광복을 맞이하여 남북은 외세에 의해 분단되었지만, 대한민국은 한반도에서 유일하게 유엔이 인정한 합법정부를 수립했다.

국군의 역사는 나라의 역사와 함께한다. 대한민국 국군은 19세기말, 일본 제국주의 침략에 맞선 항일의병과 독립군의 국권수호정신을 계승하였다. 국권을 상실한 후에는 온 겨레가 일제에 항거한 3·1운동의 영향으로 수립된 대한민국 임시정부 군대인 광복군의 독립정신을 이어받았다. 광복군은 일본군을 상대로 독립전쟁을 펼치며, 미국·영국을 비롯한 연합국들과 작전을 수행하여 위상을 드높였다. 우리 민족은 일제강점기 독립에 대한 뜨거운 열망과 의병-독립군-광복군으로 이어진 항일 독립전쟁, 그리고 제2차 세계대전의 연합국 승리로 1945년 광복을 쟁취하게 되었다.

광복 이후 대한민국은 자주적이고 독립된 국가 수립과 군대 건설을 위한 건군(建軍) 활동을 전개하였다. 국제질서가 냉전체제로 급격하게 재편되는 과정에서 한반도는 38도선으로 남북이 분단되는 비극을 맞게 되었다. 광복은 되었으나 국토가 분단된 상황에서 건군 주역들은 미군정하에서 군대창설을 위해 부단히 노력했다. 1948년 8월 15일, 대한민국 정부 수립과 함께 국군이 탄생하였다. 이처럼 국군은 의병-독립군-광복군의 전통을 이어받아 정통성과 합법성을 갖춘 국민의 군대로 창설되었다.

국군의 정통성은 위에 언급한 역사적 전통과 헌법에 기반하고 있다. 제헌헌법 제6조는 "대한민국은 모든 침략적인 전쟁을 부인한다. 국군은 국토방위의 신성한 의무를 수행함을 그 사명으로 한다."라고 규정함으로써 대한민국을 방위하는 국군으로서의 법적 지위를 명시하였다.[1)] 헌법에 근거한 국군의 이념과 사명은 국군의 역사적 전통에 그 뿌리를 두고 있다. 그것은 우리 역사에 면면히 계승되어 온 국난극복의 전통과 의병-독립군-광복군으로 이어져 온 독립전쟁의 정신이며, 국권을 회복하고 수호하기 위한 불굴의 호국정신이다.

1948년 창설 이후 국군은 북한의 기습남침으로 시작된 6·25전쟁에서 풍전등화의 조국 강토를 지켜냈다. 국군은 낙동강 전선에서, 인천 상륙작전에서, 38선 돌파에서 북진의 선봉이 되었다. 중공군 참전으로 민족 염원인 통일을 이루지 못한 채 철수하여 정전체제에 이르렀다. 이후에도 북한은 청와대 기습미수(1968년), 판문점 도끼만행(1976년), 미얀마 아웅산 묘소 폭파사건(1983년), 강릉 잠수함무장공비 침투(1996년), 연평해전(1999년, 2002년), 천안함 피격 및 연평도 포격(2010년) 등 수많은 도발을 했지만, 국군은 이런 도발에 강력하고 의연하게 대응해 왔다. 국군은 또한 세계평화에 기여하고, 국제 협력과 국방외교를 지속해 왔다. 1960년대 후반 자유 수호를 위해 월남전에 파병하였으며, 1993년부터 소말리아 상록수부대를 시작으로 다양한 국제평화 활동에 참여하여, 과거 국제사회의 도움으로부터 보답을 하는 동시에 국가 위상을 드높이고 있다.

2. 호국보훈의 중요성과 계승의 필연성

'보훈(報勳)'은 '공훈에 보답한다'는 말이다. 단어 그대로 풀이하면, '고맙게 해준 데 대한 갚음'을 뜻하는 보수(報酬)의 보(報)와 '나라를 위해 세운 공로'를 뜻하는 공훈(功勳)의 훈(勳)을 결합한 것이다. 그러니까 '호국보훈(護國報勳)'이란 나라를 위해 몸과 마음을 바쳐 헌신하고 희생한 참전용사들, 그리고 국민을 위해 공헌한 분들의 숭고한 뜻을 기리고 보답한다는 의미이다.

대한민국 정부는 현충일과 6·25전쟁일 등이 있는 6월을 '호국보훈의 달'로 정하여 숭고한 희생을 기리고 나라 사랑을 실천하는 다양한 행사를 하고 있다. 6월

1) 헌법 제5조 ① 대한민국은 국제평화의 유지에 노력하고 침략적 전쟁을 부인한다. ② 국군은 국가의 안전보장과 국토방위의 신성한 의무를 수행함을 사명으로 하며, 그 정치적 중립성은 준수된다.

이 호국보훈의 달[2)]인 이유는 백성들이 자발적으로 조직한 군대의 역사적 가치를 일깨우기 위한 의병의 날(6. 1)[3)], 현충일(6. 6)[4)], 6·25전쟁일(6. 25)[5)], 제2연평해전[6)](6. 29) 등이 모두 들어있기 때문이다. 이러한 사건에서 많은 분들이 목숨을 잃거나 희생되어 그분들을 추모하고 기억하기 위해 국가보훈처에서 지정한 달이 바로 '호국보훈의 달'이다.

약 70여 년 전 대한민국은 이 땅에서 6·25전쟁이라는 동족상잔의 비극을 겪었으며, 아직도 지구상에서 유일한 분단국가로 대치하고 있다. 그럼에도 불구하고 대한민국은 북한의 끊임없는 도발로부터 국가를 보위하고 영토와 국민을 보호하였으며 자유민주주의를 수호하기 위해 월남전에 파병하는 등 세계의 중추국가로 발전해 왔다. 그 과정에서 국가를 수호하기 위해 자신의 안위와 목숨을 초개(草芥)와 같이 던지고 위국헌신과 희생을 마다하지 않으신 호국의 별들이 있음을 기억해야 한다.

대한민국은 또한 지금도 여전히 북한이라는 공산 적대세력과 첨예하게 대립하고 있으며, 특히 핵과 장거리 미사일로 직접적인 안위를 위협받고 있다. 그뿐만 아니라 대한민국을 둘러싸고 있는 주변국의 잠재적 위협도 나날이 증대되고 있다. 이처럼 현재적 위협인 북한은 물론, 주변국으로부터 대한민국의 안보와 평화, 그리고 국가이익을 보장하며 한반도의 평화통일과 동북아 공동 번영을 굳건히 뒷받침하기 위해 호국정신은 여전히 중요한 가치가 아닐 수 없다.

---

2) '호국보훈의 달'은 1963년에 지정하였으나 명칭 및 기간 등에 많은 변화가 있었다. 이후 1985년 국가유공자를 예우하기 위해 1961년 설립된 '군사원호청'(1962년 원호처 승격)이 '국가보훈처'로 개칭되면서 범정부 행사로 6월 한 달 동안 호국영령을 추모하고 공헌과 희생을 되새기고 있다.

3) 의병의 날은 자발적으로 나라를 지키기 위한 의병 정신을 기념하는 날이며, 2010년 법정기념일로 지정된 이후 의병의 역사적 의의와 애국정신을 계승하고 있다. 6월 1일이 의병의 날로 지정된 것은 임진왜란 때 '곽재우'가 의병을 일으킨 날인 음력 4월 22일을 양력으로 환산했다고 한다.

4) 현충일은 나라를 위해 싸우다 목숨을 바친 장병과 순국선열을 기리는 날이다. 한국은 6·25전쟁을 거치며 많은 인적 피해가 발생하였고, 1956년, 국가를 위해 목숨을 바친 이들의 명복을 빌기 위해 현충일을 지정하여 조기(弔旗)를 게양하며 나라를 위해 목숨을 바친 모든 선열의 넋을 기리고 있다.

5) 6·25전쟁일은 동족상잔의 비극이 시작된 날로 1950년 6월 25일, 북한 공산군이 불법 남침하여 전쟁이 발발하였다. 전쟁으로 한국군과 유엔군을 포함해 77만여 명이 전사하거나 실종되고 부상당하였고, 이재민이 1,000만여 명을 넘었다. 전쟁은 휴전상태로 지속되며, 그 아픔의 시작을 기억하고 되풀이하지 않기 위한 날이다.

6) 제2연평해전은 2002년 6월 29일, 꽃게잡이 어선을 경계하던 북한 경비정 2척이 남하하다 갑자기 우리 함정에 기습 포격을 가했다. 이로 인해 한국 해군 6명 사망, 19명이 부상당하였다. 이들의 활약은 2015년 영화 〈연평해전〉으로 널리 알려졌다.

3. 호국보훈 대상과 지원현황

「국가보훈법 기본법」 제1조에는 '국가보훈은 국가를 위해 희생하거나 공헌한 사람의 숭고한 정신을 선양하고 그와 유가족 또는 가족의 영예로운 삶과 복지향상을 도모하여 국민의 나라사랑 정신을 함양시키는 것을 목적으로 한다.'고 명시하였다. 그러므로 보훈의 기본이념은 국가를 위하여 희생하거나 공헌한 분들의 숭고한 정신으로 이룩된 것이므로, 우리와 우리의 후손들이 그 정신을 기억하고 선양하며, 이를 정신적 토대로 삼아 국민통합과 국가발전에 기여하는 것이다.

〈표-1〉 보훈대상자 구분

구 분	세부 대상
독립유공자	순국선열, 애국지사
국가유공자	전몰·전상·순직·공상군경, 무공·보국수훈자, 6·25참전재일학도의용군인, 4·19혁명사망자·부상자, 순직·공상 공무원, 국가사회 발전 특별공로 순직자·상이자·공로자, 전투종사군무원 등에 관한 보상, 개별 법령에 의거 등록되는 국가유공자, 6·18자유상이자에 대한 준용
지원대상자	순직·공상 군경 및 순직·공상 공무원 중 1~7급 지원대상자
보훈보상대상자	재해사망·부상 군경 및 재해사망·부상 공무원
참전유공자	6·25전쟁 등의 전투에 참가하고 전역된 군인, 병역법 또는 군인사법에 의한 현역 복무 중 1964. 7. 18~1973. 3. 23 사이에 월남전에 참전하고 전역한 군인, 6·25전쟁에 참전하고 퇴직한 경찰공무원, 6·25전쟁 또는 월남전에 참전한 사실이 있다고 국방부장관이 인정한 분, 경찰서장 등 경찰관서장 지휘통제를 받아 6·25전쟁에 참가한 사실이 있다고 경찰청장이 인정한 분
5·18민주유공자	5·18민주화 운동 시 사망·행불·부상·그밖에 희생하신 분
고엽제후유(의)증	월남전 참전(1964. 7. 18~1973. 3. 23) 또는 국내 전방복무(1967. 10. 9~1972. 1. 31)한 본인·2세 환자·유족
특수임무유공자	특수임무사망자·행불자·부상자·공로자
제대 군인	제대군인, 장기복무제대군인(10년 이상), 중기복무제대군인(5~10년)

출처 : 국가보훈처홈페이지(https://www.mpva.go.kr/mpva/index.do), 검색 2022. 10. 10.

따라서 보훈은 과거의 보상(報償)과 보은(報恩)에 멈추지 않고 오늘의 삶을 예우하며, 동시에 내일을 준비하는 든든한 미래의 동력으로 확산되어야 한다. 대한민국 국가보훈처에서 지정한 보훈대상은 독립유공자, 국가유공자, 지원대상자, 보훈보상 대상자, 참전유공자, 5·18민주유공자, 고엽제 후유(의)증, 제대군인 등 8개 부류로 구분하고 있다. 이 중에서 호국보훈 대상자는 국가유공자 및 참전유공자, 고엽제 후유(의)증, 특수임무유공자 및 제대군인 등이다.

대한한국은 6·25전쟁 직후부터 군경에 대한 원호업무를 보건사회부·국방부 등에 분산하여 실시하였다. 이후 1961년 8월 5일, '군사원호청(軍事援護廳)'이 설치되었고, 1962년 '원호처'로 승격하면서 법령과 제도가 마련되어 틀을 갖추게 되었다. 1984년 '원호처'에서 '국가보훈처'로 개칭하고, 「국가유공자 예우 등에 관한 법률」 등을 시행하여 보훈 패러다임을 바꾸게 되었다.

〈표-2〉 2020년 보훈행정 수혜 대상 현황(단위: 명)

대상 구분	합 계(A+B)	본인(A)	유족(B)
합 계	2,493,087	696,784	1,796,303
독립유공자	86,665	25	86,640
전몰군경	66,306	0	66,306
전상군경	629,765	58,968	507,797
순직군경	47,998	0	47,998
공상 군경	281,179	50,745	230,434
고엽제후유증	238,338	38,197	200,141
무공수훈자	332,338	18,071	314,368
보국수훈자	181,452	37,579	143,873
재일학도의용군인	976	9	967
4.19혁명사망자	94	0	94
4.19혁명부상자	1,429	174	1,255
4.19혁명공로자	1,929	305	1,624
순직공무원	32,168	0	32,168
공무 중 부상공무원	26,327	3,605	22,722
특별공로순직자	56	0	56
6.18자유상이자	1,448	43	1,405
지원대상자	10,994	2,286	8,708
보훈보상대상자[7)]	21,000	4,544	16,456

대상 구분	합 계(A+B)	본인(A)	유족(B)
고엽제후유의증	258,211	87,494	170,717
6·25참전유공자	77,141	77,141	0
월남전참전유공자	190,760	190,760	0
5.18민주유공자	17,536	3,533	14,003
특수임무유공자	14,569	2,938	11,631
중장기복무제대군인	148,911	94,830	54,081
경상이자	63,734	63,734	0
실 인원	2,168,209	533,240	1,634,969

출처 : e-나라지표(index.go.kr/potal/main, 보훈처 보훈정책 자료시스템, 검색: 2021. 12. 1.)

국가보훈처가 『보훈 50년사』에서 밝힌 2011년 보훈행정 대상자는 총 81만여 명(2011년 기준)이었으며, 이 중 '호국보훈' 대상자는 70여만 명으로 확인할 수 있다.[8] 한편 2020년 보훈처 자료에는 보훈행정 대상은 2,168,209명으로 집계하고 있는데, 이분들은 정부에 등록된 보훈대상자 본인과 유족인 부모·배우자·자녀 등으로 보상금·취업·교육·복지·의료·대부지원의 대상이다.[9]

특히 관심을 가져야 할 부분은 53만여 명의 본인 수혜대상자들이다. 이분들은 6·25전쟁에 참전했던 90세 전후의 고령자이거나, 월남전에 참전했던 70대 후반의 고령자이다. 이들이 사회로부터 소외되지 않고 노후를 편안하게 보낼 수 있도록 국가에서 세심하게 살펴야 할 것이다. 그 뿐만 아니라 유족 중에도 50만여 명의 전상군경 유가족과 31만여 명의 무공수훈자 유족에 대한 호국보훈정책의 확대가 긴요하다.

국가보훈처는 이들에 대해 보훈보상(보훈급여금 지급, 참전 명예수당, 장제보조비, 생활안정자금, 사망일시금 등), 보훈선양(현충 시설, 참전유공자기념 시설, 기념비, 주요 기념관 등), 보훈예우(국립묘지 안장, 공훈심사 등), 보훈 복지(의료, 교육, 취업, 대부, 노후 복지, 복지 시설, 교통 지원, 기타) 등의 혜택을 부여하고 있다.

---

7) 보훈보상대상자는 재해로 사망·부상한 군경과 공무원을 말한다.
8) 국가보훈처, 『보훈 50년사(1961~2011)』(서울: 보훈처, 2011), 927쪽.
9) 각 대상별 인원은 중복(전상군경인 동시에 6·25 참전유공자)될 수 있다.

호국보훈은 나라의 안보와 겨레의 평화를 수호하기 위해 희생하고 공헌한 호국영령(護國英靈) 및 참전용사들의 고귀한 정신을 기리고 보답하는 것이다. 우리는 늘 국가의 존망을 위해 희생하고 헌신한 호국보훈 대상자들에게 정부와 사회의 '보상'은 충분했는지 짚어보아야 한다. 그들의 희생으로 오늘날의 토대가 놓였음에도 불구하고 국가를 위해 충성하고, 국가와 국민을 지키다 개인의 삶을 희생한 '보훈대상자들'에 대한 처우는 충분했는가? 과연 미래의 국가 위기 시에 누구에게 다시 충성과 희생을 요구할 수 있을 것인가? 대한민국의 물질적 발전은 그들의 죽음과 희생에 어떤 의미를 갖는가 묻고 따져야 할 일이다.

Ⅲ. 6·25전쟁의 수행과 희생

6·25전쟁[10)]은 대한민국 현대사에 각인된 열전(Hot War)으로 쓰라린 상흔을 남겨주었다. 해방을 맞아 수립된 한국과 북한은 전쟁으로 초토화가 되었고, 당시 전체의 절반에 가까운 인원이 전쟁의 직접적인 영향을 겪게 되었다. 이념을 달리하는 동족인 남북한 간의 전쟁이었기에 그 피해는 더욱 컸다. 전쟁은 국제전이자 대리전으로 비화하여 전쟁의 피해는 더욱 확장되었다. 전쟁은 유엔군의 참전과 '항미원조(抗美援朝)'를 내세운 중화인민공화국과 소련이 참여하여 직·간접 국제전으로 확대되었다. 또한 전쟁은 종전(終戰)이 아닌 정전(停戰)의 상태로 유지되면서 극한의 이념대결과 군비경쟁, 도발과 충돌을 이어 왔고, 그 피해 또한 '현재진행형'이다.

이 장에서는 6·25전쟁의 특성과 인적 피해에 대한 통계를 짚어보고, 인적 피해를 입은 사람들이 그동안 한국 사회에 어떤 영향을 미쳤는지를 기술하였다. 이를 통해 한반도 정전 70년을 맞이하는 시점에서 이들의 호국정신을 조명하고, 국가와 사회가 해야 할 호국보훈의 책무를 짚어보았다.

10) 1950년 6월 25일부터 1953년 7월 27일까지 한국에서의 무력분규를 지칭하는 명칭은 6·25전쟁, 한국전쟁, 6·25동란, 6·25사변, 한국동란, The Korean War, 조선전쟁, 항미원조전쟁 등 다양하다. 이 논문에서는 '6·25전쟁'으로 지칭한다.

1. 국제체제 재편과 6·25전쟁 발발

두 번의 세계대전으로 인류는 역사상 가장 끔찍한 경험을 했다. 전쟁으로 수천만의 인명과 엄청난 재산 피해가 발생했고, 세계의 정치·경제·사회·문화 등 모든 영역에서 커다란 변동이 일어났다. 미국은 1944년 '브레턴우즈 협정(Bretton Woods system, BWS)'을 체결하여 달러를 세계 기축 통화로 자리를 잡는 미국 중심의 경제체제를 구축하였다.[11] 또한 국제정치적으로는 전승 국가를 중심으로 '국제평화와 안전을 유지'[12]를 명목으로 1945년 10월 24일 국제연합(the United Nations, 이하 UN)을 창설하였다.

세계는 미국과 소련의 양극체제를 형성했다. 미국을 주축으로 하는 자유민주주의 체제가 북대서양조약기구(NATO)와 마샬 플랜(Marshall Plan)으로 유럽경제부흥을 추진하였으며, 소련은 공산주의의 중심국으로 동유럽과 외몽고, 북한 등에 공산주의 정권을 수립하였다. 1949년 중국 내전에서는 공산당이 승리하고 중화인민공화국을 선언하여 강력한 공산 진영이 구축되었다. 이처럼 세계 질서가 재편되는 와중에 1950년 6월 25일 한반도에서 열전의 불이 당겨진 것이다.

전쟁을 방지하고자 출범한 UN을 창설한 지 5년도 채 지나지 않아 동아시아의 한반도에서 북한이 공산주의 통일을 이루고자 침략전쟁을 일으켰다. 그 배후는 공산주의의 팽창을 노린 소련 스탈린의 사주와 지원, 그리고 중화인민민주주의 공화국 마오쩌둥의 공모와 지원 약속이 있었다.[13] 1948년 수립된 신생의 대한민국(Republic of Korea)은 이념에 의해 분단된 동족에 의해 불법침략을 당했다. 소련 중심의 사회주의 그룹과 미국 중심의 자유민주주의 진영이라는 국제정치 소용돌이가 대륙세력과 해양세력이 맞닿은 한반도에서 열전으로 타 올랐다.

---

11) 브레턴우즈체제(Bretton Woods system, BWS)는 제2차 세계대전 종전 직전인 1944년 미국 뉴햄프셔주 브레턴우즈에서 44개 국가가 참여하여 미국 달러화를 기축통화로 하는 금환본위제도를 협정으로 체결하였다. 협정에 따라 국제통화기금(IMF)과 국제부흥개발은행(IBRD)이 설립되었다.

12) 유엔헌장 제1조 제1항은 "국제평화와 안전을 유지하고, 이를 위하여 평화에 대한 위협의 방지·제거, 그리고 침략행위 또는 기타 평화의 파괴를 진압하기 위한 유효한 집단적 조치를 취하고 (중략)"고 설립 목적을 명시하였다.

13) 마오쩌둥은 1950년 5월 13일 베이징을 찾아온 김일성과 박헌영을 만나 '개입 약속'을 했다. 김일성은 확약으로 믿었고 스탈린은 미국과 중국을 한반도에 묶어두기 위해 상임이사국이면서도 의도적으로 표결에 불참하였고 공군지원도 거부하였다. 마오는 소련의 '배신'에도 참전을 결정했고 3년간의 공방전으로 이어졌다. 《중앙일보》, '한국전쟁, 미·소의 희망적 사고가 초래한 재앙', 2021. 11. 15.

2. 1,129일간의 6·25전쟁 진행

6·25전쟁은 1950년 6월 25일, 북한이 공산주의로 한반도를 통일하고자 대한민국을 상대로 북위 38도선 전역에서 선전포고 없이 기습 남침하여 발발하였다. 한국은 북한 공산주의의 불법 기습남침을 받아 자유민주주의를 지키기 위해 싸웠으나 큰 위기에 처했다. 이에 미국을 위시한 UN은 한국을 적극 지원하기 위해 나섰다. 당시 세계의 독립 국가는 93개였으며, UN 회원국은 61개국이었다. 유엔안전보장이사회는 북한의 불법 침략을 재제하고자 최초로 집단안보체제의 수행을 위해 결의안을 잇달아 의결함으로써 유엔군사령부(United Nations Command, UNC)를 탄생시켰으며, 7월 14일부로 6·25전쟁을 통합지휘하게 되었다.[14)]

전쟁은 북한의 불법 기습남침을 재제하기 위해 국제연합군이 참전함에 따라, 이로 인하여 전쟁은 국제전이자, 대리전, 제한전의 성격으로 발전하였다. UN군은 8월초 한국군과 함께 대구를 중심으로 하는 '낙동강 방어선'에서 북한군의 공격을 결사 저지했다. 방어에 성공한 유엔군은 9월 15일 '인천 상륙작전'으로 공세 이전하여 피탈 97일 만에 서울을 탈환했다. 유엔군은 10월 1일을 기해 전쟁 전의 남북 분단선인 38선을 돌파하여 10월 19일 평양을 점령했다. 유엔군이 한만국경선에 도달하자 '항미원조(抗美援朝: 미국 제국주의에 대항하여 조선을 도움)'을 명분으로 중공군이 개입하면서 전쟁은 새로운 양상을 맞이하게 되었다.

중공군의 공세로 다시 서울을 피탈당하고 전쟁은 더욱 치열하게 지속되어 1951년 7월부터 2년간은 휴전협상을 병행하는 고지쟁탈전으로 진행되었다. 양측은 군사적인 승패가 아닌 정치적 타협으로 전쟁을 마무리하고자 전선은 교착되었다. 이 시기의 고지쟁탈전으로 유엔군은 4천여 명, 중공군은 약 2만 5천여 명의 사상자가 발생하였다.

이후 전쟁은 아무도 군사적으로 승리하기 어렵다는 것을 간파하고 출구전략으로 휴전협정을 추진하였다. 그러나 이념전쟁, 대리전쟁, 국제전쟁의 성격 때문에 지루

---

14) 유엔 안전보장이사회는 6월 26일 '북한군의 침략 중지 및 38도선 이북으로의 철수'를 요구하는 UNSC-82호를, 6월 27일에는 유엔회원국들이 '북한의 침략을 격퇴하는 데 필요한 군사원조를 대한민국에 제공'한다는 내용의 UNSC-83호를, 7월 7일 유엔군사령부 창설을 결의하는 UNSC-84호를 각각 결의하였다. 국방부, 『국방 100년의 역사(1919-2018)』(서울 : 군사편찬연구소, 2020), 334쪽.

한 협상이 지속되었다. 6·25전쟁은 1952년 미국 대선에서 아이젠하워가 선거에 승리하였고, 1953년 소련 스탈린이 사망하면서 새로운 국면에 접어들었다.

〈표-4〉 6·25전쟁 경과의 요약

구 분	전 선	진출 기간	소요일수
북한군 남침기	38선~함안·왜관·포항선	1950.6·25.~9.15.	82일
유엔군 반격·북진기	낙동강선~초산·혜산진·청진선	1950.9.15.~11.25.	71일
중공군 침공기	압록강선~평택·제천·삼척선	1950.11.25.~1951.6.23	210일
교착전기	38도선~판문점·MDL선	1951.6.23.~1953.7.27	764일

출처 : 국방부, 『한권으로 읽는 6·25전쟁』, (서울 : 국방부 군사편찬연구소, 2016) 요약.

결국 6·25전쟁은 피해의 당사자인 한국의 의사와 무관하게 1953년 7월 27일 22시부로 정전협정으로 끝났다. 남북 사이에는 38선을 대신하여 새로운 분단선으로 군사분계선(MDL)이 형성되었다. 정전(停戰)협정은 군사적인 행동을 멈추는 협정이었으며, 한국의 평화적인 통일방안에 대한 정치적 협상은 1954년 제네바 정치회의로 미루었다. 6·25전쟁은 대한민국 역사에서 가장 큰 피해와 재앙을 초래한 동족상잔의 비극이었다. 세계사적으로도 6·25전쟁은 자유민주주의와 공산주의 양대 진영이 힘을 겨룬 세계대전에 버금가는 큰 전쟁이었다. 이후 한반도는 언제 깨질지 모르는 불안한 평화와 끊임없는 다양한 위협 속에서 70여년이 넘은 지금까지도 '끝나지 않는 전쟁(Never Ending War)'의 비극이 지속되고 있다.[15)]

3. 전쟁의 특수성이 가져온 인적 피해

가. 6·25전쟁의 특수성

6·25전쟁은 여러 가지의 특수성을 내포하고 있다. 전쟁의 동기는 공산주의와 자유민주주의의 이념 대결의 최첨단 현장이었다. 전쟁 수행은 시간적으로 3년

15) '끝나지 않은 전쟁(Never Ending War)'이란, KBS가 2019년 6·25특집으로 미국의 공영방송사 WETA, 영국의 공영방송사 BBC, 프랑스의 다큐멘터리 전문 배급사인 ZED와 공동 제작한 한국전쟁 다큐멘터리 제목이다.

동안 진행되었고, 공간적으로는 한반도 내로 한정되었지만 쌍방의 공방을 위한 기동전, 그리고 핵무기를 제외한 모든 무기가 사용되었다. 전쟁은 또한 선전포고도 없이 시작하였고, 강화조약(Peace treaty)도 맺지 못한 채 군사적인 정전의 상태로 멈추었다.

6·25전쟁은 냉전인 동시에 열전(熱戰)이었으며, 국부전(局部戰)인 동시에 전면전(全面戰)으로 복잡하게 전개되었다. UN군의 지원을 비롯해, 중화인민공화국과 소련까지 관여한 제2차 세계대전 이후 최대의 국제전(國際戰)이었다.[16] 또한 북한의 불법 기습에 의한 침략전쟁이었으며, 대한민국 국군과 유엔 연합군의 자유진영과 북한군과 중국지원군으로 구성된 공산진영 간의 대리전(代理戰)이었다.

6·25전쟁의 상흔은 한반도에 한정되었고, 남북한이 오랫동안 치유해야 했다. 전쟁 피해는 70여년 한국인의 모든 것과 연결되었고, 극복해야 할 숙제가 되었다. 한국인들은 온몸으로 이를 견뎌냈고, 국제사회는 많은 도움을 주었다. 6·25전쟁에서 인류가 겪은 다른 전쟁에 비해 인적 피해가 더욱 크게 발생한 요인으로 다음 네 가지를 들 수 있다.

첫째, 이념에 의한 전쟁이었다. 이념(理念; ideology)은 일반적으로 사람이 인간·자연·사회에 대해 규정짓는 의식의 형태를 말한다. 당시 세계를 양분했던 자유민주주의와 공산주의의 대결이 가장 극단적으로 현실화된 것이 6·25전쟁이었기 때문이다.

둘째, 전쟁이 매우 역동적으로 진행되었다. 전쟁은 최초 북한의 기습 침략으로 시작되어 한국은 3일 만에 서울을, 3개월 만에 대구·부산을 제외한 전역을 잃었다. 이후 유엔군의 참전으로 전세를 역전하여 10월 1일 38선을 회복하고, 북진하여 한만국경에 이르게 된다. 그러나 예상치 못한 중공군 개입으로 철수하였고, 협상을 위한 고지 쟁탈전을 수행하였다.

셋째, 국제전이자 대리전의 성격으로 수행되었다. 국제연합군은 미국이 90% 이상의 병력과 장비를 제공하였고, 15개 참전국과 6개 의료지원국은 미국이 주

16) 6·25전쟁은 소련과 중국의 지원을 받은 북한의 기습 남침으로 시작되어 유엔 안전보장이사회의 결의로 범세계적 국제기구인 유엔의 21개 회원국이 참전한 국제전쟁으로 수행되었다.

도한 유엔사의 지휘로 전쟁을 수행하였다. 북한군 또한 중공군 개입 이후 조·중(朝·中) 연합군 성격으로 전쟁이 진행되었다.

넷째, 종전이 아닌 정전의 형태로 전쟁을 멈추게 되었다. 협상에서 한 뼘의 땅이라도 더 쟁탈해야 하고, 차후 전쟁이 재개될 경우를 대비해 중요한 지역을 확보해야 했다. 포로 송환문제 또한 국제법 존중보다는 이념과 체제의 우월성 입증 등을 위해 양보하기 어려운 문제였다.

나. 6·25전쟁의 인적 피해

6·25전쟁은 3년 1개월(1,129일) 동안 25개 국가, 약 150만 명의 군인이 참전하였다. 전쟁의 직접 피해자는 300만 여명으로 당시 한반도 전체 인구의 10%에 달했다. 그뿐만 아니라 그 당시 남북한 인구 3,000만 명 중 절반이 넘는 1,800여만 명이 전쟁의 간접피해자가 되었으며, 1,000만 명의 이산가족이 발생하였다. 유엔군의 피해는 제2장에서 다루기로 하여 여기서는 제외하였다.

1) 군의 피해

한국군은 1948년 8월 15일 정부 수립과 함께 발족하였으며, 전쟁 발발 직전에 육군은 약 94,000여 명, 해군은 5,700여 명, 공군은 1,800여 명을 유지하였다.[17] 북한의 불법 기습 침략을 받은 한국군은 전쟁 초기부터 많은 피해를 받았으며, 전쟁을 수행하면서부터 지속적으로 전력을 증강하였다. 전쟁 중 보충 병력은 총 769,353명이었으며, 육군이 71,688명, 해군(해병 포함) 37,239명, 공군 13,446명이었다.[18]

한국군 피해의 특징은 재래식 전쟁의 수행으로 전사망자의 98.5%가 육군이었다. 또한 전쟁 피해의 98.4%가 부상자이다.[19] 그뿐만 아니라 공식적인 실종자

17) 육군은 보병 8개 사단과 2개 독립연대, 3개 특수부대, 예비군으로 호국군부대와 청년방위대를 보유하였고, 해군은 2개 특무정대와 4개 해상방위정대를, 공군은 연락기 12대와 연습기 10대를 보유한 상태로 6·25를 맞았다. 국방부, 『한국전쟁 피해 통계집』(서울: 국방군사연구소, 1996), 31쪽.

18) 전쟁 말기에는 육군은 18개 사단 55만 명의 수준으로, 해군은 6개 전대를 기간으로 한 1개 함대(15,000여 명)로, 해병대는 25,000여 명으로, 공군은 2개 전투비행단과 1개 훈련비행단의 13,000여 명 수준으로 발전하였다. 국방부, 위의 책, 33쪽.

는 24,495명이며, 포로는 8,343명으로서 집계하고 있는데, 포로는 병상귀환포로(471명), 송환포로(7,862명), 송환거부포로(335명) 등으로 구분하고 있다.[20] 6·25전쟁 중 한국군의 인명 피해는 〈표-5〉와 같다.

〈표-5〉 한국군 인명 피해 현황

(단위: 명)

구 분	계	육 군	해군(해병 포함)	공 군
총 계	621,479			
전·사망	137,899	135,858	1,903	138
실 종	24,495			
포 로	8,343			
부 상	450,742	443,634	7,108	

출처: 국가기록원(https://theme.archives.go.kr/next/625/damageStatistic.do, 검색: 2022. 10. 24.

2) 경찰 및 민간인 피해

6·25전쟁은 이른바 '국가총력전' 형태로 수행되어 군인 이외의 인적 피해도 크게 발생하였다. 그 당시 대한민국의 경찰은 광복 후 미군에 의해 점령지 통치수단으로 편성하였으나, 이후 반란군의 진압과 남침공비 토벌 등 전투 수행에도 참여하였다. 전쟁 발발 시점의 경찰은 약 48,000명이었으며, 전쟁 간 경찰은 접적지역에서 군과 함께 북한군을 저지하였으며, 철수 중에는 지연작전에 참가하여 보급로 경비 등에 기여하였다. 전쟁 국면별로 보면, 낙동강 지구 방어전투에는 15,000여 명의 경찰이 유엔군에 배속되어 전투를 수행하였고, 반격 시에는 잔적소탕과 후방지역에 준동하는 공비 섬멸에 참가하였다. 6·25전쟁 중 경찰 피해는 총 17,000여 명으로 전사 3,131명, 부상 6,760명, 납치 및 실종 7,487명 등이었다.

한국정부는 전쟁 중 「비상향토방위령(1950. 7. 22)」, 「징발에 관한 특별조치령(1950. 7. 26)」 등을 공포하여 인적·물적 자원을 총동원해 전쟁을 수행하였다.

19) 부상자는 1950년 6월 25일부터 1953년 12월 31일까지의 이동외과병원급 이상 의무시설에 입원한 환자의 통계를 제시한 것이다.

20) 송환거부 포로의 처리 결과는 유엔군 측으로 귀환 8명, 인도로 이송 2명, 공산군 측으로 전향 325명 등이다. 국방부, 『한국전쟁 피해 통계집』(서울: 국방군사연구소, 1996), 34쪽.

국민들은 전 연령층에서 남녀 구분 없이 자원입대하거나 다양한 조직을 결성하여 전쟁에 참여하였다. 6·25전쟁에 직접적으로 참여한 군사 관련 민간 조직은 소년병과 학도의용군, 미 제8240유격부대, 한국노무단(Korea Service Corp, KSC) 등이며, 예비전력으로 국민방위군, 우익청년단체인 대한청년단 등이었다.[21)]

기간 중 소년병은 총 27,030명이 참전하였으며, 이 중 2,573명이 전사하였다.[22)] 학도의용군은 27,700명이 참전하였으며[23)], 미 제8240유격부대에는 22,142명이, 한국노무단(KSC)에는 1951년 9월부터 1953년 7월까지 평균 7만여 명이 전쟁에 투입되었다. 청년방위대는 1950년 5월 37,326명이 조직되어 활동하였다.[24)] 이처럼 6·25전쟁은 군인과 경찰, 그리고 민간인에 대한 큰 피해를 가져왔고, 이것은 전후 한국 사회에 다양한 영향을 미치게 되었다.

〈표-6〉 한국전쟁 민간인 인명 피해

(단위: 명)

구 분	계	사 망	학 살	부 상	납 치	행 불
총 계	990,968	244,633	128,936	229,625	84,532	303,212
서 울	129,908	29,628	8,800	34,680	20,738	36,062
경 기	128,740	39,728	7,511	25,479	16,057	39,965
충 북	70,003	24,320	3,409	12,658	6,312	23,304
충 남	75,409	23,707	5,561	20,290	10,022	15,829
전 북	91,861	40,462	14,216	15,364	7,210	14,609
전 남	193,788	14,193	69,787	52,168	4,171	53,469
경 북	97,851	35,485	6,609	21,061	7,584	27,112
경 남	72,306	19,963	6,099	32,417	1,841	11,986
강 원	130,777	17,122	6,825	15,483	10,528	80,819
제 주	325	55	119	25	69	57

출처: 국가기록원(https://theme.archives.go.kr/next/625/damageStatistic.do, 검색: 2022. 10. 24.

21) 국방부, 『통계로 본 6·25전쟁』(서울: 군사편찬연구소, 2014), 236쪽.

22) 소년병은 6·25전쟁 발발 후 만 17세 이하의 나이로 정규군에 복무한 자를 말하며 본문의 현황은 2011.11월까지 확인된 숫자이다. 국방부, 위의 책, 245쪽.

23) 학도의용군은 6·25전쟁 발발 이후부터 1951년 4월까지 학생의 신분으로 군번을 받지 않고 전투에 참여하거나 공비소탕작전, 치안유지활동, 간호활동, 선무공작활동 등에 참가함으로써 군과 경찰의업무를 도와주었던 개별적인 학생 또는 단체를 지칭한다.

24) 국방부, 위의 책, 247-249쪽.

4. 6·25전쟁의 국내외적 영향

6·25전쟁은 한반도가 처한 독특한 동아시아 지정학적 위치가 갖는 안보적 특수성을 보여주었다. 전쟁을 총체적으로 인식해 보면 제2차 세계대전 후 한반도에 대한 외세의 분할 점령이 분단체제의 구축으로 연결되는 과정에서 일어난 비극이었다. 6·25전쟁은 정치·사회적 갈등요인들이 심화되면서 이를 해소하기 위해 행해진 노력들의 최종 형태로 볼 수 있다. 전쟁 이후 인적 피해가 미친 영향에 대하여 대한민국의 입장으로 한정하여 접근해 보았으며, 국가와 사회의 책임으로는 보훈의 차원과 사회통합 측면에서 기술하였다.

가. 국제적 영향

6·25전쟁의 당사자는 남한과 북한이지만 국제적인 주도자는 일차적으로 미국이 주도하는 UN군이었고, 이차적으로는 중화인민공화국(중공)이었다. 미국은 6·25전쟁이라는 지역분쟁을 통해 세계적인 위기를 관리·통제하는 목적으로 한반도의 공산통일을 막아냈다. 중국은 6·25를 통해 만주로부터 적대세력과의 완충 지역을 형성하고 한반도의 자유·민주통일을 방해하였으며, 항미(抗美) 의지를 실행하여 신생 공산국가로 위상을 공고히 하였다.

미국이 주도하는 UN군의 신속한 참전이 주는 의미는 냉전의 요충으로 떠오른 한반도를 공산진영에게 넘겨줄 수 없다는 의지의 표현이었다. UN군이 참전하자 6·25는 세계 전쟁이 되었고, 동아시아에서 자본주의 진영과 사회주의 진영의 싸움으로 변전(變轉)되었다. UN군의 참전으로 한반도 배후인 일본은 미국의 군사전진기지 역할을 하면서 제국주의 시대의 전범 국가에서 탈출하여 경제적·군사적으로 최대 수혜 국가가 되었다. 6·25전쟁에 대한 UN군 참전은 국제정치적으로 매우 중요한 의미가 있는데, UN군 참전으로 인한 영향을 네 가지로 요약할 수 있다.

첫째, UN군의 참전은 공산군의 침략을 격퇴하는 데 결정적인 역할을 하였다. 북한은 소련·중공과 공모하여 공산화 전쟁계획을 수립하였고, 기습남침을 감행하였다. 한국군은 심대한 피해를 입고 3일 만에 서울을 점령당하였으며, 패퇴를 계속하였다. 6·25에 참전한 UN군은 낙동강에서 압록강까지, 다시 서울 이남까지 오르내리면서 생소한 지형과 상이한 기후조건 속에서 북한군에 이어 중공군과 격전을 벌였다.

둘째, UN군 참전으로 '한반도 평화와 안전의 회복, 통일'은 유보하게 되었다. UN군의 최초 목표는 낙동강전선과 인천상륙작전을 통해 북한 침략군을 구축하고 전전(戰前) 경계선을 회복하는 것이었다. 이후 '10·7통한결의(統韓決議)'로 UN군 주도하에 한국 통일을 실현하겠다는 정책으로 변경하였다. 예상치 못한 중공군이 개입하자 만주로의 확전, 또는 한반도 포기를 고민하였다. 결국 UN군은 7·27정전협정을 통해 '북한의 침략 격퇴'라는 목표는 달성하였지만, 한반도 통일은 유보하였다.

셋째, UN군의 참전은 국제정치적 집단안보체제에 큰 영향을 미쳤다. UN은 북한군을 '침략자로 규정'하고 한국에 군사원조를 제공할 것을 결의하였다. 16개 전투지원, 6개의 의료지원(2018년 독일 참전국으로 공식 인정 추가), 38개의 물자 및 재정지원을 이끌어내 '집단안전보장원칙'을 실행하였다. 6·25전쟁을 통해 제2차 세계대전 후 본격화되었던 양극적 냉전체제는 더욱 고착화되었고, 확산·심화되었다.

넷째, 6개 국가의 의료지원부대의 활동은 전시 부상자의 치료뿐만 아니라, 인도적 차원에서 의료 후진국이었던 한국의 의료기술 발전에 초석이 되었다. 1950년 8월부터 이들은 전쟁에서 많은 인명을 구조하였음은 물론, 한국에게 새로운 의술과 병원 운영에 대해 전수하였다.[25] 현재 한국 의술이 세계적인 수준인 것에도 무관하지 않다.

한국은 생소한 나라에서 피를 흘려 자유를 수호한 유엔 참전전몰장병의 고귀한 희생과 교훈을 바탕으로 자유를 지켜냈고 국가를 발전시킬 수 있었다. 한국에 대해 전혀 이해관계가 없었던 국가들이 자신들도 어려운 상황에서 오로지 자유 수호의 가치를 실현하기 위해 참전하였다. 연합국에 대한 국제보훈은 2장에서 보다 구체적으로 기술할 것이다.

---

25) 스칸디나비아 3국은 전후복구를 위해 국립의료원을 개원하였고 선진 의료기술과 다량의 의약품과 기재를 기증하였다.

나. 국내적 영향

6·25전쟁은 대한민국에 대해 국내적으로 모든 것을 앗아갔다. 전쟁의 인적 피해는 대한민국 역사상 가장 처참하고 아픈 상처로 남았다. 전쟁을 수행하면서 62만 명의 군인과 17,000명의 경찰이 희생되었다. 또한 2,500여 명의 소년병과 27,000여 명의 학도의용군도 직접적인 전쟁의 참여자가 되었다. 여기에다 99만 명의 민간인 희생자와 650만 명의 피난민, 1천만 명의 전재민이 발생하였다.

1) 정치적인 영향

6·25전쟁은 정치적인 체제의 대결이었고 국가의 정체성을 건 이념적 대결이었다. 이러한 전쟁의 동기 때문에 상대방은 멸절의 대상이었고 점령과 지배 대상이었다. 이러한 전쟁의 특성 때문에 전후에도 남북은 서로를 적대시, 증오하였고 기회가 될 때마다 도발하여 체제를 위협하였다.[26] 남북은 체제 경쟁에서 이기기 위해 국민들의 권리와 자유를 경우에 따라 제한하기도 하였고 상대의 위협을 정치적으로 이용하기도 하였다.

그럼에도 불구하고 6·25전쟁 이후 남한과 북한은 다음과 같이 뚜렷한 관계를 유지하고 진전시켰다.[27] 첫째는 1953년 '정전체제'의 고착이다. 이는 전후체제가 통일시대까지의 남과 북의 기본체제가 됨을 정초한 것이다. 둘째, 1972년의 '7·4남북공동성명'이다. 남북 정상들은 공동성명을 통해 상대를 하나의 권력 주체로서 국가성(stateness)을 상호 인정한 행위였다. 셋째는 1991년의 '남북기본합의서'의 채택과 UN에 동시 가입이다. 이는 대한민국 헌법의 영토조항이나 북한 조선로동당 규약과의 근본적 충돌임에도 불구하고 상호 인정을 성문화한 것이며, 이를 국제화한 행위였다. 네 번째는 2000년 6월 '남북정상회담'으로 상호 체제의 인정을 기반으로 '적대에서 화해'로 나아가려는 협력적 의존의 모색이었다.

이후 남북관계에는 북한의 핵이라는 새로운 장애물이 출현했고 정치적으로 화

---

26) 북한은 정전협정 체결 이후 2018년 현재 2,002회의 침투와 1,117회의 국지도발 등 3,119회의 침투와 국지도발을 해 왔다. 국방부, 『국방 100년의 역사』(서울: 군사편찬연구소, 2020), 350쪽.

27) 박명림, 앞의 책, 784쪽.

해와 협력을 통한 교류는 연속성을 유지하게 되었다. 상대방에 대한 체제의 위협과 비방은 사라졌으나 근본적이고 영구적이지 못하기 때문에 언제라도 되돌아갈 수 있는 미봉책에 지나지 않을 수 없는 상태에 있다.

2) 경제적인 영향

전쟁으로 인한 인명 피해는 직접적으로 경제에 지대한 영향을 미쳤다. 전쟁은 대부분의 국가 기간산업과 공공시설을 파괴하였다. 당시 대한민국의 물적 피해는 4,100억 환이었는데 1953년 미화 1달러당 한화 180환을 적용할 경우 약 22억 원에 달한다. 1953년 한국의 국민총소득이 3,570억 환이었음을 고려할 때 전쟁의 물적 피해가 얼마나 컸는지 가히 짐작할 수 있다.[28]

경제적인 면에서 UN은 한국에게 큰 도움을 주었다. UN은 우선 북한의 침략적 도발을 격퇴한 이후 한국의 정치, 경제, 사회적 재건을 돕는 것을 임무로 인식하였다. 1950년 10월 7일, 제294차 총회에서 결의안 376(V)을 채택하여 종전 직후 한국에 대한 구호와 재건계획을 수립·추진하였다. UN은 유엔한국통일재건위원회(UNCURK[29])를 창설하여 1973년 11월 28일 해체되기까지 한반도의 구호와 재건문제를 지원하였다.

한국은 1945년 광복 이후 1960년 사이에 국제사회로부터 약 127억 달러에 이르는 원조를 받았다. 이 중 무상원조가 70%였으며 전쟁 중 긴급 구호부터 식품·의류·의약품 등이었다. 또한 인명 피해는 한창 경제적인 활동을 해야 하는 젊은 연령층의 인구가 부족한 문제로 직결되었다. 군인과 경찰, 소년병과 학도병의 희생은 물론 부상자들은 국가와 사회가 떠안아야 하는 새로운 부담이 되었다. 전쟁으로 인한 생활기반의 파괴와 몰락 또한 커다란 문제였다.

3) 사회·문화적인 영향

6·25전쟁은 한국 사회에서 가장 폭력적인 역사로 기억되고 있다. 남북이 이

28) 국방부, 『한 권으로 읽는 6·25전쟁』(서울: 군사편찬연구소, 2014), 496쪽.
29) United Nations Commission for Unification and Rehabilitation of Korea.

념 갈등을 기반으로 서로가 상대방을 쫓고 쫓기며, 죽고 죽임이 반복되었던 현대사의 가장 불행한 장면이 바로 6·25전쟁이었고, 그 이후에도 70여 년 동안 지속되고 있다. 한국 사회 내에서 북한을 적대시하는 시각, '빨갱이'에 대한 인식, 진보와 보수의 갈등, 귀화하지 않은 포로에 대한 인식, 가진 자와 가지지 못한 자들의 대물림 등은 6·25전쟁을 통해 증폭되었다.

한국은 사회적으로 전후 베이비 붐(Baby boom) 현상으로 출생률의 급격한 상승기를 맞았다. '인구폭발'이라고 할 만큼 1955년부터 1963년까지 매년 100만 명이 넘게 태어나 약 730만 명이 폭증하였다. 이들은 한국의 정치적 안정과 경제적 발전, 사회적 성숙에 기여한 허리의 역할을 해냈다. 베이비부머들은 전쟁을 직접 겪지는 않았지만 6·25전쟁의 2세대로써 상흔을 고스란히 물려받았다.

한편 문화적으로는 다양성이 유보되었고 이념 대결에서 상대에 대한 비방과 자기집단의 맹목적 옹호 등 단편성이 형성되었다. 그러나 전후 세대가 한국 사회의 주류가 되면서 이러한 문제는 점차 해소되고 있으나 분단의 장기화로 인한 남북 이질성은 해결이 시급한 문제이다.

Ⅳ. 정전협정 이후 북한의 대남 도발과 희생

1. 북한의 침투 및 도발 역사

1953년 7월 27일에 체결된 정전협정에서 남북한 쌍방은 일체의 군사적 도발[30]을 중지하고 상호합의 한 5개조 63개항에 대해 정전협정의 준수를 약속하였다. 그러나 북한은 평화공세를 전개하면서 동시에 무장간첩을 남파하기 시작하여 지금까지 다차원에서 수단과 방법을 가리지 않는 대남도발을 감행하였다.

30) 『합동·연합작전용어집』(합동참모본부, 2010)에 "도발이란 적이 특정 임무를 수행하기 위해 우리의 국민과 재산 또는 영역에 가하는 일체의 위해 행위", "침투도발이란 적이 특정 임무수행을 위해 우리 영역을 은밀히 침범하는 일체의 위해 행위"로 정의하고 있다. 따라서 도발과 침투도발의 구분은 은밀성 여부를 기준으로 하고 있다. 본 글에서 도발은 대남혁명전략의 목적이든 북한의 체제 유지 목적이든 우리의 국민과 재산 또는 영역의 일체의 위해 행위를 의미하며, 이러한 도발 중 침투도발은 한반도 적화목적이나 우리의 군사적 안보영역에 위해를 가하는 북한의 군사적 행위나 테러, 정전협정 위반 등의 영역을 포함하는 개념으로 사용하고자 한다.

6·25전쟁 이후의 남북한 관계는 북한의 대남도발과 이에 대한 우리의 대응역사라고 해도 과언이 아니다. 이러한 관점에서 6·25전쟁 이후의 북한의 대남도발 역사는 한반도 현대사를 이해하는 데 핵심적인 영역이라고 할 수 있다. 그러나 북한의 대남도발에 대해서 그 당시는 국민들의 공분을 일으키고 많은 교훈을 일깨워주었지만 이를 대비태세에 접목시키지 못한 점도 많았다.

북한의 대남 도발과 침투 역사를 살펴보면, 1956년 4월 23일 노동당 제3차 전당대회에서 '평화통일선언문과 신 5개년 계획' 발표 등 평화공세를 전개하면서 무장간첩남파를 시작했다. 1957년 11월 11일에는 동해에서 어업 중이던 대한민국 어선 8척을 납치한 이후 간첩선과 무장공비 남파, 테러를 계속 감행하였다.

본격적인 대남도발은 1960년 4·19의거 이후부터 감행되었으며. 1960년대 북한의 연도별 대남 침투 도발 현황은 총 933건이며 지상침투 도발은 472건, 해상·해안침투 도발은 439건이다. 1960년대 주요 도발 사례는 1968년 1·21 청와대기습 사건, 미 해군 푸에블루호 납북사건(1968. 1. 23), 울진·삼척 무장공비 침투사건[31](1968. 10. 30 ~11. 2) 등이 대표적이다.

북한은 1970년대에도 대한민국 영토에 대하여 끊임없이 무장공비와 간첩침투를 감행하였다. 1971년부터 1980년까지 북한의 대남침투는 확인된 것만 해도 총 190회이다. 주요 도발사례로는 판문점 도끼만행(1976. 8. 18), 광천지구 무장공비 침투(1978. 11. 4), 총 10개소의 땅굴 침투 도발(1968~1990) 등이었다.

북한은 1980년대에 접어들면서 남한 내에 '민주화운동'이 거세지고 학원소요 등의 정국불안이 가중되자 침투도발과 민주화세력 및 운동권을 대상으로 남한 내 혁명을 유도하는데 주안을 둔 대남공작을 펼쳤다. 특히 기간 중에 북한은 남한에 대한 혼란 조성과 올림픽과 같은 국제행사를 방해하기 위해 미얀마 아웅산 묘소 폭파사건(1983. 10. 9) 및 KAL-858기 폭파사건(1987. 11. 29)과 같은 무자비한 테러를 자행하였다.

1990년대 북한은 남·북고위급회담을 추진하면서도 1991년부터 1995년까지

---

31) 소탕작전 간 국군과 경찰, 민간인 등 82명이 전사 및 사망했고, 67명의 부상자와 1명이 피랍되는 피해가 발생했다. 육군본부, 『대침투작전사(1961~1970년), 하』, 455-456쪽.

정전체제를 무력화하기 위해 중립국 감시위원회 대표단을 철수시키면서 5회의 군사분계선 침범과 10회의 북방한계선(NLL) 침범 등의 군사적 도발을 자행했다. 특히 1996년 9월 18일 강릉지역에 잠수함을 침투시키는 등 해상을 통한 침투도발을 하여 아군 11명, 경찰 및 예비군 2명, 민간인 4명이 피살되었다. 1999년 6월 7일부터 6월 15일까지 9일간에 걸쳐 연평도 해상에서는 북한 경비정들이 NLL을 수차례 침범하여 결국 6월 15일에는 '1차 연평해전'을 일으켰다.

2000년도부터 2013년까지 북한의 침투도발 확인된 것은 총 90회였다. 특히 2002년 6월 29일에는 NLL을 침범하여 제2차 연평해전[32]을 일으켰으며, 2009년 11월 10일에는 대청해전, 2010년에는 천안함 피격사건[33](3. 26)과 연평도 포격도발[34](11. 23)을 일으킴으로써 북한이 우리 영해 및 영토에 직접적인 화력도발을 감행하였던 사건으로 그 강도와 방법 면에서 과거의 침투도발과는 다른 새로운 유형이었다.[35]

한편 북한은 한국의 특수한 전략 환경과 군사적 능력, 전쟁수행방법의 변화 등을 고려하여 비대칭전력을 증강해 왔다. 1970년대부터 화학무기를 개발하기 시작했고, 1990년대 이후에는 핵·미사일 등 대량살상무기(Weapons of Mass Destruction; WMD)와 장사정포 및 단거리 미사일, 수중전력, 특수전부대, 사이버부대 등을 집중 증강해 왔다. 2013년 북한은 '경제·핵무력 병진노선을 발표하였고, 2006년 10월 9일에 1차 핵실험을 실시한 이래, 2017년 9월 3일 6차 핵실험을 하였으며, 2017년 11월 29일 대륙간탄도미사일(ICBM)로 판단되는 장거리미사일을 발사한 뒤 "국가 핵 무력이 완성됐다"고 주장하며 대한민국을 위협하고 있다.

---

32) 교전 피해로 한국 해군 윤영하 소령, 한상국 중사, 조천형 중사, 황도현 중사, 서후원 중사, 박동혁 병장 등 장병 6명이 전사하고, 19명이 부상당했고, 해군 고속정 참수리호 357호가 침몰했다.

33) 백령도 근처 해상에서 우리 해군 PCC-772 천안함이 북한 해군의 어뢰 공격으로 인해 피침된 사건으로, 우리 해군 40명이 사망했으며 6명이 실종되었다.

34) 북한군 포격으로 연평도에 거주하는 주민 2명과 해병대원 2명이 전사하고, 민간인 3명과 해병대 원 16명이 중경상을 입었다. 인명 피해 외에도 연평도 내연발전소, 고압변전기가 파괴됐고 주택 21채가 불탔으며, 산불도 10곳 이상에서 발생했다

35) 이윤규, "북한의 도발사례 분석", 『軍史 제91호』(국방부 군사편찬연구소, 2014), 74쪽.

2. 북한 도발의 특징과 대응

북한은 6·25전쟁 이후 대남적화혁명 목표 달성을 위해 지상, 지하, 해상, 해저, 공중의 다양한 수단과 방법으로 대남침투 및 국지 도발을 감행해 왔으며, 다음과 같은 양상으로 전개되었다.

첫 번째는 시간과 장소를 가리지 않고 그들은 필요에 따라 유리하다고 판단되는 시간을 선택하였으며, 지상, 해상, 공중, 국내, 해외를 불문하고 장소를 가리지 않았다. 두 번째는 수단과 방법과 대상을 가리지 않고 함정, 항공기, 포, 납치 폭파 등 다양한 수단 방법을 동원하였고, 대상도 국군과 주한미군뿐만 아니라 아 국민과 국가지도자를 가리지 않았다. 세 번째는 형태가 다양해지고 도발 강도와 위협수준이 점증되었다. 최초에는 소수 특수공작원이나 간첩 등 소수 인원의 침투공작으로부터, 수십 명의 침투도발, 아 함정을 향한 공격, 우리 영토에 국민들을 향한 직접공격으로 도발 강도가 점증되어 왔다. 네 번째는 도발을 은폐하고 효과를 극대화하기 위해 위장평화공세와 긴장조성 등 '화전양면전술'을 전개되었다.

이처럼 북한의 침투 및 도발은 다양한 영역과 공간에서 우리가 예측하기 곤란한 새로운 수단과 방법으로 기습적이고 기만적인 형태의 다양한 도발 스펙트럼으로 변화하였다.

향후에도 북한은 핵과 미사일 위협, 서해 5도에 대한 타격 등 군사적 위협의 수준을 더욱 높여갈 것이다. 뿐만 아니라 해킹, 전자전, 대남공작과 선전공작의 심리전 등 비군사분야의 위협도 적극적으로 전개할 것으로 예상된다. 북한의 대남 침투도발에 대한 실체와 의도를 간파해야 할 것이다.

특히 위장평화전술과 병행하여 전개되는 대남 침투도발에 대한 경각심을 갖고 침투 도발시 확전(擴戰)을 감수하더라도 강력한 응징을 하겠다는 국가 및 군 지도자들의 결단성과 국민적 의지가 절대적으로 필요하다. 6·25전쟁 이후 60년 동안 계속되어 온 침투 도발에 대한 교훈을 되새기면서 북한의 침투도발 의도 및 징후를 사전에 포착하여 선제적으로 대응하고 상시 대비태세를 강화가 필요하다.

3. 국민과 평화수호를 위한 국군의 헌신과 희생

적(敵)이란, 국가 존립이나 영토의 보존, 국가 주권의 행사 및 번영과 발전 등 국가이익에 심대한 위협이 되는 대상 또는 이를 지원하고 동조하는 세력을 지칭한다.[36] 북한은 현재적 위협으로 대남적화를 위해 전쟁 의도와 전쟁수행능력을 갖추고 있는 대한민국의 현존하는 위협이다. 북한은 정전협정 이후 그들의 대남전략 목표인 '한반도 적화통일'을 위해 다양한 형태의 침투와 도발을 자행하였다.

북한의 침투 및 도발 방법으로 1960년대까지는 주로 무력에 의존했으나, 1970년대부터는 대화와 협상을 병행한 '화전 양면전술'을 구사해 왔다. 북한의 대남도발 형태는 시대적 상황에 따라 다르게 나타났지만, 군사적 위기를 조성하여 문제를 해결하려는 일관된 성향을 보였다. 이에 국군은 민관군경 통합방위태세를 확립하고 합동참모본부를 중심으로 한 효율적인 작전체제를 구축하여 북한의 다양한 도발에 대응하였다.

정전협정 이후 북한의 대남 침투와 도발로 입은 주요 인명 피해는 다음과 같다. 1968년 울진·삼척 무장공비 침투사건으로 전사와 사망 82명, 부상 67명, 피랍 1명이 발생하였고, 1976년 8·18 판문점 도끼만행사건으로 9명의 유엔군 장병이 중경상, 1983년 미얀마 아웅산 묘소 폭파사건으로 정부관료 등 17명이 순직하고 14명이 중경상을 입었다. 1996년 강릉 잠수함 무장공비 침투사건으로 군인 11명, 경찰 및 예비군 2명, 민간인 4명이 피살되었으며, 1999년 제1연평해전에서 9명이 부상했고, 2002년 제2연평해전에서는 전사 6명, 부상 19명의 피해가 발생했다. 2010년 3월의 천안함 피격사건에는 승조원 46명이 전사했으며, 같은 해 11월의 연평도 포격 도발사건으로 군인 2명이 전사하고 16명이 중경상을 입었고, 민간인 2명이 사망했다.

「군인의 지위 및 복무에 관한 본법(약칭: 군인복무기본법)」[37] 제5조 '국군의 강령'에는 ① 국군은 국민의 군대로서 국가를 방위하고 자유민주주의를 수호하

---

36) 국방부, 『국군과 대한민국 발전 별책』(국방부 군사편찬연구소, 2015), 3-1쪽.

37) 「군인의 지위 및 복무에 관한 기본법(약칭: 군인복무기본법)」은 기존의 '군인복무규율'을 대체하는 포괄적 법률로 2018년 12월 24일 제정되어 시행중이다. 국가법령정보센터(검색일: 2022. 10. 11).

며 조국의 통일에 이바지함을 그 이념으로 한다. ② 국군은 대한민국의 자유와 독립을 보전하고 국토를 방위하며 국민의 생명과 재산을 보호하고 나아가 국제평화의 유지에 그 이바지함을 사명으로 한다고 명시하고 있다. 국군은 이처럼 전쟁이 아닌 지난 70여 년 동안의 정전협정체제 하에서도 적의 끊임없는 침투와 도발에 대해 국가의 주권과 영토를 보전하고 국민을 보호하기 위해 헌신과 희생을 다해 임무를 수행하였다. 따라서 국가는 이들의 희생과 헌신이 헛되지 않게 호국보훈의 책무를 다해야 할 것이다.

V. 월남전 파병에 따른 국군의 희생

1. 한국군의 월남전 파병의 타당성

냉전 시대에 한국은 6·25전쟁에서 UN을 비롯한 국제사회로부터 받은 도움에 보답하고자 월남(Vietnam의 음역어로 통일베트남과 구별하여 남베트남정부 지칭)전에 파병하였다. 대한민국 정부는 당시 공산주의의 세계적인 확산을 방지하고 자유베트남을 공산세력의 위협으로부터 구하며, 한미동맹과 함께 한다는 차원에서 파병을 결정하였다. 파병은 1964년 9월부터 1973년 3월까지 8년여간, 총인원 31만여 명이 파병되어 5,099명의 전사와 1만여 명의 전상자가 발생하였다.

대한한국은 현대사에서 UN과 깊은 인연을 맺게 되었다. 식민지로부터의 독립과 6·25전쟁을 거치면서 많은 도움을 받았고, 경제적 근대화와 정치적 안정을 가져왔다. UN은 1945년 '유엔한국임시위원단'(UN Temporary Commission on Korea, UNTCOK)[38]을 설치하여 한반도에 단일정부를 수립을 지원하고자 했으나 소련의 반대로 좌절되어 남한의 총선거를 지원하였다. 한국은 1948년 5월 10일 총선거를 통해 제헌국회를 구성하였고(5. 31), 7월 12일 제헌헌법을 채택하였으며, 대통령 선거를 통해(7. 20) 8월 15일 제1공화국으로 출범하였다. 이로써 UN은 1948년 12월, 대한민국을 '한반도에서 유일하고도 합법적인 정

38) 유엔 총회 결의 제112(II) B호(1947. 11. 14.).

부'로 인정했다.

1950년 6월 25일, 북한의 불법 침략으로 전쟁이 발발하자 UN 안전보장이사회는 '국제사회의 평화와 안전'을 위해 즉각 대응하였다. 이처럼 UN 안보리와 총회는 한국을 위해 UN군을 결성하도록 지원하였고, 한국 평화와 통일, 부흥을 위해 노력하였다.[39] 국제사회는 UN을 통해 신생독립국인 한국의 정부 수립과정은 물론, 한국전쟁의 위기와 그 이후의 구호와 재건 과정에 깊이 관여하였고, 오늘의 대한민국이 존재할 수 있는 발판을 마련하는데 크게 기여하였다.

한국은 헌법 전문에 '항구적인 세계 평화와 인류 공영에 이바지함'을 선언하고 있어 필요한 절차를 거쳐 해외파병을 할 수 있다. 한국은 국군을 해외에 파견하기 위해서는 헌법 제 5조 1항과 60조 2항[40]에 근거하여 국회의 동의를 받도록 되어 있다. 이를 근거로 1964년의 월남전 파병으로부터 모든 부대 단위의 군대를 파견할 때마다 국회의 동의를 받아왔다. 일정한 지휘체계를 갖춘 부대단위 해외파병은 대한민국 헌법 제60조 제2항[41]에 따라 국무회의에서 심의·의결되며 국회의 사전 동의를 받아 이루어져 왔다.

군의 해외파병은 헌법 정신과 UN 헌장의 준수, 그리고 국제사회의 지원으로 국난을 극복하고 경제적 선진화를 이룩한 대한민국이 세계 평화에 대한 기여와 국가 위상을 제고시키며 국익을 증진하는 활동이었다. 파병을 통해 군사적으로는 다양한 작전환경에서 경험을 축적할 수 있으며, 한미동맹을 강화하는 효과도 기대할 수 있을 것이다. 향후에도 국제사회의 지지와 지원을 확보함으로써 국가안보의 외연을 확장하게 될 것이다. 따라서 한반도에 고착된 마인드를 벗어나 국가안보의 범위와 수준을 글로벌 개념으로 인식하여 DIME(외교·정보·군사·경제) 요소를 총체적으로 바라보는 시각이 필요할 것이다.[42]

---

39) 유엔 총회 결의 제376(V)호(1950. 10. 7) UNCURK(UN Commission for the Unification and Rehabilitation of Korea)는 1973년 23년간의 한국 활동을 종결하고 해체하였다.

40) 헌법 제5조 제1항, '대한민국은 국제평화의 유지에 노력하고 침략적 전쟁을 부인한다.', 헌법 제60조 제2항, '국회는 국군의 외국에의 파견에 동의권을 가진다.'

41) 대한민국 헌법 제60조 ② 국회는 선전포고, 국군의 외국에의 파견 또는 외국군대의 대한민국 영역 안에서의 주류에 대한 동의권을 가진다.

42) 외교(Diplomacy)·정보(Information)·군대(Military)·경제(Economy) 등 4가지 요소는 국가의 이익과 가치를 보호하고 발전시키는 정부의 4대 (국책)수단에 해당한다. 성명 발표, 정상회담, 공동성명 등의 외교 수단,

2. 월남전 파병의 현황

한국은 1961년 5월 16일, 군사정변을 통해 박정희 정부가 수립되었다. 당시 한국 정부의 최대 관심사는 정권의 기반을 굳건히 하는 동시에, 북한의 안보위협을 대비하면서 낙후된 경제를 조속히 개발하는 것이었다. 이에 미국의 월남전쟁 참여에 대한 요청을 받은 대한한국은 한·미동맹체제를 강화하고, 6·25전쟁 간 국제적 도움에 대한 보은, 그리고 경제개발을 위한 재원의 마련 등을 위해 월남전에 파병을 결정하였다.

〈표-7〉 월남전 군별·연도별 파병 현황

(단위 : 명)

구 분	총 계	정 규 군					기 타
		계	육 군	해 군	공 군	해병대	
1964년	140	140	140				
1965년	20,541	20,541	15,973	261	21	4,286	
1966년	45,605	45,605	40,534	722	54	4,295	
1967년	48,839	49,839	41,877	735	83	6,144	
1968년	49,869	49,838	42,745	785	93	6,215	31
1969년	49,755	49,720	42,772	767	85	6,096	35
1970년	48,512	48,478	41,503	772	107	6,096	34
1971년	45,694	45,663	42,345	662	98	2,558	31
1972년	37,438	37,405	36,871	411	95	28	33

출처 : 최용호, 『통계로 본 베트남전쟁과 한국군』(서울 : 군사편찬연구소, 2007), 36쪽.

한국군의 월남전쟁 파병은 역사상 최초의 대규모 해외파병이었다. 파병기간은 1964년 9월 11일 제1이동외과병원과 태권도 교관단을 시작으로, 1973년 3월 23일 철수를 완료할 때까지 약 8년 6개월간의 파병이었다. 규모면에서는 독립작전이 가능한 군단급으로서 2개 보병사단과 1개 해병여단, 군수지원단, 건설지원단 및 해군과 공군 수송부대가 참전하여 연인원 312,848명이 파병되었다.

사전 정보 수집 및 분석과 같은 정보 수단, 성명, 시위 및 훈련, 동맹 과시 등의 군사 수단, 원조 중단, 교역 중단 등의 경제 수단이 그것들로서, 통합적으로 운용되는 과정에서 다양한 효과를 발휘할 수 있다.

3. 파병에 따른 희생과 평가

한국은 1964년 9월부터 1973년 3월까지 역사상 최장·최대인 8년 6개월 동안 312,248명이 월남전에 참여했다. 월남전 파병 기간에 한국군은 각종 작전 활동을 통해 41,462(31,843)명의 적을 사살하고, 포로 4,633(3,946)명과 귀순자 2,483명을 확보했으며, 무기 20,972(16,690)정을 노획하는 전과를 기록했다. 한편, 한국군은 월남전에서 남베트남의 자유민주주의를 위해 5,099명의 전사자와 10,962명의 부상자가 발생하였다. 그뿐만 아니라 10여만 명이나 되는 참전용사들이 고엽제 후유증으로 고통을 받고 있다.

〈표-8〉 한국군의 연 참전 병력 및 피해 현황

(1964. 9~1973. 3, 단위: 명)

군 별	참 전 연병력	전사망자				부상자			실종자
		계	전사	순직	사망	계	전투	비전투	
계	325,517	5,099	4,601	272	226	11,232	8,380	2,852	4
육 군	288,656	3,859	3,476	243	140	8,211	5,567	2,644	4
해군·해병대	36,246	1,240	1,125	29	86	3,021	2,813	208	
공 군	615								

출처 : 최용호, 『물어보세요! 베트남전쟁과 한국군』(서울 : 군사편찬연구소, 2008), 115쪽.

한국군의 월남전 파병은 6·25전쟁 당시 자유 우방이 우리를 지켜준 데 대한 보답이었고, 민주주의를 수호하고 평화를 애호하는 헌법 정신의 명분으로 이뤄졌다. 월남전 파병은 한국의 현대사 전반에 영향을 미쳤다. 파병을 계기로 미국과 새로운 동맹관계를 형성했고, 자주국방의 안보태세를 구축하고, 미국의 지원은 경제발전의 마중물이 되었고 전쟁특수는 해외 진출의 기반이 됐다.

한국군의 월남전 파병 특징은 3년간의 6·25전쟁을 치르고 전후 복구와 사회·경제적으로 안정되기도 전에 대규모 군대를 해외에 파견했다는 것이다. 당시 대한민국은 1961년 군사정변으로 정치적 기반이 취약했고, 경제는 매우 어려웠으며 사회적으로는 한·일 회담 추진 등에 대한 반대 등으로 혼란했다. 또한 국제적으로 안보와 경제지원을 미국에 의존하여 외교 활동 반경이 제한되었다. 이런 상태에서 북한 공산집단과는 이념 대결의 체제 경쟁과 도발 위협을 끊임없이 받고 있었다.

한국이 월남전에 파병한 국가적 목표와 국가이익은 다음과 같이 세 가지로 정리할 수 있다. 첫째, 아시아에서 공산주의 확산을 저지하는 데 동참함으로써 자유민주주의 진영의 평화와 안보수호에 기여한다. 둘째, 주한 미군의 철수 방지를 비롯하여 한국의 안보에 대한 간접적인 국가방위의 효과를 기한다. 셋째, 6·25 전쟁 당시 자유우방국에게서 받았던 은혜에 대한 보답한다.[43]

월남전 파병은 당시 한국 사회 전반에 영향을 미쳤다. 한국의 정치, 외교, 경제, 안보, 군사 등을 전반적으로 급격하게 변화시켰다. 긍정적 효과로는 미국의 지원으로 국내정치가 안정되었고, 경제발전 추진의 기반이 되었다. 또한 한·미 동맹 체제를 확고히 하여 한반도 안전보장의 장치를 마련했으며, 군의 현대화와 자주국방의 기초를 확립했다. 한국의 파병은 공산주의의 확산을 저지하는 데 자유 우방과 함께 동참하여 세계 평화와 안보를 수호하는 데 기여하였으며, 동맹인 미국이 주도하는 전쟁에 참여함으로써 한반도의 안보에도 기여하였다.

반면 파병의 과정에서 미국의 용병논란이 국회를 중심으로 정치적 쟁점으로 여론을 분열시켰으며, 5천여 명이 넘는 젊은이가 희생되었다. 그뿐만 아니라 참전용사들은 고엽제의 후유증에 시달리고 있으며, 일부에서 양민학살 등에 대한 규명을 주장하기도 하였다. 월남전 이후 50여 년의 시간이 흘렀다. 베트남과 한국은 역사적·지리적으로 많은 유사점을 공유했고, 현대사의 일부가 되었다. 한국군의 파병으로 도와주었던 남베트남은 멸망했고, 적으로 싸웠던 북베트남에 의해 통일되어 1992년 12월 22일 국교를 수립해 교류하고 있다.

대한민국 정부와 국민은 월남 파병 기간 중 희생된 참전용사들과 고엽제 후유증으로 고통을 받고 있는 분들에 대한 국민적 관심과 보훈의 손길로 기려야 할 것이다. 또한 월남전쟁의 역사를 올바르게 인식시키고, 참전용사들을 예우해야 하며, 그들의 명예를 선양해야 한다. 참전용사들과 고엽제 피해자들 및 그 후손

43) 육군본부, 『해외파병 40년사』(계룡: 군사연구소, 2008), 171쪽.

들이 사회의 무관심과 복지의 사각지대에 놓이지 않도록 국가와 사회가 앞장서야 한다.

Ⅵ. 결론

한반도에서 6·25전쟁을 통해 남한과 북한에서 발생하였던 정치·군사·사회적 문제들은 아직도 해결되지 않은 채 오늘과 미래의 부담으로 작용하고 있다. 한국은 경제적으로 선진국의 대열에 올랐으며 국민들의 생활수준도 향상되었다. 그러나 여전히 한국은 정치적인 분단과 갈등, 군사적인 대결과 경쟁, 사회적인 분열의 연장선에 서 있다.

6·25전쟁에서 우리가 확인하였듯이 전쟁을 통한 한반도에서의 통일은 또다시 엄청난 인적·물적·정신적 피해를 가져올 것이므로 절대로 시도되어서는 안 된다. 평화와 통일로 나아가기 위해서는 한국의 전후체제가 뿌리박고 있는 국제적, 남북관계, 국내적이라는 세 수준에서의 전후체제 해체를 위한 합당한 조치가 긴요한 때이다.

전쟁 과정에서 국가에 기여하고 희생한 사람들에 대한 '보상(報償)'과, 전쟁의 반대편에 섰던 사람들에 대한 '포용(包容)'은 함께 추진되어야 한다. 또한 1960년대 후반 월남전에 파병했던 우리 군의 역사는 엄연한 사실이며 참전용사들에 대한 국가 차원의 호국보훈이 절실한 시기이다. 그뿐만 아니라 1953년 정전협정 이후 현재에 이르기까지 북한의 끊임없는 침투와 도발로부터 국가의 주권과 영토를 보전하고 국민을 보호하기 위해 헌신하고 희생한 국군장병들에 대해 잊지 않고 보살펴야 할 것이다.

보훈에는 물질적 증대와 정신적 고양이 병행되어야 한다. 대한민국의 위상에 걸맞는 선진복지를 구현해야 한다. 보다 충분한 보훈예산을 편성하고 보훈대상자들의 현재 생활과 노후를 책임져야 한다. 포용과 화해의 정신으로 국민 복지의 수준보다 높은 보훈정책이 실현되어야 한다. 그래야 국내외적 보훈의 반사이익으로 한반도에 평화를 정착시키고 통일을 구현하는 미래지향적인 발걸음에 도움이 될 것이다.

다른 한 가지 중요한 것은 적대와 증오로부터의 사회 통합이다. 남북 간에는 대승적인 차원에서 '상쟁(相爭)'에서 '상생(相生)'으로 전환할 때 '충성한 자들에 대한 보상'과 '적대자들에 대한 포용'은 일맥상통하게 된다. 보상과 포용은 현실적인 갈등을 역사화 하여 통합으로 연결지어주는 역할을 할 것이다. 타자수용은 자아의 축소가 아니라 오히려 자기의 확대과정이 될 수 있다. 한국은 한반도에서 반드시 '평화적 수단을 통한 평화'를 추구해야 한다. 평화는 다가오는 것이 아니라, 휴머니즘에 기존한 인간들에 의해 만들어지는 것이다. 평화는 유지된다고 보기보다는 계속 창조되는 것이다.

이것이 역사와의 화해 정신이며, 바로 그 지점에서 관용을 말할 수 있을 것이다. 역사는 반복된다는 말은 역사의 순환성을 나타내는 것이다. 70여 년이 지났지만 전쟁의 인명 피해에 대한 고찰과 그 상흔을 치유하기 위한 고민과 노력들은 한반도에서 평화를 정착시키고 통일을 성취하는 데 귀중한 안보자산이 될 것이다. 전쟁과 그로 인한 피해의 기억을 소환하는 것은 다시는 그와 같은 역사를 반복하지 않기 위해서이다. 전쟁의 기억 중에서 반드시 잊어서는 안 되는 보훈과 통합이라는 것임을 다시 한 번 강조하고자 한다.

〈참고문헌〉

국가보훈처. 2011.『보훈 50년사(1961~2011)』. 서울: 보훈처.

국방부. 2015.『국군과 대한민국 발전 별책』. 서울: 국방부 군사편찬연구소.

국방부. 2020.『국방 100년의 역사(1919~2019)』. 서울: 군사편찬연구소.

국방부. 2015.『6·25전쟁과 UN군』. 서울: 군사편찬연구소.

국방부. 2021.『2020 국방백서』. 서울: 대한민국 국방부.

국방부. 1996.『한국전쟁 피해 통계집』. 서울: 국방군사연구소.

국방부. 2001.『소련 군사고문단장 라주바예프의 6·25전쟁 보고서』. 군사편찬연구소.

내무부 통계국. 1955.『대한민국 통계연감』.

박동찬. 2016.『한 권으로 읽는 6·25전쟁』. 서울: 국방부 군사편찬연구소.

박명림. 2010.『역사학의 시선으로 읽는 한국전쟁』. 서울: 나남출판.

육군본부. 2014.『1,129일간의 전쟁 6·25』, 충남: 육군군사연구소.

육군본부. 2020.『해외파병사』. 충남; 육군군사연구소.

최동주 편. 2020.『유엔과 한국』. 서울: 도서출판 경계.

최용호. 2007.『통계로 본 베트남전쟁과 한국군』. 국방부 군사편찬연구소.

허만호. 2016.『한국의 근대적 민족국가 건설과 6·25전쟁』. 경북: 경북대학교 출판부.

권행근. 2016. "미래시대의 인식공유와 미래지향적인 협력 모색." 국가보훈처 2016 국제보훈위크숍.

김에스라. 2021. "유엔참전용사 명예 선양 및 추모 발전방안."「서울통일교육센터 학술회의」.

김홍국. 2018. "참전국 및 참전 장병, 유가족 보상 및 예우방안." 국제안보교류협회 학술세미나.

라미경. 2019. "한반도 평화시대 보훈외교의 새 지평." (사)한국보훈학회 제56차 학술대회.

송샘·유호근. 2021. "보훈을 통한 공공외교 연구."『한국보훈논총』제20권 제2호. (사)한국보훈학회.

오일환. 2015. "보훈외교의 국가안보 효과."『민족사상』. 제9권 4호.

유호근. 2017. "소프트 파워와 국력의 심화와 확장." (사)한국보훈학회 제48차 학술대회.

이윤규. 2014. "북한의 도발사례 분석." 『軍史 제91호』. 국방부 군사편찬연구소.

이태환. 2016. "한국의 안보외교전략." 『한국의 국가전략 2030(외교)』. 세종연구소.

임수진. 2021. "개념사 관점으로 보는 보훈." 『한국보훈논총』 제20권 제3호.

장삼열. 2022. "6·25전쟁 참전용사와 국군포로에 대한 보훈." 『군사논단』 통권 제111호.

정경영. 2015. "한국의 국방외교 활성화 전략." 『국방안보분야 정책제안서』. 한국군사문제연구원.

형시영. 2017. "보훈네트워크의 이론적 논의와 개념적 틀에 관한 연구." 『보훈연구』. 한국보훈연구원.

국가보훈처. 2021. "2021년 달라지는 보훈정책 발표." 정책보도자료(2021. 1. 1).

법률 제18135호(2021. 10. 21. 개정) 「국가유공자 등 예우 및 지원에 관한 법률」.

법률 제17117호(2020. 3. 24. 제정) 「유엔참전용사의 명예선양 등에 관한 법률」.

국가기록원(https://theme.archives.go.kr/next/625/damageStatistic.do).

국가보훈처 홈페이지(https://www.mpva.go.kr/mpva/index.do).

대한민국 정책브리핑(http://www.korea.kr/news).

외교부 홈페이지(https://www.mofa.go.kr).

e-나라지표(index.go.kr/potal/main, 보훈처 보훈정책자료시스템).

CHAPTER 4

독립·호국·민주화에 나타난 보훈정신과 역사적 승계

유엔군의 참전과 국제보훈

이강수

Ⅰ. 서론

「국가보훈기본법」 제1조에 따르면 '국가보훈정책'은 "국가를 위해 희생하거나 공헌한 사람의 숭고한 정신을 선양(宣揚)하고 그와 그 유족 또는 가족의 명예로운 삶과 복지향상을 도모하여 국민의 나라사랑 정신을 함양시키는 것"을 목적으로 한다. 세계 각국도 이러한 정책 기조에는 큰 차이가 없어 병역(兵役, military service)의 이행이나 전쟁에서 국가공동체를 위해 헌신한 사람, 그 유족 등에 대한 예우와 지원을 통해 국가공동체의 단결을 도모하는 한편 공동체 소속원들에게 의무와 역할을 부과하는 것을 목적으로 한다.[1)] 국가보훈은 과거 국민이 겪었던 경험과 지키고자 했던 가치 등을 현재와 미래로 이어감으로써 국가공동체가 추구하는 바를 계승하고 국가의 생존과 발전을 도모하려는 고도의 정치적 활동이다. 따라서 국가보훈정책(이하 보훈정책)은 자국민을 대상으로 하는 것이 일반적이다. 그러나 이와 같은 정책 속성에도 불구하고 대한민국 정부는 2018년 「국가보훈처와 그 소속기관 직제 시행규칙」(총리령 제1720호, 2018. 3. 30)과 「유엔참전용사의 명예선양 등에 관한 법률」(법률 제17117호, 2020. 03. 24)을 제정하고 정책명칭을 '국제보훈'으로 하여 유엔 참전용사와 참전국을 위한 각종 지

1) 미국의 보훈업무는 '제대군인부'(Department of Veterans Affairs)에서 담당하며 퇴역군인 또는 참전용사와 가족을 위한 지원업무를 주 임무로 하고 있다. 패전국인 독일은 '전쟁희생자지원법'(Gesetz ueber die Verorgunger Opfer des Krieges)에 근거하여 전쟁·병역 이행뿐만 아니라 민간봉사로 인한 피해, 폭력 범죄나 면역손상으로 인한 피해 등을 보상하고 있다. 북한은 헌법 제75조에 의거 '혁명투사·혁명렬사 가족, 애국렬사 가족, 인민군 후방가족, 명예 군인 등에 대한 보호와 보상을 보훈정책의 주 업무로 하고 있다(윤황, 2003: 191-192).

원을 보훈정책의 일부로 시행하고 있다. 이렇듯 다른 나라에서는 찾아볼 수 없는 국제보훈정책이 시행되게 된 배경을 이해하기 위해서는 대한민국의 현대사에 대한 이해가 필요하다. 우리 민족의 역사가 반만년에 이르고 있음에도 불구하고 현대국가로서의 대한민국은 1948년 5월 10일 총선을 거쳐 1948년 8월 15일 수립된 정치체제라 할 수 있다. 대한민국은 헌법 전문에 기술한 바대로 일제에 항거하고 주권 회복을 위해 헌신한 수많은 사람의 피와 땀이 건국의 바탕이 되었으며, 건국 이후에는 북한의 기습남침에 맞서 유엔참전국과 함께 전쟁을 치름으로써 국가를 수호하였다. 이후 자유세계의 일원으로 베트남 전쟁에 참전하였으며, 민주주의 정착 과정에서 불의에 항거하는 시민정신을 바탕으로 성숙한 국가로 성장할 수 있었다. 대한민국의 보훈정책은 이러한 격동의 역사 속에서 자신을 헌신하여 국가공동체의 안전과 발전을 도모한 사람, 그 유족 등에 대한 예우와 보상을 주요정책과제로 하고 있다. 그런데 현대사에 겪었던 많은 사회적 변화를 정책에 담다 보니 대한민국의 보훈정책은 다양한 집단이 함께 배려되어야 하는 정책소요가 발생하였으며, 이로 인해 각 집단을 배려하기 위해 다양한 선양·지원 프로그램이 발전하게 되었다. 국제보훈도 이러한 국가발전 대상의 다양성과 배려 필요성에 따라 만들어진 정책으로 볼 수 있다. 대한민국이 유엔군 참전자와 참전국 국민을 대상으로 하는 국제보훈정책을 발전시킨 이유를 살펴보면 크게 세 가지로 볼 수 있다. 첫 번째, 제2차 세계대전 이후 국제평화와 질서를 유지하기 위한 세계인의 바람을 담아 1945년 10월 유엔이 창설된 이후, 최초로 국제연합군(United Nations Forces)을 구성하여 침략을 격퇴함으로써 평화를 위한 인류의 노력을 성공적으로 구현한 대표적인 사례이며, 두 번째, 인류의 피와 땀으로 지켜낸 많은 국가 중 대한민국이 유일하게 정치·경제적으로 자립에 성공함으로써 아직도 혼란을 겪고 있는 다른 국가에 모범이 되고 있다는 점이다. 세 번째, 대한민국 정부와 국민이 세계인의 도움을 잊지 않고 이에 대한 감사와 경의를 표하는 한편, 도움을 원하는 국가에 도움을 줌으로써 홍익인간의 건국이념을 구현하고자 한다는 것이다.

역사를 되돌아보면 우리가 누리는 오늘날 번영의 이면에는 우리 선조들의 조국 독립, 국가수호, 민주주의 정착 등 수많은 사건에서 국가공동체를 위해 헌신한 사람의 역할이 자리 잡고 있다. 그러나 나라의 부름에 응답하여 이국땅에서 한 번 본 적이 없는 사람들을 위해 싸운 참전군인과 그 과정에서 고귀한 생명을 바친 40,667명의 전사자, 그리고 폐허가 된 대한민국과 국민을 위해 지원을 아끼지 않은 세계인들의 인류애가 현재 우리가 누리는 자유와 평화의 토대가 되었음은 부인할 수 없는 사실이다. 우리가 국제보훈정책을 만들어 세계인들의 희생과 도움을 기억하고 감사를 표하는 것은 이러한 공훈을 기억하고 이어가기 위한 것이다. 그러나 좀 더 근본적인 목적을 살펴보면 이러한 활동이 대한민국의 미래세대를 위해 필요하기 때문이다. 최근 우리가 경험하고 있는 바대로 세계는 1990년 냉전체제가 해체된 이후 세계화, 개방화, 자유무역주의 기조 속에서 오랜 기간 공동 발전을 도모해왔으나 COVID-19로 인한 보건 안보의 필요성이 대두되면서 자국중심주의가 확산되는 가운데 미·중의 패권경쟁으로 인해 신냉전, 재블록화의 경향이 강해지고 있다.[2] 이러한 국제질서 변화 속에서 우리는 70여 년 전 함께 피를 흘리며 공산세력을 막아내었음은 물론 폐허 속에서 자유민주주의 국가, 경제 대국으로 성장하는 데 결정적인 도움을 준 유엔의 가치와 이상, 참전용사의 헌신, 국제사회 협력체계 구축의 중요성 등을 되짚어봄으로써 생존의 지혜를 얻은 것이 중요하다. 우리가 추진하고 있는 국제보훈정책은 국제사회와 맺은 혈맹의 인적네트워크를 중심으로 참전국·참전용사와의 관계를 지속 유지함으로써 안보를 튼튼히 하는 동시에 국제사회의 일원으로 대한민국의 홍익인간 정신을 구현하기 위한 것이다. 본 고는 이러한 시각에서 유엔참전국의 참전 의의와 대한민국에 미친 영향을 살펴보고, 향후 어떠한 방향과 방법으로 이러한 정신과 가치, 협력관계를 이어가야 할 것인지에 대해 생각해보고자 한다.

Ⅱ. 유엔군 참전의 의의

오늘날 대한민국은 유엔의 인류 공영(人類共榮) 정신에 힘입어 탄생하였으며

2) 반길주, "냉전과 신냉전 역학 비교: 미·중 패권경쟁의 내재적 역학에 대한 고찰을 중심으로", 『국제안보와 전략』, 21(1). 2021. 2-4쪽.

세계인의 도움으로 북한의 남침을 격퇴하고 국가를 지켜낼 수 있었다. 전쟁이라는 참상 속에서도 대한민국은 자유세계 국가가 전해 준 새로운 가치를 받아들여 발전을 도모함으로써 조선 시대로부터 이어진 봉건적 의식과 전근대적 경제체제를 뛰어넘어 자유민주주의와 시장경제 체제가 근간이 되는 나라로 거듭날 수 있었다. 또한 참전국 군인들이 보여준 애국심과 '노블레스 오블리주'는 우리 사회 지도층과 군이 가져야 할 자세가 무엇인지를 알게 하였으며, 전쟁과 전후복구 과정에서 세계인이 보여준 인류애와 인도주의, 국가 간 협력관계 또한 우리에게 많은 교훈과 국제사회 협력의 중요성을 인식하는 소중한 기회가 되었다.

1. 유엔군의 참전과 대한민국의 정체성 확립

현재의 대한민국의 정체성과 지향가치를 제대로 알기 위해서는 정체성과 지향가치 정립의 시원(始原)을 아는 것이 중요하다. 우리가 비록 오랜 역사를 가진 민족이기는 하나 현대국가로서의 대한민국은 유엔의 도움으로 헌법이 제정되고, 국가체제를 갖추면서 시작되었다. 또한 유엔이 추구하는 가치에 더해, 북한의 남침 격퇴와 재건 과정에서 자유주의 국가로부터 전파되고 체득한 자유민주주의(自由民主主義; Liberal Democracy)와 시장경제(市場經濟; Market Economy)는 오늘의 대한민국을 이루는 가치와 체제가 되었다. 따라서 대한민국 정부 수립과 북한의 남침 격퇴, 국가재건 과정에서 전해준 유엔과 세계인이 추구하는 가치, 체제를 살펴보는 것은 우리의 정체성을 명확하게 함으로써 우리가 지금 겪고 있는 가치의 혼란을 넘어 미래로 나아가기 위한 좋은 방향타가 될 것이다.

우리가 추구하는 자유평등, 주권재민의 가치와 경제체제는 유엔과 자유 진영 국가의 가치이자 정치·경제체제이다. 이를 이해하기 위해서 대한민국의 탄생과 6·25전쟁이 이데올로기에 따른 진영대립의 결과라고 보는 제한되고 대립적인 시각을 떠나 세계대전을 끝낸 인류가 평화 체제를 유지하기 위한 노력을 성공적으로 투사한 사건이라는 관점으로 시각을 전환하여 유엔 창립 당시의 상황과 세계인의 노력을 되돌아볼 필요가 있다. 19세기 초 유럽은 1815년 나폴레옹 전쟁이 끝나고 빈 체제가 수립된 이후 1914년 제1차 세계대전이 발발하기까지 약 100년간의 긴 평화를 경험했다. 그러나 20세기 들어 유럽은 과거에 상상조차 할 수 없었던 살상과 파괴의 참화를 20년 간격으로 두 차례나 겪어야만 했다(손기웅 외 2013: 10). 특히 제2차 세계대전을 통해 전쟁이 수반하는 막대한 피해와 함께 '유대인의 홀로코스트 대학살'과 일본군의 '생체 실험' 등 인간성의 말살이라는 끔찍한 참상에 경악할 수밖에 없었던 세계인들은 이러한 참상을 방지하고 보다 항구적인 평화체제를 구축하기 위한 국제간 협력방안을 마련하고자 하였다.[3] 특히 1920년 국제간의 분쟁을 방지하고, 인류공영을 목표로 창설하였던 '국제연맹(The League of Nations)'이 국제기구로서 제대로 된 역할을 하지 못하고 제2차 세계대전으로 이어진 데 대해 문제점을 인식하고 이를 보완하는 국제협력체를 만들기 위해 노력하였다.[4] 유엔(UN; The United Nations)은 이러한 국제연맹의 실패경험과 제2차 세계대전에 대한 반성으로 창설되었고 이러한 정신에 기초하여 많은 나라의 독립과 재건을 도왔다. 유엔은 직접적으로는 국제연맹의 계승자였지만 강대국 간의 공감대와 국제질서의 역학관계를 바탕으로 그 내용이나 제도적인 측면에서 이전 국제연맹보다 더 발전적이고 구체성을 가졌다. 유엔 창립의 배경을 명시한 국제연합헌장에 보면 "우리 연합국 국민은 우리 일생 중에 두 번이나 말할 수 없는 슬픔을 인류에 가져온 전쟁의 불행에서 다음 세대를 구하고 기본적 인권, 인간의 존엄 및 가치, 남녀 및 대소 각국의 평등권에 대한 신념을 재확인하며, 정의와 조약 및 기타 국제법의 일원으로부터 발생하는 의무에 대한 존중이 계속 유지될 수 있는 조건을 확립하며, 더 많은 자유 속에서 사회적 진보와 생활 수준의 향상을 촉진할 것을 결의하였다"고 명시하여 인류의 자유와 행복을 위해 국제적 기구를 만들었음을 명확하게 하고 있다. 또한 이를 위해 국제평화와 안전을 유지하고 지역분쟁이 세계전쟁으로 비화하는 것을

3) 제1차 세계대전에서 6,921만 명의 병력이 격돌하여 972만 명의 전사자, 95만 명의 민간인이 사망하였다, 제2차 세계대전에서는 2,400만 명의 군인과 4,900만 명의 민간인이 숨졌고 엄청난 인권유린이 발생하였다(송호정, 2019, 196-203쪽).

4) 제1차 세계대전이라는 대참화를 경험한 후, 새로운 차원에서 국제평화를 달성하는 것에 목표 둔 국제연맹은 이상과 목표에도 불구하고, 일본의 만주침략(1931), 이탈리아의 에티오피아 침략(1935) 등 국제분쟁에 직면하여 무기력한 모습을 보였고, 결국 제2차 세계대전이 발발하면서 역할이 끝났다(국가기록원. 검색일 : 2022. 10. 5).

막기 위한 국제연합군 파견과 외교적 중재, 경제제재 등을 임무의 하나로 명확하게 적시하였다.

대한민국은 이러한 인간의 존엄 보장, 평화체제 유지라는 국제연합의 정신과 가치구현 노력에 힘입어 탄생하였다. 일각에서는 대한민국의 건국을 1919년 상해 임시정부 수립이나, 1941년 대한민국 임시정부의 '건국강령' 발표에 근거하여 1919년 또는 1941년으로 보기도 하지만 주권을 가진 정치체제로서의 대한민국은 1947년 11월 남북한 전역에서 유엔 감시 하 자유 총선거가 결의되고 난 이후부터로 볼 수 있다.[5] 당시 세계는 미국을 중심으로 하는 자유민주 진영과 소련을 중심으로 하는 공산 진영, 중립을 표방하는 진영 등으로 나누어져 있었는데, 우리는 미국을 비롯한 자유민주 진영의 지원을 받아 탄생하였고, 이로 인해 자유민주주의와 시장경제를 기반으로 하는 정치체제와 경제체제를 갖추게 되었다. 또한 6·25전쟁의 참화 속에 우리를 도운 자유 진영 국가와의 협력체계가 구축됨으로써 자연스럽게 자유국가의 일원이 되었다. 따라서 대한민국은 자유민주주의와 시장경제에 기반하고 있는 국가들이 추구하는 가치와 정치·경제체제를 가진 국가이며, 국민은 이러한 체제 안에서 국민의 권리와 의무를 수행한다. 현재 일부 정치적 이해관계에 따라 대한민국의 정치체제나 경제체제를 부정하는 의견이 제기되기도 하나 대한민국의 태동과 국가를 유지하는 모든 것은 우리가 자유 진영의 가치와 체제를 받아들였기 때문에 가능한 것이다. 역설적이지만 우리나라의 정체성을 부정하는 개인의 의견을 제기할 수 있다는 자체가 우리가 자유로운 체제, 인간으로서의 존엄과 의사가 인정되는 인류공영의 정신을 받아들였기 때문이라는 것을 직시할 필요가 있다.[6]

5) 국가란 지리적으로 경계가 설정된 영토 내에서 그 영토와 그 위에 거주하는 인구(국민)에 대해 지속성 있는 통치기구(정부)를 통해 주권적 지배를 행사는 포괄적인 정치적 결사다. 일각에서 주장하고 있는 임시정부는 일정한 영토와 국민을 통치하고 있는 점에서는 정식정부와 동일하나 그 조직이 기존의 법률이나 스스로 천명한 합당한 절차를 통해서 이루어지지 않고 임시로 마련된 비정상적 절차를 통해서 이루어졌으며 스스로 자신의 존속기간을 매우 짧게 설정하고 있는 점이 정식정부와 다르다. 현대 국제법에서 임시정부의 승인 획득 요건으로 일정한 영토 내에서의 실효적인 통치(effective administration) 행사를 제시하고 있다(성낙인, 2011, 107-109쪽).

6) 2015년 중고등학교 교과서를 둘러싼 논쟁이 발생한 것은 일부 교과서가 "남한만의 정부가 세워진 것은 통일 민족국가 수립이 실패로 돌아간 것"으로 기술함으로써 대한민국은 태어나서는 안 될 나라라는 인식을 학생들에게 심어주는 등의 문제가 있었기 때문이다(《국민일보》, 2015년 10월 24일 보도기사; 《중부일보》, 2015년 10월 25일, 오피니언 기사).

현재 대한민국의 정치체제이며 경제원리인 자유민주주의와 시장경제는 제2차 세계대전 이후 미국과 서방세계가 주도해온 정치체계이며 경제를 아우르는 원리이다.[7] 이러한 정치·경제체계가 우리의 것이 된 것은 6·25전쟁 당시 이러한 정치·경제체제를 기반으로 하는 미국과 자유주의 국가가 우리를 도왔으며, 이후 오랜 기간 한미동맹을 기반으로 이러한 체제의 토착화가 이루어졌기 때문이다. 제2차 세계대전 이후 세계의 주도 세력으로 등장한 미국은 마셜 플랜을 통해 유럽의 재건을 도왔으며, 북대서양조약기구(North Atlantic Treaty Organization; NATO) 창설 등을 통해 소련의 침략을 막아내는 데 상당한 역할을 담당하였다. 당시 각국은 국가재건이나 독립, 정치체제 안정 등을 위해 상호 대척점에 서 있는 미국이나 소련의 지원을 필요로 하였기 때문에 자유주의 국가는 미국의 정치 및 경제체제에 편입하였고, 공산·사회주의 국가는 소련체제에 편입하였다. 이러한 상황에서 6·25전쟁이 일어나자 미국은 정치적 이념을 공유하는 나라들에게 협력을 요청하였다. 이에 미국 중심의 국제질서에 합류를 희망하거나 공산주의의 확산을 우려하는 상당수의 국가가 신속하게 국제연합군을 위한 병력과 장비를 지원하였으며, 전후복구에도 적극 참여하였다. 2013년 국방부의 6·25전쟁 지원국 연구에 따르면 6·25전쟁과 이후 복구 간 병력이나, 의료지원, 물자 등을 통해 대한민국을 도운 나라는 60개국으로 나타났는데 이는 당시 전 세계 독립 국가의 63%에 달하는 숫자이다.[8] 대한민국은 이들로부터 인적·물적 지원뿐만 아니라 정치·경제·사회·문화 전반을 받아들여 새로운 나라로 거듭날 수 있었다.

---

7) 6·25전쟁 당시 소련과 중국을 중심으로 하는 사회주의, 공산주의 국가는 개인의 자유보다는 국가의 이익을 중시하는 정치체제와 공동생산 공동 분배를 경제원리로 하는 경제체제를 받아들이고 이를 주변국에 강제하고 있었던데 반해 자유민주주의를 기반으로 하는 서방국가는 1648년 유럽의 30년 전쟁 종식을 위해 체결된 베스트팔렌 조약(Peace of Westphalia)의 연장선상에서 국가 간의 평등을 기반으로 하는 국제질서와 민주주의와 인권 등 인류의 보편적 가치를 존중하며 개발적 시장경제, 법에 근거한 합리적 지배, 국제기구와 국제시스템을 통한 다자 차원의 상호 협력 가치 등을 기반으로 삼아 발전을 도모하였다(송호정. 2019, 248쪽).

8) 6·25전쟁 당시 유엔을 통해 한국을 지원한 국가는 참전 16개국, 의료지원 5개국, 물자 지원국 39개국 등 모두 60개국이다. 이 수치는 당시 세계가 독립 국가 93개국, 유엔회원국 60개국이라는 점을 고려하면, 전 세계 국가 중 63%가 한국을 지원한 것이다(양영조, 2013, 84쪽).

2. 국제안보협력체계의 중요성 인식

2.1 국제사회의 참전 배경

국제사회의 참전 배경을 이해하기 위해서는 당시의 국제정세와 미국의 전략을 살펴볼 필요가 있다. 1947년 미 합동참모부는 전략적 중요성 평가에 따라 소련의 스탈린과 중공의 마오쩌둥의 공산화를 저지하기 위한 태평양 지역에서의 방위선을 알류산열도 - 일본 - 오키나와 - 필리핀을 연결하는 선으로 하는 정리하고, 한국과 타이완 등을 극동방위선에서 제외하였다. 그러나 6·25전쟁이 발발하자 미국은 소련의 사주를 받은 북한의 남침에 적절한 대응을 하지 못한다면 과거 독일의 체코, 폴란드 침공을 방관했다가 제2차 세계대전으로 확대된 전례를 되풀이하는 과오가 발생할 수도 있다고 판단하였다.[9] 유엔도 세계평화를 위협하는 공산세력의 침략에 대응하지 못한다면 유엔이 과거 국제연맹과 같은 유명무실한 기구가 될 것을 우려하였다. 이에 따라 일요일인 6월 25일 14시에 긴급회의를 소집해 북한에 침공행위를 중지할 것을 요구하였고, 27일 유엔 안보리를 통해 한반도의 국제평화와 안전을 회복하기 위한 결의안(83호)을 가결하였으며, 이 결의안에 기초하여 7월 1일 미 지상군을 파병하는 한편 유엔군사령부(United Nations Command, UNC)의 창설과 유엔군의 파병을 확정하였다.[10][11] 그러나 6·25전쟁 초기 미국은 북한의 남침이 고도로 준비된 공격이라는 인식을 제대로 하지 못하였고, 제2차 세계대전 당시 1,200만 명에 달했던 병력도 동원체제 구축과 함께 59만 명으로 감축이 이루어진 상황이었기 때문에 전쟁 초기부터 작전을 전개하였던 미 극동해군과 제5공군에 비해 지상군 부대는 임무

---

9) 주말을 맞아 메주리주 개인 저택에서 휴식을 취하던 트루먼 대통령은 애치슨 국무장관에게 북한의 남침에 대한 보고를 받고 북한의 공격은 "제2차 세계대전을 유발했던 독일·이탈리아·일본의 침략과 그 성격이 유사하다"고 생각하였다(마가렛 히긴스, *War In Korea*. 1951).

10) 유엔 안전보장이사회는 전쟁 발발 10시간이 경과 중인 6월 25일(일) 14시(한국시간 26일(월) 04시)에 긴급히 개최되었다. 안보리는 미국이 제출한 '북한군의 침략 중지 및 38도선 이북으로의 철수'를 요구하는 결의안(제82호)을 채택해 북한 응징의 명분을 확보하였다(양영조, 2004, 13쪽).

11) 유엔 결의안에 근거하여 6월 27일 미군을 시작으로 연합군의 참전이 시작되었다. 한편, 유엔사무총장 트리그브 리(Trygve Lie)는 결의문 83호에 의거 회원국들에게 집단조치를 위해 필요한 지원을 요청하였다. 유엔헌장의 유엔군이라는 용어는 존재하지 않지만, 6·25전쟁의 경우 유엔기를 사용하는 등 사실상 유엔통합군으로서의 형식을 갖추게 되었다(정철영, 2004, 481쪽).

를 수행하기 어려운 상황이었다.12) 이렇게 미국조차도 부대 구성이 어려운 상황에서 한국을 돕기로 한 참전국의 참전 노력은 각종 이동 수단이 고도화된 현재에서도 상상하기 어려울 정도로 신속하게 이루어졌다. 각국은 미국과 유엔사무총장의 집단조치 요청에 따라 한국 주변에 주둔하거나 작전을 수행하던 부대를 우선 전환하는 한편 신속하게 후속 파병을 준비하고 시행하였다.

2.2 각국의 참전 경과

국가 간의 협력은 다분히 국가이익을 전제로 한 것이지만 국가 간의 협력 정도는 신뢰성과 대응성에 기초한다고 볼 때 자유 진영의 협력은 상당한 수준이었다. 6·25전쟁 병력지원국과 의료지원국의 참전 및 지원 이유와 경과, 인명피해 등을 살펴보면 다음과 같다.

(1) 참전 이유

영국·프랑스·네덜란드·룩셈부르크는 북대서양조약기구의 일원으로 개인의 의사와 자유를 부정하는 사회주의에 대한 거부감과 소련의 군사적 위협 증가에 경계심을 가지고 있었다. 이들 국가는 제2차 세계대전 이후 소련에 맞서 자유 진영의 중심국가로 역할을 하는 미국이 유럽지역에 대해 경제적 지원뿐만 아니라 소련의 위협에 맞설 수 있는 실질적 군사 지원을 해야 한다고 생각하였다. 이러한 상황에서 미국이 북한과 소련의 침략을 물리치기 위해 6·25전쟁에 참전을 요청하자 미국과의 관계를 공고히 하고 군사협력을 강화하려는 목적에서 적극적으로 병력과 물자 등을 지원하였다. 미국의 접경 국가면서 NATO의 일원인 캐나다도 북한의 남침 배후에는 소련의 사주와 세계적화 전략이 있다고 판단하고 미국을 비롯한 동맹국과의 결속을 위해 참전을 결정하였다. 터키와 그리스는 '다다넬스' 해협과 발칸반도에서 소련과 소련의 지원을 받는 공산세력으로부터 상당한 위협

---

12) 미 24사단은 한강 방어선이 와해된 이후 어려움에 직면한 한국군을 지원하기 위해 최초로 6·25전쟁에 참전하였다. 미24사단은 21연대 1대대가 중심이 된 스미스 특수임무부대를 편성하여 오산 북방 죽미령에서 북한의 보병·전차 합동부대와 조우하였으나 훈련 및 장비 부족 등으로 심각한 피해를 입고 천안으로 철수하였다(조성훈, 2017, 38쪽).

을 받는 상황에 있었기 때문에 이를 이겨내기 위해 미국으로부터 군사적·경제적 도움이 필요하였다. 이에 유엔과 미국의 지원요구에 동참함으로써 공산세력의 팽창을 저지하는 한편 향후 미국과의 관계가 원활해질 것을 기대하여 참전을 결정하였다. 호주·뉴질랜드·필리핀·태국은 중국의 공산화 이후 동남아시아에 점증하는 공산세력의 위협으로 인해 안보 협력관계의 필요성을 느끼고 있었으며 이러한 이유로 미국의 요청에 응해 파병을 결정하였다. 아프리카 국가인 에티오피아와 남아프리카공화국, 남아메리카의 콜롬비아는 자신들의 독립과정이나 주권회복 과정에서 국제사회의 도움이 필요하다는 것을 절감하고 당시 국제사회의 중심세력으로 떠 오른 미국과의 관계 증진을 위해 파병을 결정하였다. 이를 종합하여 보면 대부분의 참전 국가가 북한의 남침을 그대로 두면 추후 공산세력의 위협이 자신들에게도 미칠 수 있다는 위기감과 제2차 세계대전 이후 재건에 필요한 경제적 지원과 안보를 보장받기 위해서는 미국·유엔과의 협력관계 증진이 필요하다는 판단에 따라 국제연합군 구성에 참여하였으며 이러한 조치가 곤란한 국가는 인력·물자·금전 등을 지원하였다.

(2) 참전 경과와 피해

미국과 유엔이 세계 각국에 파병 요청을 하였으나 이동 소요 시간과 의회 승인 등으로 인해 각국의 파병에는 최소 2개월 이상의 시간이 소요되었다. 이에 따라 미국은 우선 공군과 해군력을 이용하여 한반도 전역의 해상과 공중의 위협을 제거하는 한편 일본에 주둔하고 있는 미 제24사단 일부를 특수임무부대로 편성하여 가장 먼저 전투부대를 파견하였으며, 유엔 안보리의 7·7결의에 따라 유엔군이 조직된 이후 유엔의 대행 기구로서 참전국 군대 지휘, 전투 수행과 재건 활동 등 유엔군이 수행하는 역할 전반을 책임졌다. 미국은 육군·해군·공군·해병대 등 전 병종을 파병하였으며 총병력은 1,789,000명으로, 미국을 제외한 유엔참전국 모든 군대를 합친 수의 10배에 달하는 병력이 6·25전쟁에 참전하였다.[13]

---

13) 6·25전쟁에 참전한 유엔군은 연인원 기준으로 195만 7,616명에 달한다. 이 가운데 미군은 178만 9,000명으로 가장 많다(손규석 외, 2015, 67쪽).

6·25전쟁에서 벌어진 주요전투는 대부분 미군이 수행하였거나 미군의 지원 속에서 이루어졌다. 대표적 전투로 낙동강 방어선 전투(1950. 7). 인천상륙작전(1950. 9. 15). 평양탈환작전(1950. 10), 장진호 전투(1950. 11), 고지전(1951∽1953. 7) 등을 들 수 있다. 작전 간 36,940명이 전사하였으며 100,310명이 부상·실종 또는 포로가 되었다.

영국은 미국에 이어 두 번째로 많은 병력을 지원하였다. 영국군의 참전은 유엔군 창설 이전부터 이루어졌다. 영국 육군은 홍콩에 주둔 중인 2개 대대와 1개 여단을 구성하여 낙동강 방어선 전투에 참전하였다. 이후 영국은 1951년 영연방 1사단을 창설하여 작전을 지원하였는데 영연방 제1사단은 영국·호주·캐나다·뉴질랜드·벨기에·룩셈부르크 등 모두 6개국 군으로 구성되었다. 또한 영국은 해군은 항공모함 1척 등 해군을 지원하여 미 극동해군의 일원으로 작전을 수행하였다. 영국군이 치른 주요전투는 상주 전투(1950. 9), 박천 전투(1950. 11), 임진강 남안 설마리 전투(1951. 4), 가평 전투(1951. 4), 고황산 전투(1951. 10) 등을 들 수 있다. 총 56,000명이 참전하여 1,078명이 전사하였다.

터키(현재의 튀르기예)와 캐나다는 여단급 육군부대를 파병하였다. 터키는 제2차 세계대전 당시 독일 동맹군의 일원이었지만 전쟁 말기 친서방 국가로 전환하면서 연합군에 합류하였다. 터키는 북한의 남침 직후 대한민국에 대한 군사원조 결의안 채택과 동시에 4,500명 규모의 전투부대를 파병함으로써 유엔군 작전에 큰 도움이 되었다. 특히 전쟁 간에는 뛰어난 용맹성과 전과로 인해 위상을 떨쳤는데 김량장 전투 등에서 자신들의 피해의 10배가 넘는 피해를 적에게 준 부대로 용맹을 떨쳤다. 주요전투는 김량장·수리산 전투(1950. 1), 장승천 전투(1951. 4), 네바다 전초전(1953. 5) 등을 들 수 있다. 총 14,936명이 참전하여 741명이 전사하였다.

캐나다도 전쟁 발발 5일 만에 전쟁 참여를 결의하고 7월 4일 해군과 항공수송대대(PPCLI)를 파병하였고 이후 2개 대대를 추가로 파병하여 여단이 전투를 수행하였다. 캐나다가 수행한 주요전투는 주암리 전투(1951. 2), 가평 전투(1951. 4), 코만도 작전(1951. 10) 등을 들 수 있다. 총 25,687명이 참전하여 312명이 전사하였다.

아시아에서는 태국과 필리핀이 참전하였다. 태국은 쌀 4만 톤을 제공하는 것을 시작으로 대대급 병력을 파병하였으며, 해군과 공군도 지원하였다. 태국은 포크찹 고지 방어 전투에서 용맹성을 보이며 '작은 호랑이'라는 별칭을 얻었다. 태국군이 치른 주요전투는 율동 전투(1951. 8), 포크찹 전투(1952. 11) 등을 들 수 있다. 총 6,326명이 참전하여 129명이 전사하였다. 필리핀은 독립 이후 공산 반란군과의 지속적인 교전으로 인해 파병이 어려운 상태였으나 공산 세력에 맞선 국제연합군에 합류하기 위해 미국, 영국에 이어 부대를 파병하였다. 그러나 상당히 낙후된 장비와 미숙한 훈련 상태 등으로 인해 한국에 도착한 이후 미군으로부터 장비를 지원받고 적응 및 전술 훈련을 받은 후 전선에 투입되었다. 초기에는 후방 게릴라 소탕 작전에 투입되었으나 1952년부터는 미 45사단에 배속되어 군자산 전투 등에서 많은 전공을 세웠다. 총 7,420명이 참전하여 112명이 전사하였다.

영연방 국가인 호주와 뉴질랜드는 자국의 군 규모가 크지 않음에도 불구하고 최선을 다해 전투 병력을 차출하고 지원하였다. 특히 호주는 「유엔한국위원단」에 소속되어 대한민국의 탄생을 지켜본 국가로 남한 군사력의 취약함과 북한의 침공 위협을 잘 알고 있었기 때문에 지원에 적극적이었다. 호주는 육군 1개 대대와 경함공모함 등 해군을 지원하였다. 호주군은 1950년 9월 27일 북진 작전부터 참여함으로써 많은 전투를 수행하였다. 주요전투로는 금천·사리원 전투(1950. 10), 박천 전투(1950. 11), 이천 전투(1951. 1), 마향산 전투(1951. 10) 등을 들 수 있다. 총 8,407명이 참전하여 339명이 전사하였다. 뉴질랜드는 포병부대를 파병함으로써 유엔군의 화력을 상당 부분 보완하였으며, 8척의 함정을 교대로 투입함으로써 해상작전을 지원하였다. 주요 화력지원 사례로 가평 전투(1951. 4), 마량산 전투(1951. 10) 등을 들 수 있다. 총 3,794명이 참전하여 23명이 전사하였다.

유럽국가인 프랑스·네덜란드, 벨기에·룩셈부르크는 보병대대급 부대를 파병하였다. 특히 프랑스군 대대장 몽클라르 중령은 제2차 세계대전 당시 프랑스군

중장으로 전투를 수행하였으나 프랑스가 대대급 규모 파병을 결정하자 중령계급으로 현역복귀를 신청한 군인으로, 자신의 전투 경험을 활용하여 많은 작전을 성공적으로 이끌었다. 주요전투는 지평리 전투(1951. 2), 단장의 능선 전투(1952. 9), 화살머리 전투(1952. 10) 등을 들 수 있다. 특히 단장의 능선은 내장을 끊는(斷腸) 듯한 아픔을 준 능선(陵線)이라는 'Heartbreak Ridge'를 의역한 것으로 치열한 전투를 치른 곳으로 유명하다. 총 3,421명이 참전하여 262명이 전사하였다. 네덜란드와 벨기에는 미2사단에 배속되어 작전을 수행하였으며, 원주 전투에서 북한국 1,100명을 살상하거나 포로로 잡는 성과를 거둠으로써 그 위상을 높였다. 네덜란드는 대대급 육군 외에도 함정을 파견하여 작전을 수행하였다. 주요전투로 횡성전투(1951. 2), 325고지 전투(1951. 5) 등을 들 수 있다. 총 5,322명이 참전하여 120명이 전사하였다. 벨기에 대대는 소대급 부대를 파병한 룩셈부르크 소대를 통합하여 영국군 29여단과 미 3사단의 작전을 지원하였다. 주요전투로 금굴산 전투(1951. 4), 잣골 전투(1953. 4)를 들 수 있다. 총 3,581명이 참전하여 101명이 전사하였다.

그리스는 지리적으로 아시아·유럽·아프리카로 연결되는 정치·경제의 요충지이다. 이러한 지정학적 위치 때문에 제2차 세계대전이 종료된 직후부터 이 지역에 대한 영향력을 확보하려는 소련의 압박이 심했고, 소련의 지원을 받는 국내 공산당과 내전을 치르기도 하였다. 이러한 역사적 배경으로 인해 공산세력에 대응하는 국제연합국에 적극 합류하였다. 그리스는 지상군 1개 대대와 수송기 1개 편대를 파병하였다. 대대는 이천 부근 381고지 전투에서 많은 전과를 거두었으며, 제13수송편대는 1950년 12월 1일 일본에 도착한 이후 장진호 전투를 지원하며 전·사상자를 후송하는 역할을 담당하였는데 당시 개마고원 일대의 고토리와 하갈우리에 설치된 임시 활주로의 열악함을 이겨내고 훌륭하게 임무를 수행하였다. 총 4,992명이 참전하여 192명이 전사하였다.

에티오피아는 1935년 이탈리아로부터 침공을 당했었으나 주변국의 도움이 없어 상당한 어려움을 겪었다. 이러한 경험으로 인해 에티오피아 '셀라시에' 황제는 요청이 있자 자신의 근위대로 구성된 부대원을 긴급하게 파병하였다. '캉뉴

(Kangnew)부대'로 불리는 에티오피아군은 생전 처음 경험하는 추위에 떨면서도 많은 승리를 거두었는데 근위부대답게 절도와 명예를 지킨 강력한 군대, 포로가 없는 군대로 평가를 받았다.[14] 주요전투로 851고지 전투(1951. 10), 412고지 전투(1952. 10), 요크고지 전투(1953. 5) 등을 들 수 있다. 총 3,518명이 참전하여 121명이 전사하였다.

콜롬비아는 유엔 결의를 접한 후 1개 대대를 파병하고자 하였으나 의회의 반대 등으로 파병에 어려움을 겪었다. 그러나 콜롬비아는 국제연합군 참여가 미국주도 국제질서에 편입하는 중요한 사건으로 인식하였고, 미국도 라틴아메리카국가가 참여하는 상징성을 무시할 수가 없었다. 이에 따라 시간이 지체되기는 하였으나 1951년 프리깃함 한 척과 지상군 1개 대대를 파병하였다. 콜롬비아군은 중공군의 공격과 고지전 등에서 많은 전과를 올렸다. 총 5,100명이 참전하여 163명이 전사하였다.

남아프리카공화국은 유엔의 결의안이 통과되자 지지 성명을 발표하고 미국과의 협의를 통해 전투비행대대 조종사 파견을 결정하였다. 남아프리카공화국 제2비행대대는 미국으로부터 무스탕 16대를 넘겨받아 일본과 한국기지를 오가며 근접항공지원과 후방 차단 폭격 등을 실시함으로써 지상군 작전을 지원하였다. 총 826명이 참전하였으며 34명이 전사하였다.

전투부대에 못지않게 의료지원국의 활동도 부상자 치료와 대한민국 의료 발전에 크게 기여하였다. 스웨덴은 중립정책을 표방하는 영세중립국의 한계로 인해 전투병력 대신 1개 야전병원단과 의료진을 파견하였다. 스웨덴 야전병원단은 1950년 9월부터 1957년 4월 철수 시까지 가장 오랫동안 한국에 주둔하면서 많은 전상자를 치료했으며 국립의료원 창설에도 기여하였다. 인도는 중립노선을 표방하는 관계로 의료지원부대를 파견하였다. 특히 인도의 제60야전병원은 공수낙하 활동을 겸한 부대로 전장 속에서 많은 군인의 생명을 건지는 성과를 거두었다. 덴마크는 유엔 회원국 중에서 제일 먼저 의료지원 의사를 밝힌 나라로 병원선 유틀란디아

14) 캉뉴는 칵뉴로도 불린다. 캉뉴는 현지 암하라어로 '격파하다', '혼란에 질서를 잡다'라는 의미를 가진 단어이다. 에티오피아는 총 5차례에 걸쳐 총 6,037명을 한국에 보냈다(Kimon Skordiles, *KAGNEW : The Story of the Ethiopian Fighter in Korea*; 송인엽 옮김, 『강뉴: 에티오피아 전사들의 한국전쟁 이야기』, 2015. 10쪽).

(Jutlandia) 호와 의료진을 파견하였다. 특히 덴마크 병원선은 8개월마다 본국으로 귀국해 재정비와 의료물자를 보충 후 재차 파견되어 환자치료와 새로운 기술 보급에 많은 성과를 거두었다. 노르웨이는 이동외과병원을 파견하였는데, 해상 운송지원과 적십자를 통한 지원군 제공과 의료지원을 병행하였다. 이동외과병원은 동두천 지역에서 머물면서 미 제1군단을 직접 지원하였으며, 민간인들을 위한 외래환자 진료소도 운용하였다. 이탈리아는 유엔가입국이 아님에도 불구하고 NATO 창설국가의 역할 필요성과 적십자연맹의 요청 등에 따라 제68적십자병원을 파견하여 의료지원 활동을 실시하였다. 서독은 6·25전쟁이 끝난 다음 해 의료지원부대를 파견해 전후복구 과정에서 의료지원을 실시하였다. 특히 의료지원국은 군인뿐만 아니라 민간인을 치료함으로써 많은 인명을 구했으며, 스칸디나비아 3국인 스웨덴·노르웨이·덴마크는 종전 후에도 상당 기간 남아 인도주의적인 구호 활동을 실시하는 한편 의료진과 물품 외에 가지고 있는 의료장비 일체를 제공함으로써 국립중앙의료원 창설에 직접적인 도움을 주었다.15)

앞에서 서술한 바와 같이 각국은 자국의 내부적 사정에도 불구하고 공산세력의 팽창을 막는 한편 미국을 중심으로 하는 국제사회의 일원이 되기 위해 적극 파병에 참여하였으며, 파병이 어려운 경우에는 물자 등을 지원하여 국제사회 노력에 참여하기 위해 노력하였다. 세계 역사를 볼 때 자신만의 역량으로 나라를 지키거나 국익을 달성한 예는 그리 많지 않다. 특히 우리와 같이 주변 강대국에 둘러싸인 국가의 경우 국제사회의 지지와 지원을 받는다는 것은 생존과 직결될 수 있는 매우 중요한 일인데 이는 우크라이나 전쟁에서 러시아의 외교적 협력상황과 우크라이나와 미국·EU 등의 관계를 보면 명확하게 알 수 있다. 이러한 관점에서 6·25전쟁 당시 참전국이 보였던 지원 의도와 행동을 이해하고 이들 국가와의 지속적인 교류·협력을 통해 안보태세를 공고히 하며 도래하고 있는 국제질서 변화에 대비하는 것은 국제보훈을 시행하는 중요한 이유로 볼 수 있다.

---

15) 6·25전쟁 후 의료 인프라 확보에 어려움을 겪던 정부는 덴마크·노르웨이·스웨덴 등의 인적·물적 도움을 받고 국내 의사들을 창립 멤버로 해서 국립중앙의료원을 설립했다(김승수, 《중앙일보》 www.joongang.co.kr/article/23456601. 2019년 5월 2일 보도기사).

Ⅲ. 세계인과 유엔군이 보여준 인류애와 '노블레스 오블리주'(noblesse oblige)

1. 세계인의 인류애와 인도주의

인류애와 인도주의는 인간과 사회구성원이 가지는 공통적인 가치이면서 인간만이 가지는 숭고한 정신적 이념이다. 우리의 건국이념인 홍익인간도 "널리 인간을 이롭게 하는 것"을 뜻한다는 점에서 인류애, 인도주의와 본질적으로 동일한 가치라 할 수 있다. 대한민국은 헌법 전문에 "(전략) 밖으로는 항구적인 세계평화와 인류공영에 이바지함으로써 우리들과 우리들의 자손의 안전과 자유와 행복을 영원히 확보할 것…(후략)"을 명시함으로써 이러한 인류애의 가치와 홍익인간 정신의 구현을 명문화하고 있다.16) 우리가 6·25전쟁으로 인한 막대한 인적·물적 피해에도 불구하고 이를 딛고 일어선 이면에는 참전군인뿐만 아니라 유엔한국통일부흥위원단(UNCURK)과 유엔한국재건단(UNKRA)을 중심으로 이루어진 전쟁 복구 활동과 대한원조(AFAK) 프로그램 등 공공지원이 큰 역할을 하였으나, 유니세프(UNICEF)·적십자사·세계교회봉사단 등 민간기구의 활동도 상당한 역할을 하였다. 특히 세계 각국의 민간단체와 활동가들은 인도적 정신에 입각하여 아무런 대가 없이 아동과 부녀자들의 생활과 자립을 돕고, 분유를 비롯한 아동 급식과 식료품, 의료품, 피복 등 생활에 필요한 모든 물자를 수집, 전달하였다.17) 또한 일부는 전후복구가 끝난 이후에도 한국에 머물면서 아동을 돌보고 의료 활동 등을 실시하였다. 이제 우리가 도움을 받던 나라에서 도움을 주는 나라로 성장한 즈음 우리가 가져야 할 가치이자 의무는 세계인이 보여준 인도주의와 인류애를 잊지 말고 인류공영에 기여하는 것이다. 특히 우리가 세계 각국에 평화유지군을 파병하여 그들의 안전을 보장하고 재건을 돕거나 KOICA를 통해 개발도상국을 지원하는데 잊지 말아야 할 것은 단순히 물질적 도움을 주는 것뿐만 아니라 이러한 인류애와 인도주의 정신에 기초하여 함께 하는 세상을 만드는

---

16) 법제처 국가법령정보센터, 「대한민국헌법」(헌법 제10호, 1987. 10. 29).

17) 국가기록원(www.theme.archives.go.kr/next/unKorea/supportAfterWar). 검색일: 2022. 10. 2.

것이다.

세계인들이 보여준 인류애는 전쟁에서 찾아보기 힘든 사례였다. 전쟁 간에는 주로 군부대와 군인들이 적극적으로 우리 국민을 도왔으며, 전쟁 복구 간에는 미국의 공적 원조와 함께 민간인과 민간기구, 전쟁에 참전했던 군인이 중심이 되어 우리를 도왔다. 몇 가지 사례를 든다면 흥남철수작전의 어려움 속에서 시행된 피난민 수송 작전, 미 40사단의 가평고등학교 건립, 위트컴 장군과 헤스 대령의 구호 활동, 튀르키예의 '앙카라 고아원' 등을 들 수 있다.

흥남철수작전은 6·25전쟁 당시 중공군의 공격으로 육상 퇴로가 차단된 상황에서 10만여 명의 피난민을 안전하게 철수시킨 대규모 수송 작전이다. 미군은 중공군의 공격으로 퇴로가 막힌 미 10군단의 철수를 위해 흥남항에 집결한 상선들에 실려 있던 무기와 군용품을 내리고 피난민을 배로 이동시켜 자유를 되찾게 하였다. 특히 '매러디스 빅토리 호'는 군 물자를 버리고 1만 4천여 명을 태워 거제까지 운항함으로써 한 척의 배로 가장 많은 생명을 구한 신기록으로 기네스북에 등재되었는데 이 배의 선장이었던 '라루'는 이후 수도사가 되어 그의 남은 삶을 자유를 찾은 1만 4천여 명의 안위를 비는 기도를 하며 생활한 것으로 전해지고 있다.

가평고등학교의 최초 명칭은 '가평 가이사 중학교'이다. 이러한 명칭이 붙은 이유는 1952년 당시 가평에 주둔하고 있던 미 40사단의 사단장인 클리랜드 장군이 천막 속에서 수업을 듣던 어린 학생들을 돕기 위해 사단 장병들의 모금 활동을 벌여 3만 달러 정도를 모금하고 하버드대 건축과를 나온 장교의 설계를 통해 학교를 만들었기 때문이다. 당시 사단장인 클리랜드 사단장에게 주민들은 사단장의 이름을 딴 학교명을 사용할 것을 제의하였으나 이를 거절하고 1952년 40사단의 첫 전투에서 전사한 19세의 어린 부사관 케네스 카이저(Kenneth Kaiser Jr.) 중사의 이름을 붙임으로 가이사중학교가 탄생하였다. 40사단은 현재 해체된 상태이나 아직도 생존자들이 돈을 모아 매년 가평고등학교를 방문하여 장학금을 수여하는 행사를 하고 있다. 가평고등학교도 40사단 장병의 뜻을 기리기 위해 2014년 역사관을 개관하였으며 기숙사를 '클리랜드 기숙사'로 명명하여 현재에 이르고 있다.

'한국인보다 한국을 더 사랑한 장군'으로 불리는 위트컴 장군은 한국전쟁 고아들의 아버지이자 한국의 재건을 위해 자신의 모든 것을 바쳤다. 그는 1953년 부산의 미 육군 군수기지 사령관으로 재직하던 중 판자촌의 작은 화재로 29명의 사상자와 3만여 명의 이재민이 발생하자 참모들의 반대에도 불구하고 군수창고를 열어 구호 활동을 하였다. 이로 인해 그는 미 의회 청문회에 불려가게 되는 어려움을 겪었지만 다시 한국에 돌아와서 각종 구호 활동과 학교 및 병원 설립, 장진호 전투 전사자 유해 송환 등의 일을 수행하였다. 1·4후퇴 직전, 전쟁고아 수송 작전(Operation Kiddy Car)을 이끌었던 '딘 헤스' 대령은 수송기에 1,000여 명의 전쟁고아를 태워 제주도로 대피시켰으며, 미국으로 돌아간 뒤에도 한국을 수시로 방문해 고아들을 돌봤고, 전쟁고아였던 한국 소녀를 입양하기도 하였다. 또한 자신의 자서전으로 만들어진 영화의 저작권 수익금 전액을 한국보육원에 기부하는 등 전쟁고아를 위한 봉사에 앞장섰다. 전쟁으로 인해 고아가 된 640명의 고아를 14년간이나 돌본 터키 군인들의 이야기는 아일라(Ayla: The Daughter of War)라는 영화로 제작되어 상영되기도 하였다.

대한민국의 경제성장에도 세계인의 도움과 참전군인의 애정이 있었다. 하나의 예로 국산 트랜지스터 라디오 수출을 들 수 있다. 경제 성장사에 보면 국내 최초의 국산 라디오 '금성 A-501'이 1959년 11월 15일 출시되어 상당량이 미국에 수출된 것으로 나타나고 있다. ㈜LG의 홍보자료를 보면 라디오 생산가격은 2만 환으로 당시 대학을 졸업한 금성사 직원의 월급(6000환) 3개월 치에 상당하는 금액이었지만 국산화를 통해 가격을 낮춤으로써 국내에서뿐만 아니라 미국에서도 많은 수익을 거둔 것으로 언급하고 있다.[18] 그러나 6·25전쟁 60주년 행사를 위해 미국에 간 정부대표단이 미국의 참전용사들을 만난 자리에서 참전용사 중 한 분이 라디오를 들고나와 라디오를 산 이유를 "한국을 떠날 당시 폐허가 된 모습을 보면서 이 나라가 다시 일어설 수 있을까 생각했는데 불과 10년도 지나지 않아 트랜지스터를 생산했다는 이야기를 듣고 수소문하여 구입하였다."라고 이야기하는 것을 들으며 참석했던 모든 사람이 왜 이 라디오가 그렇게 많이 팔

18) 한국경제신문(www.hankyung.com/politics/article/2008080523241), 2008년 8월 7일 보도기사.

렸는가를 새삼 깨닫게 되었다. 우리의 수출은 국민의 땀과 공무원·경제인들의 노력이 이루어낸 결과이기도 하지만 미국과 유럽에 대한 수출과 경제원조 등이 원활했던 배경에는 대한민국에 대한 참전국 국민의 관심과 애정이 있었기 때문이라고 할 수 있다.[19)]

2. 유엔군에게 배우는 애국심과 '노블레스 오블리주'

애국심이란 국가발전의 원동력이나 강요되거나 교육을 통해 얻어지는 것이 아니라 "국가와 지도층에 대한 믿음과 신뢰가 있을 때 나타나는 감성"이라고 볼 수 있다. 1994년 워싱턴 DC 광장에 세워진 한국전 참전비에는 "한 번도 만나 보지 않은 한국민, 결코 알지도 못하는 한국을 지키라는 부름에 응답한 우리 아들과 딸들을 우리 국민은 존경한다(We will remember the noble sacrifice of the soldiers who joined the UN forces to fight for freedom and peace)."라고 새겨져 있다. 이 문장에는 제2차 세계대전 이후 전쟁의 부담에서 벗어난 젊은이들이 또 다시 국가의 부름에 나설 수밖에 없음에 대한 국가의 미안함을 표현함과 동시에 국가가 이들에게 표하는 존경이 함께 담겨 있다. 각국이 이렇게 참전자에게 예를 표하는 동시에 남은 유족을 돌보는 것은 전쟁이라는 극단적 상황에서 자신의 안위를 뒤로하고 국가와 공동체를 위해 헌신한 사람이 있었기 때문에 많은 사람과 국가가 생존할 수 있었기 때문이다. 그런데 이러한 애국심의 근저에는 신분과 성별, 부의 정도에 차이가 없이 모든 국민이 함께할 것이라는 믿음이 자리 잡고 있다. 역사적으로 볼 때 국가가 부흥할 때는 지도층과 일반 국민의 기본적 의무에 대한 이행의 차이가 없는 반면 나라가 어려움에 직면하거나 사회질서가 붕괴하는 경우 이러한 가치와 믿음이 무너진 것이 하나의 원인으로 작동했던 것을 볼 수 있다. 이렇듯 국가를 유지하는 국민의 국가 신뢰와 공동체에 대한 헌신의 마음이 애국심이라면 이러한 믿음을 갖도록 하는 것은 지도층의 '노블레스 오블리주'로 볼 수 있다.

---

19) 국방부, 『6·25전쟁 60주년 사업결과보고서』(2014).

'노블레스 오블리주'는 프랑스어에 어원을 둔 말로 높은 사회적 신분에 상응하는 도덕적 의무를 뜻한다. 이는 1808년 프랑스 작가 가스통 피에르 마르크(Gaston Pierre Marc)가 고귀한 신분에 따르는 사회적 의무를 강조하면서 처음 쓴 것으로 알려져 있다.[20] 「로마인 이야기」로 유명한 '시오노 나나미'는 "지식적 면에 있어서 그리스인보다 못하고, 체력 면에서는 게르만인보다 못하며, 경제력에서는 카르타고인보다 못했던 로마인이 세계를 지배할 수 있었던 이유는 사회 지도층의 역할이 있었기 때문이다."라고 말하고 있다. 로마인이 천년에 걸쳐 유럽을 지배한 것은 남보다 더 많은 세금을 내면서 공공의 이익을 우선시하며 전쟁이 일어나면 제일 먼저 전장에 나아가는 귀족들의 가치관과 행동이 있었기 때문이다. 이러한 노블레스 오블리주 정신은 이후 유럽 사회뿐만 아니라 미국에까지 영향을 미쳐 다양한 형태로 국가를 유지하는 원동력이 되고 있다. 최근 이러한 노블레스 오블리주 정신은 부를 소유한 지도층의 사회적 역할을 강조하는 의미로도 쓰이고 있지만, 일반적으로 전쟁과 같은 위기 상황에서 국가의 부름에 기꺼이 응해 자신의 의무를 다하는 지도층의 행위를 노블레스 오블리주로 부르고 있다. 우리의 역사 속에서도 많은 노블레스 오블리주를 볼 수 있는데 대표적으로 신라 화랑의 역할, 조선조의 선비정신, 독립운동에서 보여준 선열 등의 모습 등 역사 곳곳에서 그 흔적을 볼 수 있다. 특히 나라를 빼앗기고, 미래를 알 수 없는 암울한 상황에서도 노블레스 오블리주를 실천한 인물과 가문이 많은데, 조선 말기 문신으로 죽음으로 일제에 항거한 계정 민영환, 경주 최부자 집안, 독립운동가 이회영 선생과 그의 형제들, 최재형 선생 등 무수히 많은 사람의 이야기가 전해지고 있다. 그러나 시대마다 이러한 개인과 가문의 전통이 있음에도 불구하고 국가 차원에서는 이러한 기풍이 지도층의 이익에 따라 제대로 구현되지 않는 사례도 심심치 않게 볼 수 있다. 고려의 경우 창건되고 사회가 안정화되면서 문(文)을 숭상하고 무(武)를 업신여기는 풍조에 빠져 평민들에게 병역의무를 전가하는 현상이 발생하였으며, 조선은 초기 양반이 양민과 함께 이행하였던 군역의무가 세월이 흐르며 군역 면제를 양반의 특권으로 생각하는 현상이 발생함으로써 사

20) 예종석, 『노블레스 오블리주』(산림출판사, 2006), 4쪽.

회 전반의 도덕적 해이를 가져왔다. 특히 사회 지도층인 양반과 권세가는 임진왜란 이후 군을 재정비하고자 하는 노력에 반기를 들어 양반이 수행하였던 군역을 천민과 양민에게 전가하고, 과도한 군포를 부과하는 파렴치함을 보이기도 하였다. 이렇듯 고려 말기나 조선조 말기 패망으로 나아가는 모습을 보면 사회 지도층의 권한에 부합하는 노블레스 오블리주 정신 상실이 패망의 가장 큰 원인이 된 것을 알 수 있으며, 현대에 와서도 이러한 경향이 군 병역에 일부 나타나 사회적 문제가 되기도 하였다.[21][22]

이러한 차원에서 참전국 군에서 볼 수 있는 '노블레스 오블리주' 정신은 우리 사회와 군이 더 강하고, 권위 있는 국가, 군으로 변화하는데 많은 교훈을 얻을 수 있다. 특히 미군의 사례가 많은데 이는 참전 규모가 유엔군의 90%를 차지할 정도로 절대적 규모이기 때문이기도 하지만 지도층의 정신이 가장 많이 녹아있기 국가이기 때문으로도 볼 수 있다. 6·25전쟁이 발발할 당시 미군은 2차 세계대전 이후 대부분의 부대를 해체하였기 때문에 전쟁 참여를 위한 부대가 부족하였고 이로 인해 주 단위로 대대적인 징병과 모병 활동을 통해 병력을 조달하였다. 이렇게 긴박한 상황에서 파병을 위해 군에 지원한 미 장성과 고위공무원의 아들은 142명에 달하였고 이 중 35명이 전쟁에서 목숨을 잃거나 부상을 당하였다. 6·25전쟁 기간 중 나타난 노블레스 오블리주의 몇 가지 예를 들면 다음과 같다.

낙동강 전선을 성공적으로 지켜내어 반격의 기회를 만든 미8군 사령관 워커(Walton H. Walker, 1889~1950) 중장이 한국군 병사가 운전하던 트럭에 부딪혀 61세의 나이로 순직하자 맥아더 사령관은 아들 샘 워커 대위에게 아버지의 유해를 본국으로 운구하도록 명령하였다. 이에 샘 워커 대위는 "본인은 일선 보병 중대장으로 부하들을 심각한 위험에 노출시키고 아버지의 유해를 운구하는 임무를 수행할 수 없으니 의전부대에 아버님의 유해 운송을 맡겨 달라"는 대답을 함으로써 야전부대장으로 가져야 할 부하에 대한 책임감을 보여주었다.

---

21) 송복은 우리 사회의 지도층을 경제적 측면에서는 대기업의 이사급 이상, 공무적 성격 측면에서는 정치인, 국장급 이상 고위관료, 준장 이상의 고위 군경, 법조인, 교장과 부교수 이상의 교육자, 고위 언론인, 고위 의료인, 종교와 문화예술 분야 저명인사 등으로 구분하였다(송복, 2011, 64-65쪽).

22) 우리나라 재벌가 병역면제율은 33%, 국회의원 본인 면제율 24%, 국회의원 자녀 면제율 11%로 대한민국의 일반인 질병 면제율 2%에 비해 상당히 높은 편이다(《경제포커스》 2019년 10월 16일자 보도기사).

1951년 4월 워커 장군의 뒤를 이어 미8군 사령관으로 부임한 밴 플리트 장군과 아들 지미 밴 플리트의 경우도 이러한 정신을 볼 수 있는 좋은 사례이다. 아버지의 한국전 참전을 본 아들 지미 밴 플리트는 자원하여 6·25전쟁에 참전하였으며, 폭격기 조종사로 활동하였다. 그러나 1952년 4월 4일 압록상 남쪽 순천 지역을 폭격하기 위해 출격하였던 지미 밴 플리트는 김포비행단 교신을 마지막으로 실종되었다. 오전 미 제5공군 사령관으로부터 수색작전을 실시하고 있다는 보고를 받은 밴 플리트는 적지에서 수색작전을 벌이는 것이 더 많은 희생을 불러올 것으로 판단하고 작전을 중단시켰으며, 계획되어 있던 한국군 2군단의 창설식을 주관하였다. 행사에 참석한 한미 장성들은 추후 자신이 아끼던 아들의 죽음을 알고도 공식 일정을 아무런 내색 없이 치른 장군의 자세에 놀라움을 표했다.[23] 우리는 〈표-1〉에서 보는 바와 같이 밴 플리트 장군과 아들 밴 플리트 Jr.의 서신을 통해 군의 지도자와 자녀가 어떠한 정신을 가지고 있는가를 엿볼 수 있는데, 이러한 지도층의 가치와 정신이 미국이라는 다민족 국가가 강력한 국가체제를 유지하는 근간이 되고 있음을 알 수 있다.

〈표-1〉 밴 플리트 장군이 전사자 가족에 보낸 서신과 벤 플리트 장군 아들의 서신

> "모든 부모님이 저와 같은 심정일 것이라고 생각합니다. 우리의 아들들은 나라에 대한 의무와 봉사를 다하고 있습니다. (중략) 벗을 위해 자신의 삶을 내놓는 사람보다 더 위대한 사람은 없습니다."
>
> - James Alward Van Fleet
>
> "사랑하는 어머니에게, 눈물이 이 편지를 적시지 않았으면 합니다. 어머니, 저는 지원해서 전투비행 훈련을 받았습니다. B-26 폭격기를 조종할 것입니다. 저는 조종사이기 때문에 기수에는 폭격수 옆에는 항법사 후미에는 기관총 사수와 함께 있습니다. 아버님께서는 모든 사람이 두려움 없이 살 수 있는 권리를 위해 지

23) 백선엽. 『내가 물러서면 나를 쏴라; 1128일의 기억』(중앙일보, 2011), 49쪽.

금 한국에서 싸우고 계십니다. 드디어 저도 미력한 힘이나마 아버님께 힘을 보탤 시기가 도래한 것 같습니다. 어머니, 저를 위해 기도하지 마십시오. 그 대신 미국이 위급한 상황에서 조국을 수호하기 위하여 소집된 나의 승무원들을 위해 기도해주십시오. 그들 중에는 무사히 돌아오기만을 기다리는 아내를 둔 사람도 있고, 애인이 있는 사람도 있습니다. 저는 최선을 다할 것입니다. 이것은 언제나 저의 의무입니다."

- James A. Van Fleet Jr.

*출처 : 『선데이저널』, "6·25전쟁 71주년 특집 3"(www.sundayjournalusa.com). 2021. 6. 30. 보도 기사.

드와이트 아이젠하워 미국 제34대 대통령과 그의 아들 존 아이젠하워 소령의 이야기도 우리가 기억할만한 사례이다. 제2차 세계대전의 영웅이면서 대통령 후보로 출마한 아이젠하워는 대통령으로 당선된 이후 미8군을 방문하여 보고를 받던 중 6·25전쟁에 참전하고 있는 아들 존 아이젠하워 소령을 후방으로 이동해주기를 원하면서 다음과 같은 이야기를 하였다. "내 아들이 혹시 전투 중에 전사한다면 그것을 가문의 영예로 받아들일 것이나, 만약 아들이 포로가 된다면 적이 아들을 인질 삼아 미국과 흥정하고자 할 것으로 보입니다. 나는 이러한 상황이 되면 국가이익을 선택할 수밖에 없습니다." 이러한 이야기를 들은 아들 존 아이젠하워는 "만약 내가 적군의 포로로 잡히면 스스로 목숨을 끊어 아버지와 국가에 걸림돌이 되지 않겠다."라는 이야기를 하였다.[24] 이러한 아이젠하워 부자간의 이야기를 볼 때, 명문가의 아들이지만 특권을 누리기보다 자신의 의무를 다하기 위해 전쟁에 참여하는 미국의 젊은이와 공적인 가치를 우선으로 하는 최고지도자의 자세와 정신을 볼 있다.

필리핀의 피델 라모스 전 대통령의 사례도 귀감이 될 수 있다. 라모스 대통령은 마르시소 라모스 전 필리핀 외무장관의 아들로 태어났으며 미국 육군사관학교를 졸업하고 일리노이대에서 건축공학 석사 학위를 받은 고위층 자제이다. 그는 전쟁에 참여할 의무가 없음에도 불구하고, 필리핀군에 자진 입대해 6·25전쟁

24) KBS, "6·25전쟁 30주년 특집방송", 1980년 6월 24일 방송. 검색일: 2022. 10. 3.

에 참전하였으며, 필리핀군 제20대대 수색 중대 소대장으로 1952년 5월 강원 철원의 '이어리(Eerie) 고지'에서 벌어진 중공군과의 전투에서 전공을 세워 이승만 대통령으로부터 부대 표창을 받았다.

프랑스의 몽클라르 중장은 제1차 세계대전에 참전했고, 제2차 세계대전 당시에는 외인부대를 지휘했다. 망명 자유프랑스군을 이끌며 무장 저항운동을 했던 대표적 인물이다. 랄프 몽클라르(Ralph Monclar)는 이때 사용한 암호명이다. 그는 수많은 전투에서 전후방을 가리지 않고 싸워 18번이나 전상을 입었으며 18개의 훈장을 받았다. 그는 6·25전쟁 발발 소식을 듣고 파병부대 지휘관에 자원했다. 그러나 그의 최종 계급은 육군 중장이었고 파병부대는 대대급이었다. 1950년 당시 북한의 불법 남침에 유엔회원국들이 공동 대응하기로 했을 때, 프랑스는 2차 대전의 참화에서 아직 회복하지 못한 데다, 인도차이나에서 호찌민과 구엔 지압이 이끄는 북베트남군을 상대로 전쟁을 치르는 중으로 파병부대를 구성하고, 지휘관을 임명할 수 없는 상황이었다. 그 상황에서 몽클라르 장군은 중령으로의 강등을 자청하며 파병대대를 이끌고 전쟁에 참전함으로써 프랑스는 상임이사국으로써 국제적 위신과 우방국과의 관계를 유지할 수 있었다. 몽클라르 중령은 출정을 앞둔 어느 날, 임신 중이던 아내에게 그는 다음과 같은 말을 남겼다고 한다. "나는 언제나 전장에서 살아왔소. 나는 곧 태어날 자식에게 아버지가 유엔군으로 자유를 위해 참전했다는 자랑스러운 기억을 물려주고 싶소."

인류 역사를 통해 볼 때 강대국의 지속적인 발전 이면에는 국민의 애국심, 지도층의 노블레스 오블리주가 명확하게 자리 잡고 있으며, 그렇지 못한 나라의 경우 지도층이 의무를 회피하고 국민은 국가보다 개인을 생각하는 경우가 많은 것을 볼 수 있다. 이러한 사례는 최근 국제사회에서도 심심치 않게 나타나고 있는데 아프가니스탄 이슬람 공화국의 패망과정에서 보여준 지도층의 모습, 우크라이나와 러시아 전쟁에서 러시아 젊은이들의 징집 회피 모습과 전쟁에 참여하기 위해 자국으로 달려가는 우크라이나 국민의 모습 등을 보면 국력의 원천은 결국 지도층과 국민의 애국심이 그 바탕이 된다는 것을 알 수 있다.[25]

---

25) 아프가니스탄 이슬람 공화국이 미군 철군과 함께 맥없이 무너져 내린 데에는 군사적 역량 부족보다 지도층의

Ⅳ. 「국제보훈」의 시행과 미래 발전 방향

1. 「국제보훈」 시행 배경과 정책 프로그램

국가보훈처가 2020년 3월 24일 「유엔 참전용사의 명예선양 등에 관한 법률」(법률 제17117호)을 제정하여 유엔 참전자와 참전 국가를 위한 지원정책을 명문화한 것은 자국민의 애국심과 공동체 의식 함양을 목적으로 하는 보훈(報勳; National Merit Reward) 정책의 속성에서 보면 상당히 이례적인 일이다. 대한민국에서 다른 나라에서는 찾아볼 수 없는 보훈정책인 국제보훈은 국가보훈처의 독립적 정책이면서 한편으로는 인적네트워크와 공동의 사회·문화적 공감대를 통해 국가이익을 추구한다는 점에서 공공외교의 일종으로도 볼 수 있다. 국제보훈은 기본적으로 6·25전쟁에 참전했거나, 6·25전쟁과 이후 전후 복구를 지원하였던 관련국을 중심으로 하는 외교적 활동을 말하며, 당사국 정부뿐만 아니라 일반 국민, 관련 단체 및 기구 등도 주요한 정책대상으로 하고 있다.

국제보훈의 시행 목적은 일상적인 커뮤니케이션이나 전략적 커뮤니케이션을 통해 6·25전쟁 참전국들과의 상호적 유대관계를 강화하고, 중장기적으로는 계획된 6·25전쟁 참전 행사를 위한 방문 프로그램이나 국제학술회의 등을 통해 관련국과 우호적 네트워크를 형성·유지하는 것이다(형시영 외, 2015: 21-23). 그런데 이러한 국제보훈 활동이 다른 공공외교와 차별되는 점은 공공외교가 해당국의 지지를 얻기 위해 각국의 인적네트워크 구축에 주력하고 있지만, 국제보훈은 전쟁이라는 매개를 통해 연결된 각국과의 인적네트워크를 기반으로 참전국 및 국민과의 우호적 관계를 형성하고 이를 통해 대한민국에 대한 지지와 안보협력 관계를 돈독히 하고 있다는 점이다. 특히 국가보훈처가 6·25전쟁 60주년 슬로건으로 사용한 "도움을 받던 나라에서, 도움을 주는 나라"는 보훈 분야뿐만 아니라 우리나라의 대표적 외교 구호로 활용되고 있으며, 이를 통해 '전쟁', '분단'

자세에 있다는 것이 중평이다. 나라를 지키기보다 자신의 안위를 위해 돈다발을 들고 아프가니스탄을 탈출한 '아슈라프 가니' 대통령의 모습은 이러한 것을 적나라하게 보여주고 있다(《조선일보》, 2021년 8월 22일자 보도기사).

을 기억하고 있는 세계인에게 대한민국에 대한 인식을 재정립하는 한편, 대한민국이 도움을 잊지 않고 관련국에게 감사를 표하는 나라, 세계평화에도 기여할 수 있는 국가라는 믿음을 준 것으로 평가되고 있다.[26]

국제보훈 프로그램은 대한민국의 경제역량이 높아지고, 국제협력관계가 증진됨에 따라 변화하는 것을 볼 수 있다. 현재 국제보훈 프로그램을 1975년도부터 시행한 유엔 참전용사 재방한 사업의 연장선상에서 보는 관점도 있으나 국제보훈이 정책으로서 모습을 갖추게 된 것은 2000년 '6·25전쟁 50주년 사업' 시행 이후로 볼 수 있다.[27] 2000년대 이전 대내적 보훈 대상 중심의 정책을 시행하는데 그쳤던 정부는 참전국 및 참전국 참전단체와의 교류 활동이 증가하고 국력 신장 등에 힘입어 참전국에 대한 지원역량이 구축되자 북한 핵 문제 해결, 2002년 월드컵의 안정적 개최, IMF 극복 이미지 제고 등의 목적을 담아 참전군인의 초청을 확대하고, 이를 위한 다양한 프로그램을 마련하였다. 2009년 출범한 정부도 '실용외교' 및 '대외협력 강화'라는 정책 기조와 한미관계 개선 필요성 등에 의거 다양한 분야의 외교협력 활동을 활발하게 전개하였으며, '6·25전쟁 60주년 사업'을 국제협력관계 증진에 활용하였다.[28] 또한 2010년부터 2013년까지 추진하였던 60주년 사업이 성공적으로 수행된 이후에는 이러한 성과를 유지하기 위해 2014년 국제협력 조직의 신설을 시작으로 2018년 "유엔참전용사의 명예선양 등에 관한 법률" 등을 제정하였고 다양한 명칭으로 불리던 참전국 업무를 국제보훈이라는 용어로 통일하고 정책 프로그램도 체계화하였다. 국제보훈의 목적을 구현하기 위해 현재 시행되고 있는 정책 프로그램은 "유엔 참전용사에 대한 감사 및 선양", "참전용사 후손 및 미래세대와의 연계", "국제보훈 기반 구축", "국제보훈 협력 거버넌스 활성화" 등 4가지 유형이며 주요 사업은 아래 〈표

---

26) 도움을 준 국가에 감사하는 한편 우리가 받은 도움을 세계인들에게 돌려주겠다는 슬로건은 대한민국을 상징하는 구호가 되었다(6·25전쟁 60주년사업위원회, 2011: 235, www.koreanwar60.go.kr).

27) 한국정책학회에서는 2020년 정책연구 최종보고서("미래를 대비한 국제보훈 사업의 발전방향 연구")에서 국제보훈의 등장 배경을 국제협력사업이 활발해짐에 따라 등장한 개념으로 정의하였다(국가보훈처, 2020, 13쪽).

28) 2002년도부터 2003년까지 시행한 6·25전쟁 50주년 기념사업은 그간 맺어진 유엔참전국과의 관계가 보다 구체화되고 성장하는데 크게 기여하였다. 당시 16개 지원국과 스칸디나비아 3국(노르웨이, 스웨덴, 덴마크)을 중심으로 하는 의료지원국과의 교류가 구체화 되면서 참전용사뿐만 아니라 손자녀들과의 교류 협력이 이루어지게 되었다(국가보훈처, 2011, 703-704쪽).

-2>에서 보는 바와 같다.

<표-2> 국제보훈 사업 프로그램 명칭 및 내용

프로그램 명칭	추진목적	내 용
UN참전용사 재방한 사업	국제적 신뢰관계 증진 및 선린외교의 가교	UN참전용사를 초청 대한민국의 발전상 홍보 및 감사의 마음 전달
UN참전국 현지 감사 및 위로행사	참전국 현지 행사 지원을 통해 선린관계 유지	참전국 참전단체 및 공관장 주최 각종 위로행사 시행 및 관련단체 자체행사 지원
UN참전국 청소년 평화캠프	미래세대에 대한 협력관계 구축	UN참전국 후손 초청, 대한민국 소개 및 우리나라 청소년과 교류관계 증진
UN참전국 후손 장학사업	UN참전국 후손지원을 통해 우호세력 구축	공무원 봉급 우수리 모금 등을 통해 UN 참전국 중 저소득국가 자녀 장학금 지원
턴투워드 부산	UN참전국·참전용사에 대한 감사 표시, 역사의식 제고	11. 11일 부산 유엔기념공원 방향으로 묵념, 안장자 가족 초청 행사 실시 등
국제보훈 워크숍 개최	보훈선진국과 정책교류 활성화로 정책역량 강화	보훈선진국 및 UN참전국과 정책교류를 통해 국제협력 기반 구축 및 역량 강화
UN참전국 참전사 편찬	UN참전국별 참전사 발간으로 관련국 이해 도모	UN참전국에 대한 일반현황 및 6·25전쟁 주요전투 등을 소개하여 관련국 이해 도모
참전국 해외의료 봉사활동 지원	참전 국민의 의료 활동 지원을 통해 우호증진	매년 2개 저소득 참전국에 대한 의료 활동 지원을 통해 참전국과 우호증진에 기여

* 출처 : 국가보훈처, 『보훈 50년사』(2011. 12), 『보훈연감 2021』(2021. 12).

2. 「국제보훈」의 성과와 미래 발전 방향

국제보훈정책의 성과를 평가하는 것은 국가 간 교역이 증가하거나, 방문 횟수가 증가하는 등의 유형적 요소뿐만 아니라 무형적 요소인 참전용사와 참전국 국민과의 감성적 교류가 중요하다는 점에서 정확한 성과를 평가한다는 것은 한계가 있지만 아래 <표-3>, <표-4>에서 보는 바와 같이 현재 프로그램의 중추적 역할을 하는 '유엔참전용사 재방한 사업'과 '유엔참전국 현지 감사 및 위로 행사'에서의 참전자 증언을 살펴보면 정책의 성과를 어느 정도 가늠해 볼 수 있다.[29)]

29) COVID-19로 잠정 중단된 재방한 행사의 초청대상은 참전한 병력 규모와 비례하며, 참전용사와 동반 가족을 초청하되 참전국의 경제 상황 등을 반영하여 전액 지원과 일부 지원 방식을 병행하고 있다. 현재까지 국가보훈처가 초청한 대상자는 총 19,402명이다(국가보훈처, 2021, 348쪽).

〈표-3〉 랭글 미 하원의원의 증언

“나는 한국전쟁에서는 미 2사단의 흑인으로만 구성된 503야전포병대대에 배속돼 싸웠다. 미군이 부산, 낙동강, 38선, 평양 그리고 압록강까지 진격하자 전쟁이 끝났다고 생각했다. 그때 중공군이 개입했다. 1950년 11월 말 미 2사단은 중공군에 점차 포위됐고 강력한 공격을 받았다. 사흘 밤낮을 나팔을 불어대며 중공군은 우리를 밀어붙였다. 엄청난 사상자가 발생했다. 폭탄 파편에 등 부위를 다쳤고, 그 충격으로 진창에 빠졌다. 동료 시신 사이에서 죽은 체하며 하나님께 기도했다. ‘살려주신다면 어떤 잘못도 하지 않고 살아가겠다’고, 그리고 기적적으로 살아났다.“[30]

〈표-4〉 참전자의 증언[31]

”그는 ‘어느 순간부터 적군이 사람으로 보이지 않았다’ 하면서 젊은 시절 경험한 밑바닥 감정을 털어놓았다. 오랫동안 묻어뒀던 잊고 싶은 기억을 헤집어 내는 참전용사들의 표정은 밝지 않았다. 취재를 하면서 ‘만약 내가 같은 나이에 그런 충격적 경험을 했다면?’ 하고 되물을 때가 많았다. “나는 낯선 코리아에 와서 영혼에 큰 상처를 입고 돌아왔다. 그러나 오늘 이렇게 한국에 와서 한국의 발전된 모습을 보니 내가 한국인의 자유를 위해 싸운 것이 결코 헛된 것이 아니었다는 것을 알았고, 비로소 영혼의 상처가 아무는 것을 느꼈다.”고 답변하였다.

- 미국 인디애나주의 스탠 벤더

“나는 소대장으로 강원도 철원지구 전투에 참전하였다. 1952년 작전을 위해 이동하던 중 피를 흘리며 쓰러져 있는 국군 병사를 발견하였다. 이 병사는 응급처치를 받는 과정에서 가슴 속에 붉은 피로 물든 태극기를 꺼내 나에게 주었다. 나

30) 미 뉴욕시 연방 하원의원으로 22선이다. 미 의회 내 지한파 대부로 불리며 2009년 ‘한국전 참전용사 인정법안’ ‘한국전 납북자 송환 결의안’ 등을 발의하였다(《중앙일보》, 2021년 12월 3일 보도기사).

31) 육군본부와 국방부는 대한민국을 방문한 다수 참전자의 인터뷰 결과를 정리하여 기록으로 남기고 있다(육군블로그 아미누리: https://armynuri.tistory.com/m/166, 검색일 2022. 10. 12).

는 내 자녀들에게 종종 이 태극기를 보여주면서 한 나라의 국기가 얼마나 소중하고 신성한 것인지를 가르쳤다. 오늘 대한민국을 방문하고 당시 나에게 보여주었던 그 병사의 정신이 오늘의 대한민국을 만들었다는 것을 알 수 있었다."

- 텍사스주 로버트 슬로트

국가보훈처는 지속적인 국제보훈 프로그램 개발을 통해 많은 성과를 거두었다. 그러나 최근 3년 동안 COVID-19로 인해 국제적 교류가 어려운 상황에서 참전용사의 평균나이가 92세를 넘기고 있어 정책의 변화가 되었다. 특히 국제보훈 프로그램의 중심적 역할을 하고 있는 인적네트워크 기반 사업은 현재와 같은 방식으로 이어가는 것이 매우 어려운 상황이 되었다. 또한 최근 세계화, 자유무역주의를 기반으로 하는 국제질서가 탈세계화, 자국중심주의, 보호주의 등으로 변화하고 있는 상황에서 미·중의 갈등은 미국을 중심으로 하는 국가와 중국·러시아를 중심으로 하는 세력으로 양분되는 현상을 만들어 내고 있어 이러한 진영대결도 고려해야 하는 상황이 되었다(박재완, 2020: 87). 따라서 앞으로 국제보훈의 목적을 달성하기 위해 정책 프로그램을 어떻게 변화·발전시켜야 할 것인지에 대한 고민이 필요하다. 이러한 관점에서 향후 국제보훈의 효과성 증진을 위해 고려해야 할 사항은 크게 세 가지로 볼 수 있다. 우선 국제보훈의 대상을 참전용사에서 참전국 국민으로 전환하여야 한다. 국제보훈은 6·25전쟁에 참전한 국가 및 참전용사들과 상호적 유대관계를 강화하고 계획된 각종 프로그램을 통해 형성된 우호적 네트워크를 통해 국제사회에서 한국 정부와 국민의 이익을 증진하는 것을 목적으로 하는 것이다. 따라서 유엔 참전용사의 헌신과 참전국에 감사하는 활동 등에 머물지 말고 유엔참전국 정부, 참전군인, 참전군인의 자녀, 민간단체 등과의 우호적 네트워크를 강화함으로써 참전용사의 사후에 대비하는 한편 안보협력 관계 증진에도 기여하는 방향으로 정책을 확장하여야 한다. 두 번째, 그간 단편적 행사 중심의 사업은 최소화하고, 지속적이고 실질적인 프로그램을 발전시켜야 한다. 실례로 젊은이들이 선호하고 있는 기술 발전에 따른 랜선 방식의 체험프로그램 개발, 국내외 군사박물관 네트워크와 아카이브 결합 등을 통한 문화적 변화에 부합한 프로그램 운용 등이 필요하며, 우리의 국력과 경제력을 활용하여 후손에서 실질적 도움을 줄 수 있는 방안을 강구하고 확대할 필요가 있다. 세 번째, 국제보훈이 단순히 참전국만이 아닌 우리 국민을 위한 정책 목적도 가지고 있음을 고려하여 나라사랑 정책과 연계함으로써 우리 국민에게 대한민국이 추구하는 가치와 정체성에 대한 이해를 도모하는 한편, 홍익인간의 건국이념 구현 차원에서 부처 간 협력을 통한 다양하고 실효적 정책 개발에도 노력해야 할 것이다.

V. 결론

조지 워싱턴(George Washington) 미국 초대 대통령은 "젊은이들이 전쟁에 기꺼이 나가는 것은 그 전쟁이 정의롭기 때문만이 아니고 이전에 전쟁에 나갔던 사람들이 국가로부터 어떠한 예우를 받았는지 보았기 때문이다."라고 언급하였다(김종성, 2012). 짧은 문구이지만 국가보훈의 속성과 목적이 무엇인지를 정확하게 정의한 문장이라고 생각된다. 국가보훈은 국가와 공동체를 유지하기 위한 고도의 정치 행위로서의 목적을 가진다. 이런 이유로 국가보훈정책은 자국민을 대상으로 하는 것이 일반적이다. 그러나 대한민국의 경우 국가의 위기에서 각국에서 파병된 198만여 명의 장병과 127만여 명의 국군이 함께 전쟁을 치름으로써 나라를 지켜냈으며, 이 과정에서 4만여 명이 넘는 외국의 젊은이가 생명을 잃었다. 또한 2,300명이 넘는 장병들이 아직도 '재한부산유엔공원'에 잠들어 있으며 당시 맺은 정전협정은 현재진행형인 상황이다. 한반도의 역사를 보면 외국군과 협력하여 국가를 지켜 내거나 번영을 이룩한 예는 그리 많지 않다. 과거 통일신라 건국에 기여한 나·당 연합군이나 임진왜란의 명나라 지원 등의 경우 1차적 목적 달성에는 성공하였지만, 또 다른 분쟁으로 이어지거나 약탈 행위 등으로 우리에게 피해를 주었다. 그러나 6·25전쟁에 참전한 국제연합군의 경우 대한민국의 수호뿐만 아니라 재건과 발전, 국제협력 관계를 구축하는데 필요한 많은 것을 제공하였다. 정치·경제·사회적으로도 이들의 지원이 없었다면 절대왕정(絶對王

政, absolute monarchy) 시대의 봉건주의적 사회제도와 경제체제를 탈피하고 현대국가로 진행하는데 상당한 기간이 걸렸을 것이며 오늘날과 같은 자유민주주의와 시장경제에 기반한 현대국가로의 모습을 갖추지 못했을 수도 있다. 인류의 역사를 통해 볼 때 이러한 국제적 협력관계가 맺어지고 이어지는 것은 대한민국을 제외하고는 찾아보기 힘든 사례이다. 따라서 우리가 이에 대해 감사를 표하고 참전국 및 참전국 국민과 우호적 관계를 유지하는 노력을 기울이는 것은 당연한 일이라 할 수 있다.

그간 국제보훈은 지난 30여 년 동안 참전국과 6·25전쟁을 매개로 하는 인적네트워크의 차별성에 기초하여 매우 독특하면서도 효과적인 외교협력 관계를 맺고, 참전용사를 초청하는 등의 각종 프로그램을 통해 국제사회의 신뢰를 쌓았지만 최근 국제질서의 변화와 참전용사의 노령화는 새로운 정책의 필요성을 증가시키고 있다. 따라서 국제보훈은 현재 우리가 거둔 성과를 바탕으로 참전용사뿐만 아니라 참전국 국민을 대상으로 하는 정책으로 변화가 필요하며, 이에 적절한 프로그램을 개발할 필요도 있다. 그리고 국제보훈이 단순히 참전용사와 참전국만을 위한 것뿐만 아니라 우리 국민에게 과거를 정확하게 인식함으로써 현재를 이해하고 미래에 대비하도록 하기 위한 정책 목적도 함께 가지고 있다는 점을 인식하여 국민에게 필요한 이야기를 전해야 한다. 현재 대한민국은 내부적으로 소모적 이념논쟁을 통해 대한민국이 가지고 있는 정체성과 지향가치를 모호하게 만들거나, 한미동맹을 비롯한 국제협력 관계를 자주적 안보 역량을 저해하는 요소로 오인하는 일이 벌어지고 있다. 이는 어떠한 과정을 거쳐 오늘의 대한민국이 만들어졌으며, 우리가 누리고 있는 경제적 번영을 이룩하는데 얼마나 많은 국제사회의 지원이 있었는지를 잊었기 때문이다. 특히 국제적 협력관계 유지는 과거의 역사적 상황이 아니고 신냉전과 재블록화가 일어나고 있는 현재의 국제질서 속에서 우리의 생존을 담보할 수 있는 매우 중요한 과제이다. 따라서 향후 추진될 국제보훈 프로그램은 이러한 환경변화를 잘 받아들여 국제사회의 협력관계를 공고히 하는 동시에 참전국 국민과의 관계를 증진하는 데 노력을 집중해야 할 것이며, 우리 국민에 대한 교육도 프로그램 범주에 포함해야 할 것이다. 병행하여 우리의 국력 신장에 따라 세계인의 기대도 높아지고 있는 상황에서 세계인이 보여준 인류애와 인도주의의 소중함을 인식하고 우리도 이러한 자세와 마음가짐으로 세계인들에게 도움을 줌으로써 홍익인간의 이념을 하도록 노력해야 할 것이다.

참고문헌

국가보훈처. 2017. 「2016년 국가보훈처 나라사랑의식 조사 결과」.

_________. 2018. 「국민중심 보훈혁신위원회 연구결과」. 세종: 국가보훈처.

_________. 2021. 「국가보훈처 2021년 업무보고」. 세종: 국가보훈처

_________. 2015. 「광복 70년, 분단 70년 마감에 기여하는 명예로운 보훈 추진계획」.

국방부. 2014. 『6·25전쟁 60주년 사업결과보고서』. 서울: 국방부.

김종성. 2012. 『보훈의 역사와 문화』. 서울: 국학자료원.

마가렛 히긴스. 2009. 『자유를 위한 희생』. 이현표 역. 서울: KORUS.

반길주. 2021. "냉전과 신냉전 역학 비교; 미·중 패권경쟁의 내재적 역학에 대한 고찰을 중심으로." 『국제안보와 전략』, 21(1).

백선엽. 2011. 『내가 물러서면 나를 쏴라; 1128일의 기억』. 서울 : 중앙일보.

성낙인. 2011. "헌법과 국가정체성." 「서울대학교 법학」. 52(1).

손규석·조성훈·김상원. 2015. 『6·25전쟁과 UN군』. 서울: 국방부 군사편찬연구소.

송복. 2011. "한국사회와 노블레스 오블리주; 고위층은 있으나 상류사회가 없다." 부산포럼.

엄상윤. 2010. 「21세기 한국정치사회의 갈등 구조와 양상: 한국적 '이중 딜레마'와 정책노선 갈등의 양극화·치열화. 『세종정책연구』, 6(2).

양영조. 2004. 『6·25전쟁사 제1권; 전쟁의 배경과 원인』. 서울: 국방부군사편찬연구소.

______. 2011. 『알아봅시다. 6·25전쟁사』. 서울: 국방부군사편찬연구소.

원호처. 1981~1983. 『원호행정연보』. 서울: 원호처.

예종석. 2006. 『노블레스 오블리주』. 서울: 산림출판사.

정철영. 2004. "남북간 군사적 합의와 한국정전협정의 효력." 『성균관법학』 제16호. 477-503쪽.

조성훈·손규석·박종상·박동찬·이상호·배안석·이근석·김현기. 2017. 『6·25전쟁 주요 전투』. 서울: 군사편찬연구소.

송호정. 2019. 『한국사』. 파주: 지학사.

한국정책학회. 2020. 『미래를 대비한 국제보훈 사업의 발전방향 연구』. 세종: 국가보훈처.

Kimon Skordiles, 2015. *KAGNEW : The Story of the Ethiopian Fighter in Korea.* 송인엽 옮김. 『걍뉴: 에티오피아 전사들의 한국전쟁 이야기』.

국가기록원. 2022. 「한국과 유엔」(www.theme.archives.go.kr). 검색일: 2022. 10. 5.

국가보훈처 홈페이지(https://www.mpva.go.kr/mpva/index.do.). 검색일: 2022. 10. 6.

《경제포커스》.(www.economyf.com/news). 2019. 10. 16. 보도기사. 검색일: 2022. 10. 6

두산백과(www.terms.naver.com/). 검색일: 2022. 10. 2.

법무부(www.moj.go.kr). 법령정보센타, 검색일: 2022. 10. 2.

육군블로그 아미누리(www.armynuri.tistory.com/m/166). 검색일: 2022. 10. 12.

《이코노미21》(www.economy21.co.kr) 433호. 2015. 9. 19. 보도기사. 검색일: 2022. 10. 5.

《조선일보》(www.chosun.com). 2018. 3. 12. 보도기사. 검색일: 2022. 10. 6.

《중앙일보》(www.joongang.co.kr). 2021. 12. 2. 보도기사. 검색일: 2022. 10. 5.

KBS. "6·25전쟁 30주년 특집방송" 1980. 6. 24. 방송. 검색일: 2022. 10. 3.

제3부

시민의 정치참여와 민주정신

CHAPTER 5

독립·호국·민주화에 나타난 보훈정신과 역사적 승계

4·19혁명과 민주정신: 전통 속의 시작과 보존

홍원표

자유 이념과 새로운 시작의 경험이 일치해야 한다는
사실은 근대 혁명을 이해하는 데 매우 중요하다.
아렌트, 『혁명론』

Ⅰ. 서론: 새로운 시작을 조명하며

1987년 헌법 전문은 "유구한 역사와 전통에 빛나는 우리 대한국민은 3·1운동으로 건립된 대한민국 임시정부의 법통과 불의에 항거한 4·19민주이념을 계승하고 ···"로 시작된다. 3·1운동은 정치적 삶을 상실한 우리 민족의 공통된 의지를 드러낸 숭고한 집단적 저항행위다. 제3-4공화국 헌법 전문에는 "4·19의거와 5·16혁명의 이념"을 명시한다. 제5공화국 헌법 전문에 '4·19의거'는 삭제되고 **제5민주공화국**으로, 제6공화국 헌법에서는 **4·19민주이념**으로 대체되었다.[1] 고귀한 정치행위를 지칭하는 용어인 '의거'는 두 헌법 전문에서 삭제되고 '4·19'를 '혁명'으로 규정하는 문구는 어디에도 드러나지 않는다.

그러나 「국가유공자 등 예우 및 지원에 관한 법률」(약칭: 국가유공자법, 시행 2021. 10. 21) 제4조(적용 대상 국가유공자) 제11∼13항은 4·19혁명사망자, 4·19혁명부상자, 4·19혁명공로자를 국가유공자로 규정하고 있다.[2] 헌법 전문에 규정하지 않았지만, 「국가유공자법」에서는 4월 19일의 정치적 사건을 '혁명'

1) 서희경, "한국 헌법의 정신사", 『정치사상연구』 제17집 1호(2011년 5월), 33-58쪽.
2) 법제처 국가법령정보센터, 「국가유공자법」(2021년 12월 2일).

으로 규정한다. 현재 상황에서도 헌법과 하위법 사이의 괴리는 특정한 역사적 사건에 대한 이해의 충돌을 드러낸다. 이는 정치 문법과 헌법이론 사이의 인식 차이에 불과한가? 필자는 이런 문제의식에서 "2·28 '민주운동'으로 시작되어 3·15 제1차 '마산의거'와 4·11~13 제2차 '마산의거'로 확대되고 '4·19혁명'"[3]으로 발전한 정치적 사건의 의미를 고찰한다.

이승만 대통령은 1952년 7월 4일 부산정치파동을 통해 대통령 직선제를 골자로 하는 개헌안을 통과시켰다. "《런던 타임스》가 '한국에서 민주주의를 바라는 것은 쓰레기통에서 장미꽃이 피기를 바라는 것과 같다'라고 한 것이 바로 이때다."[4] 그러나 1960년 《런던 타임스》(4월 27일)는 「반역 정권 사라지다」라는 기사를 실었다. "대한민국 소동은 1956년의 헝가리만큼 크나큰 것이며", 소련군의 막강한 군사력으로 12일 만에 좌절된 1956년 헝가리혁명과 달리 "한국 정부는 경찰과 기관총의 화력으로써 국민을 해체하려고 노력했으나 실패했고, 이제 그 반대로 국민이 정부를 해산했다."[5] 영국 기자는 이 기사에서 4·19혁명의 역사적, 정치적 의미를 확연히 드러냈다. 즉 그는 한편 12일 동안 진행된 12년 공산정권의 붕괴와 복구, 다른 한편 12년의 이승만 권위주의 독재와 혁명의 성공을 대비시켰다. 함석헌은 세계의 언론 보도를 주목하며 4·19혁명을 정치적 생명의 시작으로 묘사했다.

> "4·19혁명이 일어났을 때 우리 국민 전체는 말할 것도 없고 전 세계의 이목이 얼마나 놀라고 얼마나 감격했던가. 왜? 무엇 때문인가. 그 1천년 학정과 일제 36년의 학대와 4년의 참혹한 전쟁으로 찢기고 밟히고 병든 민족의 가슴을 뚫고 올라오는 자유의 새싹이 너무도 싱싱하고 아름다워서 아니었나."[6]

---

3) 유명철, "2·28 민주운동, 3·15 1차 마산의거와 4·11~13 2차 마산의거", 『사회과교육』, 제57집 1호(2018), 37-72쪽.

4) 유명철, 앞의 논문, 53쪽.

5) 학민사 편, 『4월혁명 자료집』(1984, 357-8); 육일회 편, 『4월민주혁명사』(1992, 279). 『사상계』 6월호는 혁명 뒤 4·19혁명 기념특집으로 출간되었다. 김삼웅, 『장준하 평전』(서울: 시대의창, 2009), 400쪽.

6) 함석헌, 『함석헌 저작집 4』(파주: 한길사, 2009). 30쪽.

4월 11일 김주열이 시위 도중 경찰의 최루탄으로 살해된 죽음은 비극의 서막이었다. 반인권적 행위는 경찰의 시신 유기에서 단적으로 드러났다. 4월 18일 시위를 평화적으로 끝내고 귀교하던 고려대학교 학생들은 경찰의 사주로 깡패들에게 집단 폭행을 당했다. 이 소식을 들은 3만여 대학생들은 4월 19일 오전 광화문과 서울시청 앞에 운집해 시위하기 시작했다. 유충렬 시경국장이 지휘하는 경무대 앞의 경찰들은 '비조직적이지만 자발적으로 참여한 학생들'을 향해 무차별적으로 발포했다. "1시 20분 무렵의 첫 발포는 공포탄 발사였으나 두 번째부터는 실탄 발사였다. 경무대 앞에서 순식간에 100명이 넘는 사망자가 나오게 되어 이날 하루 동안 183명의 인명이 희생되었다."[7)]

정치적 구악과의 투쟁으로 야기된 비극은 민주화운동의 초석이 되었기에, 혁명 참여자들의 정치 행위를 기리는 노력은 후손들의 임무다. 정치적 사건을 이야기 형식으로 재현하는 노력은 혁명 참여자들과 가족들의 고통을 분담할 수 있는 계기가 되었다. 고통 분담은 공동체에 대한 정치적 책임에서 비롯된다. "모든 슬픔을 이야기로 만들거나 이야기할 때, 우리는 모든 고통을 참을 수 있다."[8)] 따라서 고귀한 정신은 후손들의 노력을 통해 재현되어야 한다.

필자는 4·19혁명 50주년 기념 국제학술회의 발표 논문에서 몇 가지 질문을 제기하고 해답을 모색하려고 했다. 한국 민주주의 역사의 중대한 계기인 4·19혁명은 왜 그렇게 낮게 평가됐는가? 혁명 과정에서 구질서의 청산과 새 정치질서의 형성 계기는 왜 좌절됐는가? 이는 구질서의 잔재가 위력을 발휘하였기 때문인가? 아니면 혁명정신의 밝은 빛은 희미해졌기 때문인가? 역사의 간지(奸智)는 혁명 과정과 이후의 역사에도 작동하는 듯했다. 비유적으로 말하면, "포도주를 따르러 지하실에 내려갔더니, 그곳에 있는 작은 곱사등이가 내 술항아리를 잡듯이"[9)], 작은 곱사등이는 4·19혁명 이후의 역사 과정을 방해하지 않았던가! 4·19혁명은 한때 "유산혁명[10)]"이나 "좌절된 혁명"[11)] 또는 "종속자본주의적 위기 극

7) 박태순, "4·19 50년을 말한다", 《한국일보》(2010/4/1, 30). 희생자는 자료에 따라 '184명' 또는 '186명'으로 기록되어 있다. 《조선일보》(1960년 4월 22일).

8) Hannah Arendt, *Men in Dark Times*(San Diego, New York and London: Harcourt Brace Jovanovich Publishers, 1968), p. 104; 홍원표 옮김, 『어두운 시대의 사람들』(파주: 한길사, 2019), 208쪽.

9) Arendt, *Men in Dark Times*, p. 158; 『어두운 시대의 사람들』, 279쪽.

복의 문제가 혁명적으로 극복될 때까지는 미완의 혁명"[12]으로 평가됐다. 이후 논문들에서는 "세대를 넘은 단속적 계승혁명"[13]이나 "미완의 혁명"[14]으로 평가한다.

4·19혁명은 '유산'·'좌절'·'계승'·'미완'이란 표현에 나타나듯 다양한 평가를 받아왔다. 이런 용어들은 정치적 사건의 '운명'에 대한 현상적인 해석에 중점을 두지만, 정신의 계승이란 측면에서 오해를 초래할 수 있다. 특히, '미완'은 사건의 완결을 전제하고 있지만, 우리는 역사의 종말을 이야기할 수 있는가? 건국정신은 완성을 의미하는 종말이 아니라 역사 속에서 끊임없이 재현되어야 한다. 따라서 '미완'이란 소극적 표현은 현재의 시점에서는 정치적 사유를 결여한 상투어로 여겨지기 쉽다.

역사적 사건에 담긴 정신은 후세의 정치 행위를 통해서 계승되듯이, 4·19혁명의 민주정신은 새롭게 해석되고 보완되고 있다. 「국가유공자법」은 4·19혁명의 숭고한 정신을 유지하고 계승하는 법적 기반을 마련했다. 시작과 보존 정신은 전통의 두 요소다. 따라서 과거가 전통으로서 권위를 유지하려면, 과거의 사건을 재현하려는 노력이 필요하다. 역사의 퇴적층에 묻힌 귀중한 정치 행위는 자신을 빛의 세계로 드러낼 탐구자를 기다린다. "성공한 대의는 신을 기쁘게 하지만, 실패한 운동은 카토(Cato)를 기쁘게 한다."[15] 이는 역사에 대한 공평한 판단의 중요성을 강조한다. 4·19혁명의 '시작 정신'은 이후에도 끊임없이 재조명되고 재현되는 정치 행위의 지침일 것이다.

여기서는 정치현상학적 관점에서 4·19혁명을 재조명한다.[16] 제2절에서는 혁

---

10) 진덕규, "4월혁명의 정치적 갈등구조", 『4월혁명론』(서울: 한길사, 1983), 75-79쪽.

11) 고은, "그 혁명은 무엇인가?", 『4월혁명론』, 254쪽.

12) 김진균, "한국 사회 변혁론과 4월혁명", 사월혁명연구소 편, 『한국 사회 변혁운동과 4월혁명 1』(서울: 한길사, 1990), 366쪽.

13) 이완범, "4·19에서 86세대·촛불로 이어진 장기혁명", 『한국학』 제43권 1호(2020), 85-132쪽.

14) 노영기, "4·19, 왜 미완의 혁명인가?", 『내일을 여는 역사』 제66호(2017년 3월), 96-107쪽.

15) Lucan, *Pharsalia*, trans. Jane Wilson Joyce(Ithaca and London: Cornell University Press, 1993), Book Ⅰ(128), p. 8.

16) Hannah Arendt, "Totalitarian Imperialism: Reflections on the Hungarian Revolution," *The Journal of Politics*, vol. 20, no. 1(1958), pp. 5-43. 홍원표, "새로운 시작과 자유를 기리는 혁명송", 『혁명론』(파주: 한길사, 2004).

명정신의 발현을 제약하였던 구조적 요인을 고찰하고, 제3절에서는 4·19혁명 이후 더욱 깊어지는 어둠 속에서도 희미하게 빛을 발하였던 민주화운동에 드러난 혁명정신을 조명한다. 제4-5절에서는 정치적 이해의 중요성과 제도적 보완의 필요성을 밝힌다. 역사적 사건의 의미는 일상의 정치와 제도를 통한 정신의 재현에 중요하기 때문이다. 결론에서는 새로운 것만을 강조하는 우리 시대에 전통의 의미를 간단히 밝힌다.

Ⅱ. 정치 행위의 분출과 구질서의 제약

인간은 과거와 미래 사이인 '현재'에서 삶을 영위하는 시간적 존재다. 우리는 역사적 사건을 현재의 시점에서 고찰할 필요가 있다. 과거와 미래는 각기 기억과 기대를 통해 현재화되기 때문이다.[17] 프랑스혁명에서 나타나듯이, 혁명 참여자들은 구질서의 제약으로 새로운 시작에 대한 열정과 고귀한 정신을 실현하지 못하고 혁명 과정을 의도하지 않은 상황으로 몰아갔다. 토크빌이 지적했듯이, 구질서는 프랑스혁명 과정에 다른 옷을 입고 변장하여 나타났다.[18] 이러한 양상은 대부분의 혁명이 직면하는 상황일 것이다. 4·19혁명 역시 혁명 이전의 '과거'와 혁명 이후의 '미래' 구상으로부터 영향을 받았다.

3·15부정선거는 12년의 폭정을 적나라하게 드러냈다. "3·15부정선거가 실시된 이 날 밤 군중시위가 걷잡을 수 없는 상황에 이르게 되었고, 경찰의 발포 사태로 말미암아 50여 명의 사상자가 발생했다."[19] 4월 11일 김주열 시신의 참혹한 모습이 신문에 보도되자, 제2차 마산의거가 시작되었다. 약 2만 명이 시위 대열에 참여하였다. 학생들은 **"정부통령선거 다시 하라, 협잡선거 다시 하자, 이승**

17) 홍원표, "시간 개념에 대한 한나 아렌트의 성찰", 『정치사상연구』 제19집 2호(2013년 가을), 1-31쪽.
18) "강물은 일부가 지하로 흘러들었다가 상당 부분 멀리서 다시 겉으로 나타난다. 구제도의 법과 정치적 전통은 역시 상당 부분 1789년 갑자기 사라졌다가 몇 년 후에 다시 등장했다." Alexis de Toquevill, *The Ancien Régime and the French Revolution*, ed. Jon Elster, trans. Arthur Goldhammer(Cambridge: Cambridge University Press, 2011), p. 3.
19) 3·15의거기념사업회, 『3·15의거사』(마산: 휘문출판사, 2004), 622쪽; 정주신, "마신의 민주화운동 비교 분석", 『한국과 국제사회』 제3권 2호(2019 가을), 5-58쪽.

만 정권 물러가라, 이기붕을 죽여라, 학살 경관 처단하라"라는 구호 아래 관공서의 집기 등을 파괴하였다.[20] 이날의 시위는 중대한 전환점이었다. 시위대의 성명서나 담화문에 담긴 정치적 수사는 이승만 정권의 성격을 잘 드러낸다. '경찰국가적 수법', '독재정치', '민주주의의 도살', '전체주의의 표독한 전횡', '폭정', '백색 전제주의' 등의 표현에도 나타나듯이,[21] 이승만 정권은 민주주의와 다른 정치체제였다.

혁명은 왜 하는가? "정치적 악이 끝장에 올랐기 때문이다."[22] 독재정치를 종식시키려는 열정은 정치변동의 원동력이었다. 공공영역은 권위주의 체제에서 위축됐지만, 당시 고등학교와 대학교는 자유 · 민주 · 정의의 실현이란 공동 목적으로 자율적으로 연대하는 결사적 공공영역으로 바뀌었다. 최인훈의 『광장』에서 '광장'은 공공영역이다. 이 영역은 학교라는 영역에 제한되지 않았다. 학생들은 정치적 정의를 복원시키려는 열정으로 시민들에게 호소하고 지지를 얻고자 투쟁했기 때문이다. 학생들과 시민들이 모인 학교 밖의 공간은 '확장된' 공공영역이었다. 참여자들은 수천 명에서 수만 명으로 증대됐고, 시민들의 공조 능력인 권력은 가시적으로 배가되었다. 4월 19일 중앙청과 경무대 앞의 거리, 지방의 수많은 시위 공간은 한편 '시민 권력', 다른 한편 경찰의 '물리적 폭력'이 정면으로 충돌하는 전투장과 같았다.

봉기가 혁명으로 발전하는 과정을 간단히 고찰한다. 2월 28일 대구고등학교 학생들의 시위, 즉 봉기는 마산 시위, 전국 각 고등학교 학생들의 시위, 4월 18∼19일 대학생들의 대거 참여와 4월 25일 대학교수의 시국 선언으로 이어져 혁명으로 발전하였다. 이때 학생들과 시민들은 자신들의 행위를 혁명적 행위로 이해하고 있었는가? 시위 과정에서 제기된 구호로 볼 때, 이들의 참여 동기와 목표는 전적으로 '자유의 복원'과 연계된다.

경북고등학교 학생들의 결의문이 발표된 이후 각 고등학교 학생들의 호소문이나 성명서에는 '학원 자유의 수호'와 '부정선거'라는 용어나 구호가 자주 나타났

---

20) 유명철, "2·28민주운동, 3·15 1차 마산의거와 4·11∼13 2차 마산의거", 44쪽.
21) 학민사 편, 『4월혁명 자료집: 혁명재판』(서울: 학민사, 1985), 93, 75, 101쪽.
22) 함석헌, 『함석헌 저작집 3』(파주: 한길사, 2009), 196쪽.

다. 반면에, 정부 측은 담화문에서 저항행위를 '불순한 정치적 난동', '마산소요사건', '마산 폭동사건', '폭력사건' 등으로 규정했다.[23] 4월 25일 대학교수 시국선언문에도 혁명은 '4·19의거'였다. '4월 혁명'이라는 용어는 5월 19일 치른 4·19 희생자 합동위령제의 추도사, 5월 27일 유족회 선언문과 이 시기 출간된 '추도시집'[24]에 공식적으로 명백하게 표현되고 있다.

이들을 자발적으로 모이게 한 동기는 전적으로 정치적이었다. 시위대의 구호에서 나타나듯이[25], '학원의 자유 유지와 정치세력 배제', '불법선거 무효와 공명선거 재실시', '민주주의 사수', '폭력 · 살인 경찰의 배격과 처벌', '독재정권 퇴진' 등은 민주주의의 이념과 연계된다. 이렇듯 부정선거에 대한 저항은 학생들과 시민들의 자발적인 동참, 경찰의 폭력에 대응한 시민들의 저항, 그리고 제1공화국의 붕괴를 초래한 정치혁명으로 발전하였다.[26] 당시 한국사회의 상황으로 볼 때, 시위 과정에서 경제 문제와 통일 문제 등의 다양한 쟁점들이 제기될 수 있었지만, 혁명 참여자들은 일관되게 자유 확립이란 정치적 목표를 강조함으로써 혁명을 성공으로 이끄는 원동력이었다.

2월 28일부터 4월 18일까지 고등학교 학생들이 시위에 주축을 이루었고, 4월 18일을 계기로 대학생들이 중심축을 형성했다. 자유당 정권은 학교를 정치권력 획득의 도구로 활용했다. 학생들은 사인화된 권력에 저항하여 '민주학교'의 행위자로서 정치의식을 갖추었다. 시위 참여자들은 민주주의 이념을 이해한 '학생 겸 시민'으로서 정치변동의 주체였다. 따라서 우리는 혁명 참가자들이 주로 학생들이었다는 사실만으로 정치혁명의 위상을 무시할 수 없다. 시위대는 아렌트의 주장을 원용하자면 **"집행부도 없이 자유에 대한 의지에서 예기치 않게 집단적으로"**[27] 거리로 뛰쳐나와 모든 국민을 경악하게 한 독재정권의 퇴진과 새 정치질

23) 학민사 편, 「내무부장관 및 법무부장관 담화문」(1960년 4월 12일), 「이승만 대통령 담화문」(1960년 4월 15일), 「자유당 선언문: 국민에 호소한다」(1960년 4월 20일), 『4월혁명 자료집: 혁명재판』, 66, 69, 83-4쪽.
24) 한국시인협회 편, 『뿌린 피는 영원히』(서울: 춘조각, 1960). 강우식, "4·19혁명 추도시 분석", 『반교어문연구』 제11집(2000), 281-323쪽.
25) 유명철, "2·28민주운동, 3·15 1차 마산의거와 4·11~13 2차 마산의거", 47-9쪽.
26) 김영명, 『한국 현대 정치사』, 213-33쪽; 민주화운동기념사업회 편, 『한국민주주의운동사 1』, 148-157쪽.
27) Arendt, *On Revolution*, p. 249; 홍원표 옮김, 『혁명론』, 383쪽.

서의 수립을 이끌었기에, 4·19를 단순히 '봉기'로 규정하려는 논리도 정당화될 수 없다. 앞에서도 강조했듯이, 예기치 않은 자발적 집단적 저항은 혁명의 기본 특성을 함축하고 있다. 구질서의 억압기제가 작동되는 '자동화 과정'을 중단시킨 저항행위는 예기치 않게 찾아왔기 때문이다. 이렇듯 4·19혁명은 직업혁명가가 아닌 비조직화된 학생들의 "자발적 혁명"[28]이다. 각 학교 단위의 자발적 구성 조직들은 '학생평의회'로 명명되어도 무리가 없다.

그러나 학생들은 이승만 대통령 하야 이후 학교로 복귀했기 때문에, 혁명의 목표를 실현할 주체인 '학생평의회'는 대통령의 하야와 동시에 소멸된 격이었다. 혁명정부가 아닌 허정 과도정부는 혁명과업을 수행할 수많은 정치적 과제를 안고 있었다. 그 가운데 하나는 혁명의 대상인 부정부패의 청산, 즉 '4·19혁명재판'이고, 다른 하나는 새 정치질서의 수립이다. 그러나 과도정부는 3·15부정선거 책임자와 발포 책임자들을 법적으로 처벌하는 임무를 혁명재판부가 아닌 기존 법원과 검찰에 맡김으로써 "혁명적 정치개혁을 비혁명적 방법"으로 단행했다. 즉 서울지방법원 형사제일부는 10월 8일 최종 판결을 내렸다. 그러나 재판부는 "3·15부정선거를 주도한 사람들과 살인 경찰에 대한 엄격한 처벌을 요구한 당시 민심을 외면했다."[29] 이렇듯 구질서의 잔재는 여전히 작동됐다.

윤보선 대통령은 여론의 악화에 대응해 제2공화국 헌법(1960년 6월 15일) 일부를 수정했다. 특별법 제정, 특별재판소와 특별검찰부의 설치 사항은 부칙(11월 29일)에 첨가됐다.[30] 불행하게도 제2공화국 헌법 전문에는 4·19혁명을 언급하지 않은 채 "이제 민주 독립 국가를 재건함에 있어서"라고 명시했다. 제2공화국의 탄생을 가능케 했던 사건을 명시하지 않은 채 하위법, 즉 「특별재판소 및 특별검찰부 조직에 관한 법률」은 12월 30일 발표됐다.[31] 장면 정권은 시민들의

28) "헝가리혁명은 지도자도 없고, 조직화되지도 않았고 지도부의 지도도 받지 않았다. 자유 의지가 모든 행위의 원동력이었다." Arendt, "Totalitarian Imperialism: Reflections on the Hungarian Revolution," p. 8.

29) 남기현, "'경무대 앞 발포사건' 책임자 처벌 재판에 관한 고찰", 『인문과학연구』 제22집(2016), 128쪽.

30) 1960년 6월 15일 제정된 헌법 부칙에 특별법 조항을 신설했다. "이 헌법 시행 당시의 국회는 ··· 단기 4293년 4월 26일 이전에 지위 또는 권력을 이용하여 부정한 방법으로 재산을 축적한 자에 대한 행정상 또는 형사상의 처리를 하기 위하여 **특별법**을 제정할 수 있다(<신설 1960. 11. 29>). 전항의 형사사건을 처리하고자 **특별재판소**와 **특별검찰부**를 둘 수 있다(<신설 1960. 11. 29>)." 법제처 법령정보센터를 참조할 것.

31) 일원서각 편집부, 『4·19혁명론 II: 자료편』(1983)을 참조할 것.

민주화 요구에 수동적으로 대응하여 혁명과업을 처리하면서 혁명정신을 제대로 발휘하지 못했다. 특히, 심각한 문제는 장면 정권이 비극을 초래한 범죄자들에 대한 법적 처리에 소극적으로 대응했다는 점이다. "장면 총리는 혁명적 상황을 비혁명적으로 인식했다."[32]

앞에서 언급했듯이, 대부분의 연구는 혁명에 대한 비혁명적 인식이란 지적으로 당시의 상황을 압축적으로 표현한다. '혁명재판'은 왜 비혁명적이었는가? 특별재판소라는 명칭에도 나타나듯이, 정치인들은 '혁명'이란 사실을 사실 그대로 이해하지 않았다. 이는 정치적 판단 능력의 결핍인지, 아니면 구조적 제약에 따른 정치적·계산의 결과인가? 이들은 예외상황이 정치 행위의 결실이라는 의미를 법 제정에 반영하지 않았다. 특별재판소가 설치된 지 5개월 이후 5·16쿠데타가 발발하고 '특별재판소'는 '혁명재판소'로 교체된다.[33]

20세기는 "전쟁과 혁명의 세기이다."[34] 20세기 혁명들의 주요 목표는 정치 문제에서 경제 문제로 바뀐다. 즉 정치혁명은 사회혁명으로 바뀐다. 4·19혁명도 같은 운명에 놓였다. 장면 정권은 정치적 자유를 복원하고 제도화하는 혁명 목표를 성취하기도 전에 사회의 다양한 요구로 도전받았다. "혁명정신은 순수하고 정당하지만, 혁명 지지자들은 자유보다 경제적 필요로 관심을 돌렸다."[35] 새로운 자유 공간에서 수많은 단체의 다양한 요구가 분출됐다. 교원노조운동 단체들은 "경제적 약자이며 가장 고된 근로자인 ··· 진정한 교원의 권리를 찾으려"[36] 했고, 노동운동단체들은 노동자의 권익 수호를 위한 노동쟁의에 참여했다. 민족통일운동 단체들은 "민족 자주의 기치 아래 분단 조국의 조속한 평화 통일을 쟁취하는"[37] 통일운동을 주도했다. 이 단체들은 시민적 자유의 획득이나 민족통합을 당면과제로 삼았다.

---

32) 정윤재, 『정치적 리더십과 한국의 민주주의』(서울: 나남출판사, 2003), 257쪽.
33) 법제처, 국가법령정보센터, 「혁명재판소및혁명검찰부조직법」(시행 1961. 8. 24).
34) Hannah Arendt, *Crises of the Republic*(San Diego, New York, London: Harcourt Brace Jovanovich, Publishers, 1972), p. 134; 김선욱 옮김, 『공화국의 위기』(파주: 한길사, 2011), 151쪽.
35) 홍원표, "한국 민주화의 좌절과 도전에 관한 '이야기하기'", 『한국정치학회보』 제36집 2호(2002), 31쪽.
36) 사월혁명연구소, 『한국사회변혁운동과 4월혁명』(서울: 한길사, 1990). 249-53쪽;
37) 앞의 책, 326쪽.

장면 정권은 시민사회의 다양한 요구에 직면해 '경제 제일주의'[38]를 국정 목표로 삼았고, 감군정책을 제시했다. 장면 정권은 이승만 정권의 잔재를 청산하는 목표인 정군운동을 주장하면서도 청년 장교들의 요구를 수용하지 않았기에 군부의 정치 개입의 빌미를 제공했다. 군부는 결국 혁명정신을 유린했다. 혁명 목표가 정치적 자유의 확립과 빈곤 문제라는 두 가지 목표로 분산되는 상황은 참여 집단의 부분적인 자기부정으로 이어졌다. 이런 상황은 결국 반혁명 증세를 심화시키는 요인이 되었다. 즉 '자유 공간'은 자유를 부정하는 환경을 의도하지 않게 조성했다.

Ⅲ. 짙어지는 어둠을 밝히는 혁명정신

이제 혁명 과정의 좌절을 주목하며 4·19혁명의 위상을 고려한다. 이승만 대통령 하야 이후 혁명 과정이 비혁명적이었지만, 구질서의 '중단'과 새 정치질서의 '시작'을 의미하는 혁명이 자유의 확립이라는 목표를 담고 있다는 점을 고려할 필요가 있다. 혁명정신은 정치적 자유가 유린될 때마다 잠시 지하로 흐르다가 어딘가에서 갑자기 분출하는 물줄기와 같다.

정치적 자유의 회복은 4·19혁명의 대의이다. 식민지 시대 민족적 삶의 사멸, 즉 칠흑 같은 어둠을 밝히는 3·1운동은 자주독립과 건국 활동을 향한 숭고한 정치 행위의 '근원적' 시작이다. 새로운 시작의 정신은 정치적 차원에서 혁명과 건국, 헌법 제정과 연계된다.[39] 1948년 건국 헌법의 제정과 정부 수립은 자유 확립(*constitutio libertatis*)의 계기다. 삼균주의 사상에서 복국 · 건국 · 치국은 혁명의 각 단계이다.[40] 자주독립 정신은 건국과 민주주의의 실현 과정에서 정치적 권위의 근원이다.

"1960년대 학생운동은 이전의 운동을 계승하면서 이후 학생운동의 이념·성

---

38) 윤근식 · 김운태, "한국현대정치의 전개과정", 김운태 외 공저, 『한국정치론』(서울: 박영사, 1994).

39) 홍원표, "해제 에세이: 정치와 법의 관계를 어떻게 이해할 것인가?", 골도니 · 맥코르킨데일 편저, 홍원표 옮김, 『한나 아렌트, 정치와 법』(서울: 신서원, 2021), 25-124쪽.

40) 홍원표, "조소앙의 국가건설사상", 이종은 외, 『국가건설사상 Ⅱ』(일산: 인간사랑, 2006), 309-47쪽; "조소앙과 한나 아렌트의 혁명이론", 홍원표, 『한나 아렌트 정치철학』(일산: 인간사랑, 2013), 336-72쪽.

격·방향을 제시하였다."[41] 따라서 4·19혁명은 그 정신과 이념의 측면에서 이후 민주화운동에서 하나의 정치적 전통으로서 위상을 지니고 있었다. "전통은 과거를 경유하는 안내자이자 새로운 세대가 부지불식간에 세계와 자신의 경험을 묶어서 이해하게 하는 연결고리이기"[42] 때문이다. 정치 행위로서 전통은 새로운 시작과 밀접하게 연계된다. '넘겨줌'과 '증대함'이란 라틴어 '*traditio*'에서 유래한 "전통은 한 세대에서 이후 세대로 선조들의 증언을 통해 계승된다."[43] 이렇듯, 전통은 새로운 시작과 "선택적 관계"[44]를 유지한다. 새로운 시작은 반복 과정의 '중단'의 의미하고, 전통은 과거와 미래를 연결하는 매개자로서 최초의 행위와 연계되기 때문이다.

이런 전제 아래 혁명정신의 퇴조와 부활 과정을 추적한다. 이미 언급했듯이, 장면 정권은 정치적 자유와 시민적 자유라는 목표를 해결해야 하는 과제를 맡았다. 두 목표를 동시에 확보하려는 시민들은 이제 자신들의 정치 행위를 부정하는 계기를 제공했다. 과도한 정치사회적 요구는 혁명 과정의 궤도 이탈로 이어졌다. 프랑스혁명 당시 로베스피에르는 두 목표를 추구하려는 열망에서 정치적 자유를 부정한 '자유의 폭정'이란 기이한 정치체제를 만들었다.

그러나 4·19혁명의 실패 과정은 프랑스의 경우와는 다르다. 급진공화파는 혁명정신을 망각함으로써 혁명 과정을 일탈케 하였지만, 5·16쿠데타는 국가기구에 의한 반혁명이다. 박정희는 민주당 정권을 "배타 정권, 색맹 정권, 유랑 정권"으로 규정하며 "4·19학생혁명은 표면상의 자유당 정권을 타도하였지만 5·16혁명은 민주당 정권이란 가면을 쓰고 망동하려는 내면상의 자유당 정권을 뒤엎은 것이었다"[45]는 주장으로 '국가기구에 대한 일격'을 정당화했다. 박정희는 경제혁명을 명분으로 내세웠다. "5·16혁명의 본령이 민족국가의 중흥 창업에 있는

---

41) 김영국, 『민주화와 학생운동의 방향』(서울: 대왕사, 1991), 58쪽.
42) Hannah Arendt, *Between Past and Future: Eight Exercises in Political Thought*(New York: Penguin Books, 1961), p. 25; 서유경 역, 『과거와 미래 사이』(서울: 푸른숲, 2005), 40쪽.
43) Ibid., p. 124.
44) Margaret Canovan, *Hannah Arendt: A Reinterpretation of Her Political Thought*(New York: Cambridge University Press, 1992), p. 68.
45) 박정희, 『국가와 혁명과 나』(서울: 지구촌, 1997), 513쪽.

이상 여기에는 정치혁명·사회혁명 · 문화혁명 등 각 분야에 대한 개혁이 포함되지 않았던 것은 아니지만, 그중에서도 본인은 경제혁명에 중점을 두었다."[46]

"혁명정신, 즉 새로운 것을 시작하는 정신"[47]은 이미지로만 존재하고 그 정신을 왜곡시킨 '생산하는 정치'가 권력과 권위를 확보하는 명분이었다. 다원성 원리가 부정되고 효율성 원리가 공공영역의 원리로 대체됐고, '혁명'이란 명칭은 '의거'로 바뀌었다. "5·16쿠데타가 혁명을 배신하고 어린 공화국을 붕괴시키면서 ··· 쿠데타 세력은 한술 더 떠서 4월혁명에서 '혁명'을 탈취하여 5·16을 군사혁명이라고 참칭했다."[48] 함석헌의 주장대로, "조용한 혁명은 혁명이 아니라 병혁(病革)이며, 병이 혁하면 그다음은 죽는다."[49] "많은 피를 흘리고 간신히 살려낸 자유의 정신인데, 그것이 그만 폭력에 의한 독재주의로 다시 목을 졸리는 처지에 빠졌다."[50] 역설적이게도 제2공화국 헌법에는 4·19의거에 관한 문구가 빠졌고, 제3공화국 헌법과 유신헌법 전문에는 "4·19의거와 5·16혁명의 이념"을 명시하고 있다.

질식 상태의 민주정신을 부활시키려는 저항은 한·일국교정상화 반대시위, 1967년 삼선개헌반대투쟁을 통해서 나타났다. 그러나 우리 사회는 김지하의 담시 「오적」에 나타나듯이 다시 어두운 시대로 빠져들었다.[51] 정치와 정치적인 것은 심각하게 위축되었다. 이런 상황에서도 '정신혁명'과 '유신'이란 명분으로 정치적 자유를 심각하게 억압한 시기에 발생한 '민청학련사건'은 유신체제의 반민주성에 대한 저항으로서 어두운 시대를 밝힌 희미한 빛이었다.

1970년대 어둠의 세계는 '서울의 봄'으로 잠시 빛의 세계로 바뀌었다. 다시 찾아온 어둠 속에서도 상상을 초월할 정도로 분출되는 민주화에 대한 열정! 따라서 전국의 각 대학은 다시 한번 진정한 권력을 창출하는 공공영역으로 바뀌었고,

---

46) 박정희, 『한국 국민에게 고함』(서울: 동서문화사, 2006), 635쪽.
47) 아렌트, 『혁명론』, 421쪽.
48) 최원식, "4월 세대를 위한 문학적 변증," 최원식 · 임규찬 엮음, 『4월혁명과 한국문학』(파주: 창비, 2002), 6쪽.
49) 함석헌, 『함석헌 전집 4』, 198쪽.
50) 함석헌, 『함석헌 전집 3』, 197쪽.
51) "혁명이닷, 구악은 신악으로! 개조닷, 부정축재는 축재부정으로!/근대화닷, 부정선거는 선거부정으로! ··· /건설이닷, 모든 집은 와우식으로! ..." 김지하, 『오적: 김지하 담시전집』(서울: 솔, 1993), 29쪽.

학생운동권은 광주학살 책임자 처벌, 반미투쟁, 체제 부정 등 다양한 쟁점과 투쟁 양식으로 지배 권력과의 치열한 투쟁을 전개했다. 민주화는 지배 권력의 폭압적 통제로 좌절됐고, 신군부의 반인륜적 행위에 대한 정치적 분노는 폭력의 정당화와 체제 거부를 초래했다. 불행하게도, 폭력은 민주화에 대한 열망을 표출하고, 정의를 회복하는 수단이었다.

1982년 미문화원 방화사건은 광주민주화운동에 대한 미국의 방조와 묵인에 대한 저항행위였다. 1980년대 반미주의 운동은 미국이 종종 혁명전통에서 벗어나 독재정권을 지지하는 외교정책 때문에 치르는 대가였다. 1985년 5개 대학 73명의 학생은 미문화원을 점거하고 광주학살의 진상규명과 미국의 사과를 요구하는 농성을 벌였다. 이런 폭력 행위는 미국의 방관자적 입장에 대한 분노의 표출이었다.

혁명은 정치적 질곡으로 일상화된 비인간적 삶을 인간다운 삶을 전환하려는 새로운 시작이다. 따라서 혁명 과정은 구질서의 종식과 새로운 질서의 탄생으로 이어진다. 비유적으로 표현하면, 혁명은 정치적 '죽음'을 정치적 '삶'으로 전환하는 고귀한 분투 행위다. 억압 정치는 정치적 죽음과 연계되고, 저항 정치는 정치적 삶과 연계된다. 예를 들면, 1981년 서울대생 김태훈은 '전두환 물러가라'라는 구호와 함께 도서관 옥상에서 투신자살하여 위축된 민주화 세력의 투쟁력을 높이는 계기를 만들었다. 학생운동권이 분열된 이후인 1986년에도 서울대생 이재호와 김세진은 분신을 통해 민주화의 열망을 격렬하게 표출하였다.

이렇듯 개인의 희생과 비극은 신군부의 탄압 속에서 지속됐다. 지배 권력과의 치열한 대립 과정에서 발생한 박종철 고문치사사건은 민주화에서 중대한 격류였다. 전두환 대통령의 4·13 호헌조치로 반정부 투쟁을 전개하던 민주화 세력은 5월 천주교정의구현사제단이 고문치사사건 은폐조작을 폭로한 게 계기가 되어 공동투쟁을 전개하였다. 국가 폭력에 의한 한 개인의 사망은 개인적 죽음을 정치적 삶으로 승화하는 시민적 저항의 계기였다.

역설적이게도, 비폭력 저항은 군부정권을 탄생케 했지만, 군부정권을 종식시키는 계기가 되었다. 폭력만이 인간사에서 나타나는 자동화 과정을 중단시킬 수 있었다면, 폭력은 학생운동의 끊임없는 저항을 잠재울 수 있었을 것이다. 신군부는 민주화운동을 중단시킬 수 있다는 확신에서 정권의 자동화 과정을 유지하였을 것이다. 그러나 폭력 강도를 심화시키는 자동화 과정은 민주화세력의 고귀한 정치 행위와 유연하며 강한 권력, 즉 '공동의 활동 능력'으로 종식됐다.

아쉽게도 민주화 담론과 실천에서 4·19의 혁명정신은 제대로 부각되지 않았다. 60년대 민주화운동과 1980년대 민주화운동 사이의 인식론적 · 실천적 단절이 있었다. 1980년대 학생운동권은 실천 목표로 민족해방과 계급해방 중심의 운동을 전개했기 때문이다. 1980년대 민주화운동에 대한 구체적인 분석은 여기서는 다루지 않는다. 단지 현재의 입장에서 몇 가지 특징을 제시한다.

첫째, 학생집단은 정치변동에서 주요한 정치행위자로서 역할을 하였다. 아렌트가 주목했던 헝가리혁명은 20세기 정치혁명의 대표적 모델이다. 헝가리혁명에서 "봉기는 지식인과 대학생, 즉 젊은 세대가 선도했다."[52] 마찬가지로, 혁명 초기에 고등학교 학생들이 주도적 역할을 담당했고, 4월 18일 이후 대학생들은 혁명 과정을 주도했다. 참여자들은 새 정치질서의 형성에 주도적인 역할을 담당했지만 대부분 학교로 복귀함으로써 헌법 개정에 참여하지 않았다. 두 집단은 세대의 차이를 넘어 4·19혁명의 원동력이 됐던 민주정신을 구현하는 데 공헌했다. 4·19혁명은 현대 정치사에서 새로운 시작의 범례다. 이렇듯 '시작'과 '전통'은 상호 연계된다.

4·19혁명의 경우 평의회는 존재하지 않았지만, 학교는 평의회와 유사한 자치조직으로서 위상을 갖고 있었다. 당시 공동 목표를 설정하고 이를 투쟁으로 전환하는 유일한 공간은 학교였기 때문이다. 역사적으로 혁명기의 평의회는 대화와 합의가 작동하는 공공영역이다. 그리스 폴리스가 논쟁적 공공영역의 모델이고, 평의회가 결사적 공공영역의 모델이다. 4·19혁명 당시 '광화문광장'은 결사적 공공영역이다.

둘째, 학생들이 투쟁을 통해서 확보한 자유는 개인적 자유가 아니라 정치적 자유이다. 정치적 자유 없이 개인적 자유를 누리기 어렵다. 무엇보다도, 학생들

52) Arendt, "Totalitarian Imperialism: Reflections on the Hungarian Revolution," p. 23.

은 “자유는 자유롭지 않다”[53]는 귀중한 교훈을 실천적으로 보여주었다. 신자유주의의 시대에 개인적 자유가 강조되지만, 새로운 것을 시작하는 정치적 자유는 모든 자유를 가능케 한다.

셋째, 혁명 과정에서 학생들의 집단행위는 진정한 권력을 창출했다. ‘유연한’ 시민 권력은 ‘무장한’ 강제력에 승리했다. 폭력은 잠시 시민 권력을 위축시킬 수 있지만, 시민 권력은 결국에 폭력을 무력화시킬 수 있다.[54] 이렇듯 공동의 활동능력인 권력은 시민이 공적인 문제를 논의하고자 자발적으로 모였을 때 나타나는 정치적 실재다. 4·19혁명과 1987년 민주화운동은 무장하지 않은 시민의 권력이 무장한 경찰 강제력보다 더 강하다는 것을 보여주었다.

1980년 초반 서울의 봄에서 1987년 민주화운동에 이르기까지 학생들은 정치적 자유와 정의를 부활시키고자 무장하지 않은 채 국가권력에 맞서 싸웠다. 학생들은 물리적 강제력으로 무장한 경찰에 비해 항상 열세에 있었으나 저항의 목적을 실현하는 데 성공함으로써 진정한 권력이 위임받은 대표자들이 아닌 시민들에게 존재한다는 정치적 교훈을 실천하였다. 즉 위임받은 권력은 헌법정신을 유린할 때 항상 시민의 이름으로 철회될 수 있다. 이렇듯 자유는 ‘새로운 시작’과 ‘중단’이란 이중적 의미를 지닌다.

Ⅳ. 혁명정신의 보존과 확장(1): 역사적 이해와 정치 행위

이제 제4절과 5절에서는 4·19혁명의 정신을 어떻게 계승할 것인가, 즉 이해와 실천 문제를 중심적으로 밝힌다. 김영삼 대통령은 취임 이후 역사 바로 세우기로 5·18특별법을 제정하여 ‘성공한 쿠데타는 처벌할 수 없다’는 예외를 정상으로 돌리면서 ‘4·19의거’를 ‘4·19혁명’으로 격상시키는 정치적 조치를 취했다.[55] 정치는 변화를, 법은 안정을 기본 원리로 하지만, 변화와 안정은 정치의 두 요소이다. 따라서 특별법 제정은 특정한 시기 발생한 사건으로 인한 정치영역

53) 워싱턴 한국전쟁 참전 기념비에 새겨진 문구이다.
54) Arendt, *Crises of the Republic*, p. 155; 『공화국의 위기』, 203쪽.
55) 정무정, “국립 4·19 민주묘지 조형물의 변천과 그 의미”, 『서양미술사학회논집』 제38집(2013. 2), 182쪽.

의 불안정 요소를 제거하는 데 중요한 역할을 한다. 전환기적 정의(transitional justice)를 확립하려는 정치적 선언과 재판은 '보이지 않는 어둠'에 가려 빛을 발하지 못했던 민주정신을 복구하는 역사적 사건이다. 역사적 사건에 대한 정치적 이해 또는 사유는 새로운 시작의 재현에 있어서 출발점이다.

그렇다면 시작은 끊임없이 '다름'으로만 나타나는가? 여기에서 '시작'의 시작을 이야기해야 할 것이다. 한국 근현대사에서 '자주독립 운동과 건국', 국가의 수호(6·25전쟁) 그리고 민주화(4·19혁명과 광주민주화운동과 1987년 민주화운동)는 '시작'과 '보존'의 의미를 지니는 역사적이며 정치적인 사건이다. 시간과 행위의 차원에서 자주독립 운동은 근원적 시작(*principium*)이고, 이후의 정치적 사건은 상대적 시작(*initium*)과 같다. 플라톤은 『법률』에서 "시작은 또한 인간에 머무는 신이며 모든 것을 보존한다"[56]라고 언급했다. "시작은 자체의 원리를 담고 있기에, 이것이 인간들 사이에 존재하며 인간들의 행위를 촉진하는 한, 모든 것을 구원하는 신이다."[57]

그러나 '시작'과 그 정신은 시간의 흐름 속에서 자신을 드러내지 못할 때 망각의 늪으로 사라진다. 3·1운동은 국민 대다수의 공동 의지와 행위로 자주독립 정신을 분출하였다. 대한민국임시정부의 건국강령은 조소앙 등 독립운동가들의 노력으로 결실을 이루었고 제헌헌법 전문에 반영되었다. 아렌트가 밝혔듯이, "건국이 혁명의 목적이고 목표라면, 혁명정신은 새로운 것을 시작하는 정신일 뿐만 아니라 항구적이고 지속적인 것을 시작하는 정신이다."[58] 혁명의 목적을 보편적 균등화 · 균등사회 · 자유사회의 실현으로 규정한 소앙은 혁명의 원인을 다음과 같이 규정한다. "역사적 병폐가 응결하고 뿌리내리고 외래적 특수 조건이 가미되어 크게 소용돌이치게 되면 거대하고 흉악하고 모진 괴물이 되니 이것이 혁명의 대상이다."[59]

헌법 전문은 한국 근현대사에서 발생한 개별적 사건의 연속성을 이해할 수 있

56) 플라톤 저, 백종현 옮김, 『법률』(파주: 서광사, 2009), 451쪽.
57) 아렌트, 『혁명론』, 337쪽.
58) 앞의 책, 337쪽.
59) 조소앙, 강만길 편, 『조소앙』(서울: 한길사, 1982); 조소앙, 삼균학회 편, 『조소앙선생문집, 상/하』(서울: 횃불사, 1979).

는 기본 자료일 것이다. 대한민국 건국강령에 명시된 「수미균평위(首尾均平位) 흥방보태평(興邦保太平)」은 '머리와 꼬리가 고르고 평평하게 해야 나라가 흥하고 태평함을 보존할 수 있다'는 의미를 담고 있다. 이런 평등 이념은 제헌헌법에 "위대한 독립정신을 계승하여 이제 민주 독립 국가를 재건함에 있어서 ··· 모든 영역에 있어서 각인의 기회를 균등히 하고"로 계승되었다. 건국정신의 주요 원리 또는 이념은 제6공화국 헌법 전문에서는 "대한민국임시정부의 법통과 불의에 항거한 4·19민주이념을 계승하고 ··· 정치 · 경제 · 사회 · 문화의 모든 영역에 있어서 각인의 기회를 균등히 하고"로 계승된다.

건국 정신을 반영한 헌법에 기초해 제정되고 개정된 「국가유공자법」과 「국가보훈기본법」의 내용을 고찰한다. 대한민국은 6·25전쟁으로 건국의 위기에 직면했다. 국가의 생존 위기에 대응한 치열한 무력 투쟁은 건국정신을 보존하려는 정신의 고귀한 행위다. 1953년 휴전협정 이후 제1공화국은 민주주의의 위기를 초래하였기에, 4·19혁명은 이승만 정권의 폭정으로 심각하게 손상된 건국정신을 복구하는 데 성공했다. 건국정신은 새로운 시작의 원리이고, 호국정신은 건국정신의 보존에 공헌한다. 4·19혁명과 민주화운동 역시 민주국가의 유지와 발전에 공헌함으로써 시작 정신을 계승하였다. 「국가보훈기본법」 제3조는 "국가를 위하여 희생하거나 공헌한 분들을 일제로부터의 조국의 자주독립, 국가의 수호 또는 안전보장, 대한민국 자유민주주의 발전에 공헌하는 사람"으로 규정한다. 이런 각 조항을 연결하는 하나의 외올실은 곧 자주독립과 건국 활동의 시작 정신이다.

4·19혁명은 건국정신을 재현하려는 치열한 정치행위지만 혁명의 의미에 대한 심각한 오해로 그 적절한 위상을 유지하지 못하기도 했다. 이런 상황은 우리에게만 나타나는 것은 아니다. 『혁명론』에서 그 예를 찾을 수 있다.

> 혁명이 거의 모든 국가와 대륙의 정치적 삶 속에서 발생하는 가장 일반적인 사건들 가운데 하나가 된 최근에 미국 혁명을 혁명전통에 포함하지 못한 실수는 미국의 대외 정책으로 부메랑이 되어 돌아오고 있다. 따라서 미국은 전 세계적 무지와 선천적인 망각에 혹독한 대가를 치르기 시작했다. ··· 혁명에 대한 두려움은

현상을 안정화하기 위한 처절한 시도에 내재된 전후 미국 외교정책의 숨겨진 동기가 되어왔다.[60]

미국의 혁명정신은 오랜 시간이 지나 퇴조되기도 하였다. 정치변동을 초래하는 많은 사건이 초기에 봉기의 형태를 띠다가 혁명으로 발전하듯이, 4·19혁명은 초기에 폭정에 저항하는 봉기로 시작되었다. 4·19혁명에 대한 정치적 이해에서 다른 중요한 측면을 고려할 수 있다. "새로운 시작이라는 의미에서 변동이 발생하는 곳에서만 ··· 우리는 혁명에 대해 언급할 수 있다."[61] 5·16쿠데타의 주도 세력은 '쿠데타'를 '혁명'으로 참칭하여 한국 사회에 어둠을 초래한 비극적 상황을 은폐하였다. 쿠데타와 혁명의 의미 왜곡은 한때 4·19혁명에 대한 진정한 이해를 가로막았으며, 그 잔재는 오늘날에도 부분적으로 존재한다.

강조하자면, 4·19의거를 4·19혁명으로 격상시킨 정치적 결정을 고려할 필요가 있다. 의거는 사전적으로 '정의를 위하여 개인이나 집단이 의로운 일을 도모함'을 의미하며 혁명과 유사어로 사용된다. '윤봉길 의거', '이봉창 의거', '광주학생의거', '3·1독립만세의거'에서 나타나듯이, 우리는 공동 목적을 실현하려는 개인과 집단의 정당한 저항행위를 모두 의거로 규정한다. 역사적으로 반란 · 소요 · 봉기는 해방을 목표로 하지만, 혁명은 자유의 확립을 목표로 한다. 여기에서 우리는 특정한 사건의 의미를 드러내는 개념적 사유를 고려할 필요가 있다. 개념적 사유는 '이야기하기'와 함께 특정한 사건의 의미를 드러내는 정치적 사유와 관련된다.[62]

혁명은 새로운 시작으로서 많은 희생을 초래하기에 비극적이다. 김주열의 희생, 4월 19일 경무대 앞의 수많은 희생자를 고려할 때, 4·19혁명은 비극적 요소를 담고 있다. 이 때문에 예외상태인 혁명은 두려움과 연계될 수 있다. 역사 속에서 비극의 재현을 막기 위해서라도 4·19혁명 참여자들의 희생뿐만 아니라 가족의 고통이 계속되었기에 이들의 희생과 고통은 사적인 영역에 갇히지 않고 시

60) 아렌트, 『혁명론』, 340-1쪽.
61) 아렌트, 『혁명론』, 104쪽.
62) 홍원표, 『아렌트: 정치의 존재 이유는 자유다』(파주: 한길사, 2011), 58-89쪽.

민들 모두의 기억을 통해 재현되어야 한다. 선조들의 고귀한 희생은 후손들에게 보답으로 이어지지만, 이들의 고귀한 투쟁과 희생을 기억하고 재현하는 노력은 후손들의 정치적 책임이다. 4·19혁명은 한때 미완의 혁명으로 평가되었다.[63] 그러나 '좌절되고 유산되었다'고 선언된 혁명은 망각의 늪으로 사라지지 않고 4·19 이후 세대의 정치적 삶을 인도하는 이정표가 되었다. 즉 "4·19혁명은 미완의 혁명이 아닌 한국 민주화의 모태다."[64]

혁명정신은 선언적인 조치나 기념행사만으로 그 빛을 계속 발하지는 않는다. 이제 일상의 정치에서 혁명정신을 어떻게 구현하는가를 고려해야 한다. 우리는 평생 다양한 유형의 삶에 참여하며, 각기 다른 영역에서 활동하는 사람들과 관계망을 형성하면서 삶을 영위한다. 우리는 다른 사람으로부터 도움을 받으면서도 다른 사람에게 도움을 줄 수 있을 위치에 있기에, 개개인의 위상은 자신이 서 있는 공간에 따라 바뀔 수 있다. 이런 공간을 잘 표현하는 용어가 바로 '인간관계망'[65]이다. 이 문구는 정치가 '제대로' 운영되는 곳에서는 누구도 일방적으로 자신의 영향력 또는 권력을 행사할 수 없다는 의미를 담고 있다.

현재 상황에서 4·19혁명 참가자들은 자신들의 체험을 다양한 형식으로 이후 세대들에게 전달할 수 있는 위치에 있으며, 시민은 관찰자로서 초연한 태도로 4·19혁명의 의미를 성찰할 수 있다. 관찰자와 참여자는 각기 다른 위치에 서 있다. 시민은 행위자들의 행적으로부터 실천적 지혜를 얻을 수 있다. 이런 지혜가 이해의 차원에 넘어서 행위로 전환될 때, 그들의 경험은 우리 시대에 값진 진주가 될 수 있다. 따라서 혁명전통을 정치적 삶에서 발현시킬 수 있는 몇 가지 요소들을 고찰하는 게 중요할 것이다.

첫째, 우리는 '새로운 시작'과 '중단'을 내포한 정치적 자유를 발현시킨 사건을 이해하고, 이를 '삶의 정치'로 전환하는 데 관심을 가질 필요가 있다. 2000년 초반 이후 등장한 촛불집회는 민주화 이후 삶의 정치를 명확히 드러낸 정치 행

63) 백낙청, "4·19의 역사적 의의와 현재성", 강만길 외, 『4월혁명론』(서울: 한길사, 1983), 31-40쪽.
64) 민병천, "4·19혁명은 미완의 혁명이 아니라 한국 민주화의 모태", 《한국일보》(2010년 1월 11일).
65) Hannah Arendt, *The Human Condition*(Chicago and London: The University of Chicago Press, 1958), pp. 181-88; 『인간의 조건』(파주: 한길사, 1996), 242-49쪽.

위다. 4·19혁명은 정치적 자유가 다른 영역의 자유, 즉 시민적 자유를 가능케 할 수 있는 계기를 제공하였다. 우리는 민주화운동으로 이런 기회를 누릴 수 있게 되었다. 그러나 정치적 자유를 확보한 이후 시민적 자유의 획득에만 몰두할 때, 정치적 자유는 약화될 수 있다. 즉 자유의 실현으로 형성된 자동화 과정은 새로운 시작을 제약할 수 있다. 역설적이게도 자동화 과정은 현실에 대한 새로운 이해를 가로막을 수 있다. 여기에서 시민 개개인의 정치적 사유와 판단의 중요성이 제기된다. 따라서 우리는 개인의 권리를 행사하면서 정치적 자유의 발현 계기에 계속 관심을 가져야 한다.

둘째, 우리는 공공영역의 중요성을 삶의 정치를 통해 구현할 필요가 있다. 평의회는 역사 속에 존재하였던 수많은 혁명에서 중심적 역할을 한 자율적인 자치조직이다. 폭력이 발생하는 상황에서 존재하였던 평의회는 혁명의 종결 이후 정상적인 공공영역과 같은 위상을 갖는다. "진정한 자유를 위해서는 사람들이 모일 수 있는 장소인 아고라, 시장 또는 폴리스, 정치적 공간이 필요하다."[66] 폴리스(polis)는 공공영역이다. 4·19혁명 당시 중앙청과 경무대 앞의 거리와 촛불집회 때 형성된 광화문광장은 공공영역이다.

다른 나라의 혁명 과정에 존재했던 '타운미팅' · '파리 꼼뮌' · '소비에트' · '레테(Räte)'와 같은 평의회는 4월혁명 당시 등장하지 않았다. 그러나 비정치적 공간이었던 학교는 평의회와 같은 위상을 갖게 되었다. 학생들은 권위주의 정권에 어떻게 저항하고 투쟁할 것인가를 논의하고 공동의 행동을 취할 수 있는 계기를 만들었다. 각 학교는 공동투쟁에 앞서 행동노선을 결정하려는 대화와 토론의 중심 무대가 되었다.

삶의 정치는 개인적 삶의 차원을 넘어 공적으로 전환할 수 있는 행위일 것이다. 그런데 개인의 삶은 사적인 삶이지만 공적인 삶과 유리되어 있지 않다. 4·19혁명 전후 '학원의 자유 보장'이란 구호에서 '자유'는 외형적으로 보면 정치적 자유와 무관한 것같다. 그러나 당시 고등학교와 대학교는 **'타락한'** 정치(오히려 통치)에 압도당했기에, 학생들은 **'진정한'** 정치에 대한 열정을 표출함으로써 공

66) 아렌트, 『혁명론』, 99쪽.

적 문제에 관심을 실천하는 정치행위자가 되었다. 이렇듯, 개인적 삶에 내재된 공적 차원을 도출할 수 있는 공동체에 주목하는 것은 4·19혁명의 동인과 무관하지 않다. 우리는 4·19혁명의 참된 의미를 이해함으로써 공적인 삶과 사적인 삶이 단순히 대립적이거나 무관한 것으로 이해하는 인식에서 벗어날 수 있을 것이다.

셋째, 우리는 '시민 권력'의 귀중함을 삶의 정치에서 발현시킬 수 있다. 공공영역은 시민들이 공적인 문제를 논의하고자 모일 때 형성되기 때문에 바로 시민 권력의 형성과 밀접하게 연계되어 있다. 혁명 참가자인 학생들은 교과서적 의미의 정치권력을 갖고 있지는 않았다. 물리적 강제력을 보유한 '제도적' 권력과 공동으로 활동할 때 형성되는 '시민' 권력은 한편 충돌되기도 하고, 다른 한편 조화 또는 공조 상태를 유지할 수 있다. 일상의 삶에서도 공적인 문제에 관심을 갖고 이를 공동으로 표출하는 시민은 권력으로부터 소외되는 것이 아니라 권력의 행사에 직접 참여하는 행위자가 된다. 4·19혁명은 무장하지 않은 다수가 막강한 물리적 강제력으로 무장한 소수를 '평화적으로' 압도할 수 있다는 정치적 교훈을 우리에게 주었다.

넷째, 우리는 전통이 우리들의 삶을 이해하고 인도하는 데 얼마나 중요한가를 이해할 수 있는 역사적 경험이 있다. 제헌헌법이 제정된 후 9차례의 헌법 개정이 있었다. 제헌헌법의 전통뿐만 아니라 민주정신은 한때 심각하게 손상되었다. 우리는 정치적 전통을 스스로 무시하며 전통의 상실을 한탄한다. 전통과 권위는 새로운 시작과 연관된다. 권위가 부재한 시대에, 새로운 것만이 권위와 같은 영향력을 갖는다. 그러나 새로운 것은 이후에는 낡은 것이 되어 설 자리를 잃을 것이다. 소비사회의 원리가 정치영역의 원리로 대체되는 시대에 우리는 전통에서 귀중한 교훈을 끌어낼 필요가 있다. 강조하자면, 새 정치질서를 확립하려는 최초의 노력은 특정한 정치적 상황에서 무시됐지만, 민주화에 대한 열망을 가능케 하는 기준이 되었다. 그런데 우리는 이 전통을 스스로 폄훼하고 있지 않은가?

다섯째, 4·19혁명은 오늘날 인간다운 삶, 인간성 발현의 귀중함을 일깨워 줄 수 있는 정치적 교훈을 제공한다. 물질적 풍요와 '삶 자체'가 최고의 가치로 이해되는 시대에 개인적이고 사적인 것은 주요 관심사지만, 자유와 정의는 인간적 공존뿐만 아니라 인간성 발현과 연계된 공적인 가치다. 4·19혁명 참가자들은 권위주의 정권과의 투쟁에서 개인적 자유보다는 공적 자유의 귀중함, 개인적 행복보다는 '공적 행복'의 귀중함을 보여주었다.[67]

여기서 필자는 '어두운 시대'[68]에 혁명 참여자들의 희생을 재현하라는 요구보다 오히려 일상의 정치에서 정치적 자유의 귀중함을 성찰하고 실현할 수 있어야 한다는 점을 강조한다. 공동체에 주목하는 세계사랑(*amor mundi*)은 참된 정치적 삶을 촉진하는 중요한 원동력이다.

V. 혁명정신의 보존과 확장(2): 정책과 제도의 보완

혁명의 목표와 동인은 자유의 확립 및 제도화를 통해서 실현된다. 불행하게도 4·19혁명 이념과 정신의 완벽한 실현은 제도화 단계에서 권위주의의 부활로 지체되었다. 물론 정치적 자유의 제도화는 1980년대 민주화운동으로 상당 부분 결실을 이루었지만, 코로나-19의 세계적 확산으로 삶 자체가 위협을 받는 상황에서 정치적 자유를 이야기하는 게 현실과 괴리된 담론으로 치부될 수도 있다.

이런 시대의 분위기에서도 다음과 같은 점은 기억해야 할 것이다. 혁명정신의 퇴조와 부활로 이어진 역사에 비추어볼 때, "진정한 사건의 위업은 성공이나 패배에 좌우되지 않을 것이다."[69] 앞에서는 우리 시대에 혁명정신을 삶의 정치에 어떻게 확산시킬 것인가를 논의했지만, 여기서는 혁명정신의 고귀한 전통을 계승할 수 있는 제도화의 중요성을 살펴본다.

첫째, 건국정신을 계승하고 확장하는 계기를 마련한 4월 19일을 국경일로 지

---

67) "26일 아침 광화문에 집결한 수십만 군중들은 일보일보 계엄군을 물리치면서 경무대로 육박하였다. 상오 10시 이승만은 드디어 국민 앞에 무릎을 꿇었다. ··· 대한민국 만세를 부르고 국군 만세를 외치면서 기쁨에 넘친 시민들은 길을 메웠다. 제2의 해방을 맞아 국민들은 어찌할 바를 모를 정도로 흥분했다." 4월혁명청사편찬회, 『민주한국과 4월혁명사』, 484쪽.

68) 우리는 어두운 시대에 공사의 구분이 붕괴로 야기된 가치상실을 목격할 수 있다. 홍원표, "어두운 시대의 정치, 사유 그리고 윤리", 『정치·정보연구』 제16권 2호(2013), 1-30쪽.

69) Arendt, "Totalitarian Imperialism: Reflections on the Hungarian Revolution," p. 5.

정하려는 입법행위를 고려한다. 국민은 자기 선조들의 공적 덕택에 보상을 받는다. 우리는 대한민국 건국을 계기로 정치적 죽음에서 삶의 상태로 전환함으로써 인간적 공존과 생존을 보장할 수 있는 계기를 마련했다. 4·19혁명은 권위주의 체제의 억압에서 탈피해 건국정신을 재현하는 또 다른 시작의 계기를 마련하였다.[70] 이렇듯 건국정신을 부활시켰을 뿐만 아니라 정치 행위의 자율성과 연대원리를 제공한 4·19혁명의 정신을 기억하고 계승하려는 공동의 노력은 의례적 행사의 차원을 넘어서는 '회상의 정치'일 것이다. '의례'의 정치는 과거가 아닌 미래의 희망에 중점을 두어야 한다. 과거의 의미를 드러내는 정치 행위는 또 다른 새로운 시작이다. 이런 시작은 또한 진정한 의미의 '복귀'라고 할 수 있다.[71]

이제 우리는 4·19혁명 관련 단체 또는 대학들만이 한정된 공간에서 개별 행사를 거행함으로써 혁명 참여자들의 고귀한 희생, 즉 역사적 사건의 위대성을 경시하는 반복적인 과정에서 탈피할 필요가 있다. "과거는 전통으로 전해질 때 권위를 지닌다. 권위는 역사적으로 나타날 때 전통이 된다."[72] 이렇듯 4·19 혁명정신이 현재를 넘어서 미래에도 삶의 정치를 통해서 재현될 때, 새로운 시작의 정치적 경험을 보존하는 혁명전통은 더욱 빛을 발할 것이다.

무엇보다도, 4월 19일을 국경일로 지정하려는 시도는 정치적 전통을 유지하는 데 공헌하는 중요한 정치 행위이다. 「국경일에 관한 법률」(약칭, 국경일법, 시행 2014. 12. 30) 제2조는 3·1절 · 제헌절 · 광복절 · 개천절 · 한글날을 국경일로 정하고 있다. 반면에 국가 기념일은 법령이 아니라 규정으로 되어 있어서 정부가 제정하고 주관하는 기념일이다. 국가보훈처가 현재 주관하고 있는, 4·19혁명과 관련된 국가 기념일은 2·28민주운동 기념일, 3·8민주의거 기념일, 3·15의거 기념일, 4·19혁명 기념일(1995년 명칭 변경)이다. 이와 함께 5·18민주화운동 기념일, 부마민주항쟁 기념일은 국가보훈처가 주관한다.

---

70) 대한민국 건국헌법은 전문에 자유와 평등 이념을 명시했다. 4·19혁명은 건국정신으로 복귀했다는 점을 보여준다. 홍원표, "소앙 조용은과 한나 아렌트의 혁명이론", 『21세기 정치학회보』 제15집 2호(2005).

71) Hannah Arendt, *The Life of the Mind*, ed. Mary McCarthy(San Diego, New York, London: Harcourt Inc., 1978); 홍원표 옮김, 『정신의 삶: 사유와 의지』(파주: 푸른숲, 2019), 603쪽.

72) Hannah Arendt, *The Promise of Politics*, ed. Jerome Kohn(New York: Schocken Books, 2005); 김선욱 옮김, 『정치의 약속』(파주: 푸른숲, 2007), 107쪽.

둘째, '4·19혁명유공자 및 유족을 위한 보훈제도가 마련됐지만, 세부 내용과 관련하여 다양한 의견이 제기됐다. 이런 다양한 의견을 제도화하려면 4·19혁명과 관련된 단체들은 공동 목적을 실현하기 위한 연대가 필요하다. 4·19혁명공로자회, 4·19민주혁명회, 4·19혁명희생자유족회 등 4·19 관련 단체들이 연대하는 통일적인 조직체를 구성하는 노력이 필요할 것이다.

셋째, 4·19혁명의 고귀한 정신과 이념을 보존하고 확장하려면 관련 연구소나 교육기관을 설립하고 활성화할 필요가 있다. 4·19혁명과 좌절, 1987년 민주화로 이어진 정치변동 과정에서 4·19혁명의 정신은 한때 권위주의 체제에서 그 빛을 잃었다. 1980년 민주화운동의 빛이 아주 강했다는 측면도 있지만, 60년이란 시간 때문에 역사의 생생한 교훈은 희미해질 수 있다. 그러나 건국정신이 4·19혁명과 1980년대 민주화운동을 통해 우리에게 이어지고 있기에, 그 정신을 계승하고 발전시킬 중심적인 연구기관이 필요한 때이다.

이를 뒷받침하는 논리적 근거를 제시할 필요가 있다. 전통은 기억 속에 살아 있고, 이야기를 통해서 계승된다. 이야기하기는 과거에 존재하였던 새로운 시작을 현재에 다시 드러냄으로써 우리를 과거와 연결해준다. "인간의 행적은 기억되지 않을 때 지구상에 가장 무용하고 가장 빨리 없어질 수 있는 것이다."[73] 우리가 선조들의 행적을 망각에서 구원하고자 노력하지 않을 경우, 그 정치 행위는 역사의 퇴적층에 묻혀버린다.

정치사회변동을 경험한 사회에는 새로운 사조나 흐름이 쇄도하기 때문에, 우리는 역사와 전통에 묻혀 있는 고귀한 '보배'에 주목하기 어렵다. 4·19혁명의 밝은 빛은 새로운 것의 끊임없는 쇄도로 희미해졌고, 4·19혁명에 대한 학문적 관심은 그리 크지 않은 것 같다. 4·19혁명 정신은 새로운 시작의 정치적 의미와 그 실천을 가능하게 하는 노력에서 계속 유지될 것이다. 그러므로 정치 행위로서 새로운 시작은 애국심의 다른 표현인 보훈정신과 연계된다.

---

73) 아렌트, 『과거와 미래 사이』, 118쪽.

Ⅵ. 결론: 정치적 전통을 생각하며

4·19혁명의 고귀한 민주정신은 한때 주목을 받기에는 먼 과거의 사건으로만 기억됐다. 과거의 경험이 역사의 퇴적층에 묻혀 있을 때, 귀중한 보배는 빛을 발하기 어렵다. 단지 새로운 것만을 귀중하게 여기는 시대에 그 보배에 주목하기도 어렵다. 우리는 선조들의 고귀한 정치 행위, 4·19혁명에서 빛을 발하였던 투쟁정신을 기억한다.

4·19혁명 직후 과도정부가 혁명과업을 '비혁명적인' 방식으로 수행하고 새 정치질서를 형성하는 임무를 맡았기 때문에, 혁명 이전의 구질서는 혁명정신을 퇴색시킬 수밖에 없었다. 혁명 과정에서 제기되었던 빈곤 문제 또한 혁명정신을 망각할 수 있는 요인이 되기도 했다. 이렇듯, 4·19혁명은 상당 기간 실패한 혁명으로 평가될 수밖에 없었다. 그러나 쿠데타는 한때 권위주의 세력을 기쁘게 하였지만, 실패한 운동은 민주화 세력을 기쁘게 하였다. 4월 혁명정신은 이후 민주화 운동의 정신적 지표가 됐기 때문이다.

민주혁명 정신은 한때 퇴조했더라도 우리의 정치적 삶을 인도하는 중요한 원동력이다. 오늘날 한국 민주주의의 위상이 이를 잘 보여준다. 따라서 개인적 자유가 정치적 자유의 유지에 좌우된다는 교훈, 공공영역과 시민 권력에 대한 인식의 전환, 고귀한 전통의 계승은 인간다운 삶을 가능케 하는 공동의 정치 행위로 끊임없이 실현되어야 할 것이다.

비상사태는 일반적으로 정치변동, 즉 전쟁 · 혁명 · 쿠데타 등 체제의 변동과 관련하여 많이 사용되고 있다. 코로나-19 발생과 확산은 시민의 삶을 위협하는 비상사태이다. 이런 비상사태에서 드러났듯이, 정부의 K-방역, 시민들의 자발적 공조에는 지난 60년 동안 경험한 민주정신이 배어 있다. 이렇듯 민주정신의 전통은 역사적 경험의 단순한 반복이 아닌 새로운 해석과 의미 창출로 생명력을 지닌다. 달리 표현하면, 민주화운동은 자주독립운동 · 호국운동을 계승하는 보훈정신과 연계된다. 보훈정신의 실천은 곧 전통과 공동체의 유지 및 발전을 촉진하는 중요한 정치 행위다. 그런데 우리는 이 귀중한 교훈을 어떻게 받아들이고 있는가?

참고문헌

강우식. 2000. "4·19혁명 추도시 분석." 『반교어문연구』. 제11집. 281-323쪽.

고은. 1983. "그 혁명은 무엇인가?." 강만길 외. 『4월혁명론』. 서울: 한길사.

김삼웅. 2009. 『장준하 평전』. 서울: 시대의창.

김영국. 1991. 『민주화와 학생운동의 방향』. 서울: 대왕사.

김영명. 1992. 『한국 현대 정치사: 정치변동의 역학』. 서울: 을유문화사.

김지하. 1993. 『오적: 김지하 담시전집』. 서울: 솔.

김진균 · 김재훈 · 백승욱. 1990. "한국사회변혁론과 4월혁명." 사월혁명연구소. 『한국사회변혁운동과 4월혁명 1』. 서울: 한길사.

남기현. 2016. "'경무대 앞 발포사건' 책임자 처벌 재판에 관한 고찰." 『인문과학연구』. 제22집, 109-44쪽.

노영기. 2017. "4·19, 왜 미완의 혁명인가?." 『내일을 여는 역사』. 제66호. 96-107쪽.

민병천. 2010. "4·19혁명은 미완의 혁명이 아니라 한국 민주화의 모태." 《한국일보》(1월 11일).

민주화운동기념사업회 연구소 엮음. 2008. 『한국민주주의운동사 1』. 서울: 돌베개.

박정희. 1997. 『국가와 혁명과 나』. 서울: 지구촌.

박정희. 2006. 『한국 국민에게 고함』. 서울: 동서문화사.

박태순. 2010. "4·19 50년을 말한다." 《한국일보》(4월 1일).

백낙청. 1983. "4·19의 역사적 의의와 현재성." 강만길 외. 『4월혁명론』. 서울: 한길사.

법제처 국가법령정보센터. 2021. 「국가유공자 등 예우 및 지원에 관한 법률」(약칭: 국가유공자법).

사월혁명연구소. 1990. 『한국사회변혁운동과 4월혁명 2』. 서울: 한길사.

사월혁명청사편찬회. 1961. 『민주한국 4월혁명청사』. 서울: 성공사.

서희경. 2011. "한국 헌법의 정신사: 헌법전문의 4·19 민주이념 도입에 관한 논의를 중심으로." 『정치사상연구』 제17집 1호, 33-58쪽.

3·15의거기념사업회., 2004. 『3·15의거사』. 마산: 휘문출판사.

유명철. 2018. “2·28민주운동, 3·15 1차 마산의거와 4·11∼13 2차 마산의거: 그 ‘연관성’에 대한 내용 지도의 필요성.” 『사회과교육』. 제57집 1호. 37-72쪽.

육일회 편. 1992. 『4월민주혁명사』. 서울: 제3세대.

윤근식 · 김운태. 1994. “한국현대정치의 전개과정.” 김운태 외 공저. 『한국정치론』. 서울: 박영사.

이완범. 2020. “4·19에서 86세대·촛불로 이어진 장기혁명: 세대를 넘은 단속적(斷續的) 계승혁명.” 『한국학』. 제43권 1호. 85-132쪽.

일원서각 편집부 엮음. 1983. 『4·19혁명론 II: 자료편』. 서울: 일월서각.

정윤재. 2003. 『정치적 리더십과 한국민주주의』. 서울: 나남출판사.

정주신. 2019. “마산의 민주화운동 비교 분석: 1960년 3·15의거와 1979년 10·18부마항쟁.”『한국과 국제사회』. 제3권 2호. 5-58쪽.

조소앙. 삼균학회 편. 1979. 『조소앙선생문집, 상/하』. 서울: 횃불사.

조소앙 저. 강만길 편. 1982. 『조소앙』. 서울: 한길사.

정무정. 2013. “국립 4·19 민주묘지 조형물의 변천과 그 의미.” 『서양미술사학회논집』. 제38집. 165-86쪽.

진덕규. 1983. “4월혁명의 정치적 갈등구조.” 강만길 외. 『4월혁명론』. 서울: 한길사.

최원식. 2002. “4월 세대를 위한 문학적 변증.” 최원식 외 엮음. 『4월혁명과 한국문학』. 파주: 창비.

플라톤 저. 백종현 옮김. 2009. 『법률』. 파주: 서광사.

학민사 편집부 편. 1985. 『4월혁명자료집: 혁명재판』. 서울: 학민사.

함석헌. 2009a. 『함석헌저작집 3: 새 나라 꿈틀거림』. 파주: 한길사.

함석헌. 2009b. 『함석헌저작집 4: 민중이 정부를 다스려야 한다』. 파주: 한길사.

홍원표. 2002. “한국 민주화의 좌절과 도전에 관한 이야기하기.” 『한국정치학회보』. 제36집 2호. 25-45쪽.

홍원표. 2004. “새로운 시작과 자유를 기리는 혁명송.” 아렌트. 홍원표 역. 『혁명론』. 파주: 한길사.

홍원표. 2005. “소앙 조용은과 한나 아렌트의 혁명이론: 동 · 서양의 차이를 넘어서.” 『21세기 정치학회보』. 제15집 2호. 23-46쪽.

홍원표. 2006. “조소앙의 국가건설사상: 혁명, 보편적 균등화, 신민주국.” 309-47쪽. 이종은 · 홍원표 외 지음. 『국가건설사상 II』. 일산: 인간사랑.

홍원표. 2007. “한나 아렌트의 ‘새로운 시작’ 개념과 그 변형.” 『정치사상연구』. 제13권 1호. 79-102쪽.

홍원표. 2009. “한나 아렌트 정치사상에 있어서의 전통과 혁명”. 「2009년도 제8회 한국 · 일본정치사상학회국제학술회의 논문집」. 146-163쪽.

홍원표. 2011. 『아렌트: 정치의 존재 이유는 자유다』. 파주: 한길사. 58-89쪽.

홍원표. 2013. 『한나 아렌트 정치철학: 행위, 전통, 인물』. 일산: 인간사랑.

홍원표. 2013. “시간 개념에 대한 한나 아렌트의 성찰: 시간적 사유와 정치적 사유의 만남.” 『정치사상연구』. 제19집 2호. 1-31쪽.

홍원표. 2013. “어두운 시대의 정치, 사유 그리고 윤리: 한나 아렌트의 색채 은유와 그 정치적 의미.” 『정치·정보연구』. 제16권 2호. 1-30쪽.

홍원표. 2021. “해제 에세이: 정치와 법의 관계를 어떻게 이해할 것인가?: 한나 아렌트의 주요 저작을 중심으로”. 25-124쪽. 골도니 · 맥코르킨데일 편저. 홍원표 옮김. 『한나 아렌트, 정치와 법』. 서울: 신서원.

Arendt, Hannah. 1958a. “Totalitarian Imperialism: Reflections on the Hungarian Revolution. *The Journal of Politics*. vol. 20, no. 1. pp. 5-43.

Arendt, Hannah. 1958b. *Human Condition*. Chicago and London: The University of Chicago Press.

Arendt, Hannah. 1961. *Between Past and Future: Eight Exercises in Political Thought*. New York: Penguin Books: 서유경 역. 『과거와 미래 사이』. 서울: 푸른숲(2005).

Arendt, Hannah. 1963. *On Revolution*. New York: The Viking Press; 홍원표 옮김. 『혁명론』. 파주: 한길사(2004).

Arendt, Hannah. 1968. *Men in Dark Times*. San Diego, New York, and London: Harcourt Brace Jovanovich, Publishers; 홍원표 옮김. 『어두운 시대의 사람들』. 파주: 한길사(2019).

Hannah Arendt. 1972. *Crises of the Republic*. San Diego, New York and London; Harcourt Brace Jovanovich, Publishers; 김선욱 옮김. 『공화국의 위기』. 파주: 한길사(2011).

Arendt, Hannah. 1978. ed. Mary McCarthy. *The Life of the Mind: Thinking and Willing*. San Diego, New York and London: A Harvest Books; 홍원표 역. 『정신의 삶: 사유』. 서울: 푸른숲(2019).

Arendt, Hannah. 2005. *The Promise of Politics*. New York: Schoken Books; 김선욱 역. 『정치의 약속』. 파주: 푸른숲(2007).

Canovan, Margaret. 1992. *Hannah Arendt: A Reinterpretation of Her Political Thought*. New York: Cambridge University Press.

Lucan. 1993. *Pharsalia*, trans. Jane Wilson Joyce. Ithaca and London: Cornell University Press.

Tocqueville, Alexis de. 2011. *The Ancien Régime and the French Revolution*, ed. Jon Elster, trans. Arthur Goldhammer. Cambridge: Cambridge University Press.

Weber, Max. 2004. *The Vocation Lectures*. trans. Rodney Livingstone. Indianapolis: Hackett Publishing Company, Inc.

CHAPTER 6

독립·호국·민주화에 나타난 보훈정신과 역사적 승계

민주화운동과 민주주의의 발전: 5·18민주화운동과 보훈정책의 과거, 현재, 미래

김홍국

광주여,
이 나라의 민주화를 짊어지고
무등산을 넘어 넘어 삼천리 언덕을 넘어가는
온 몸에 상처뿐인 죽음뿐인
조국의 아들이여.
-"아아, 광주여, 우리나라의 십자가여!"
- 김준태 시

I. 서론: 민주주의와 가치 철학 중심의 보훈정책

대한민국은 '민주주의의 교과서'라고 평가될 정도로 민주화를 향한 다양한 역사적 경험을 통해 지구촌에서 대표적인 민주주의 국가로 꼽히고 있다. 군부에 의한 쿠데타와 군사독재 등을 이겨내고, 직접민주주의, 참여민주주의와 숙의민주주의 등이 활발하게 펼쳐진 민주공화국이다. 이승만 독재에 저항한 4·19혁명, 박정희 전두환 등의 군부쿠데타에 맞선 5.18광주민주화운동과 6월 민주항쟁 등을 통해 대한민국의 민주주의와 민주공화국의 정체성을 지켜온 민주화투쟁, 민주화운동은 세계사에 찬연하게 기록되어 있다.

이 과정에서 나라와 국민, 민주주의를 위해 헌신하고 기여한 이들에 대한 보훈은 국가의 합당한 예우와 지원이 다양한 법률과 제도로 공식화되어 있다. 한국의 현행 보훈제도는 국가보훈처가 주무 부처로서 관장하고 정책을 펼친다. 국가보훈처는 “국가를 위하여 희생하거나 공헌한 분들의 숭고한 정신을 기억하고 선양하며, 이를 정신적 토대로 삼아 국민통합과 국가 발전에 기여하는 것을 국가보훈의 기본이념으로” 할 것을 규정하는 「국가보훈기본법」에 따라, 보훈 관련 제반 법령의 적용대상자인 “국가보훈대상자”에 대한 예우와 지원 사업을 총괄하고 보훈정책을 펼치고 있다. 국가보훈처가 대상자에게 제공하는 주요 혜택은 보훈급여금 및 각종 수당 지원, 교육지원, 대부 등 금융지원, 의료지원, 취업지원, 국립묘지 안장 등이 있으며, 이들 혜택은 ‘국가보훈대상자’ 분류, 공적의 정도와 상이등급, 생활수준에 따라 국가보훈처 규정에 상세하게 적시되어 있다.

국가보훈정책은 과거 국민이 겪었던 경험과 지키고자 했던 가치와 철학을 현재뿐만 아니라 미래로 이어감으로써 국가공동체가 추구하는 바를 계승하고 국가의 생존과 발전을 도모하려는 고도의 정치적 활동이다. 따라서 보훈정책은 독립유공자, 호국장병과 함께 국가의 민주주의를 고양하고 국민들의 민주적 삶과 권리를 지키는 활동을 해온 민주화운동에 대해서도 적극 평가하며, 민주화운동에 헌신하거나 관여해 대한민국의 국격을 높여온 민주투사와 민주시민들을 대상으로도 펼쳐져야 함은 당연한 일이다. 이와 같은 인식을 기반으로 대한민국의 민주주의와 민주화운동이 세계사의 모범이 되도록, 민주화운동과 보훈의 가치와 철학을 기반으로 정책화와 국민 대중화를 통한 보훈정책을 발전시켜 나가야 할 것이다.

Ⅱ. 민주주의와 민주화운동의 역사 및 의의

민주주의는 주권이 국민에게 있고 국민을 위한 정치가 이루어지는 정치제도를 가리키며, 고전적인 아테네의 정치제도가 근대적인 시민사회의 등장으로 새롭게 변형하고 수용된 제도이다. 왕정, 귀족정, 봉건제 등의 탄압으로부터 민주주의를 지키고 시민들의 기본권 등 사회적 권리를 지키려는 민주화운동은 동서양의 역사를 걸쳐 치열하고 끈질기게 펼쳐졌다.

민주주의는 그리스어의 ‘데모스’(demos)와 ‘크라토스’(kratos)의 합성어로서 '인민에 의한 지배'를 의미한다. 민주주의의 개념은 다양하게 사용되며, 대개 직접민주주의, 대의민주주의, 자유주의적 입헌주의적 민주주의, 정치적 사회적 체제로서의 민주주의의 4가지 유형으로 분류된다. 이외에도 간접 민주주의를 바탕으로 직접 민주제 요소를 혼합한 혼합 민주주의, 개인 또는 집단 차원에서 자발적으로 정치 과정에 참여하여 정치적 의사 결정에 영향을 미치는 참여 민주주의, 직접민주주의의 수적·지리적 한계를 정보 통신 기술의 발달에 기초하여 극복한 전자 민주주의, 시민 간에 이루어진 공개 논증과 토론의 결과를 국가권력의 잠정적 의사 결정 과정에 반영하는 숙의민주주의 등으로 분화 발전되고 있다.

1. 민주주의의 역사적 전개와 근대사회의 형성

민주주의는 역사적으로 고대 아테네 민주주의가 출발점으로, 전체 구성원 중에서 정치참여권을 가진 시민만이 직접 정책결정에 관여하는 특징을 나타냈다. 이후 근대 시민사회에서 논의되었던 시민민주주의는 시민으로서 일정한 재산을 보유하고 정치권을 장악해 지속적인 지배세력으로 유지될 수 있는 계급적인 성격을 가졌다. 근대시민사회의 대두와 산업화는 경제적으로 급속한 사회발전을 이루었으며, 그 결과 도시 산업노동자의 수적인 증대를 가져왔다.

자본주의는 가치배분에서 노동자와 자본가 사이에 갈등이 심화됐고, 노동자들의 적극적 행동으로 기존의 자유민주주의적인 부르주아체제에 대한 정면공격과 갈등상황이 전개됐다. 부르주아체제로서의 자유민주주의는 중우정치적인 성격의 대중민주주의를 다원적 엘리트민주주의로 변형시키면서 사회복지정책 등을 통하여 노동자의 생활을 향상시킴으로써 프롤레타리아의 도전을 극복하려 시도했다. 또 극우파쇼적인 도전에 대해서는 인종주의적인 편견에 대한 공박과 전체주의의 비인간화를 극복하기 위한 국제적인 연대에 의한 전쟁으로 극복하려 했다.

1.1. 민주주의의 발전과 전개

민주주의는 대개 한 사회가 자유화, 민주화, 사회화의 과정을 통해 겪는 정치사회 체제를 의미한다. 권위주의 체제에서 민주주의 체제로의 변동을 뜻하는 민주화는 대개 2단계 또는 3단계로 진행된다. 2단계론에 따르면, 민주화는 '권위주의 정권으로부터 민주주의 정권의 수립'이라는 1단계, '민주주의의 공고화' 또는 '민주적 정권의 효율적 기능'을 하는 2단계로 나뉜다. 3단계론에 따르면, 민주주의는 권리를 재규정하고 확장하는 '자유화'(liberalization), 강압적 통제에서 벗어나 시민권의 규칙과 절차들이 적용되는 '민주화'(democratization), 기회 평등과 함께 실질적인 이익의 평등이 획득되는 '사회화'(socialization)로 이루어진다.

1.2. 민주주의의 연원 및 변천

역사적으로 서구에서 출발한 민주화는 서유럽과 미국에서 근대사회의 시작과 함께 진행됐다. 영국·프랑스·미국 등에서 민주주의가 제도화됐고, 일시적으로 권의주의로 후퇴했다가 제2차 세계대전 이후 민주화를 다시 이룬 독일과 일본 등은 후발 국가이다. 한편 비서구 국가들은 식민지로부터의 독립과 함께 민주화가 시작되었지만, 군부권위주의로 일시적으로 후퇴했다가 1980년대 이후 다시 민주화의 길을 걷게 되었다. 세계적으로 민주화는 여전히 진행 중에 있으며, 아직 성취하지 못한 국가들 또한 적지 않게 존재한다.

2 한국 민주주의의 역사와 특징

서구에서 근대 민주주의 이념과 제도의 형성 및 발전이 산업혁명과 시민혁명으로 대표되는 자본주의 체제의 확립과 연결된 정치사회 발전에 기초했다. 한국에서는 식민지, 분단, 독재로 이어지는 독특한 역사적 상황에서 민주주의는 달성해야 할 이념적·제도적 목표로 존재했다.

한국 민주주의 발전의 제1단계는 대체로 광복 이후부터 우리나라 정부 수립을 거쳐 6·25전쟁, 그리고 자유당의 지배체제가 확립되었던 1950년대로, 민주주의는 계몽적인 과두체제의 성격을 보여주었다.

제2단계는 1960년대에서 1972년의 이른바 유신체제 성립 이전까지의 시기이다. 이 시기의 민주주의는 논리적으로는 민족적 민주주의라든가 행정적 민주주의 또는 한국적 민주주의 등을 내세워졌지만, 사실은 군부·관료·기업가에 의한 지도체제 구축에 의한 강력한 권위주의적 성격을 보여주었다.

제3단계는 1972년부터 1979년 박정희 대통령의 사망에 이르는 기간까지로, 이 시기에 우리 나라의 민주주의는 사실상 제도적인 면에서나 그 기능적 과정에서 극도로 약화되었던 일종의 국가주의적인 성격으로 탈바꿈되기도 하였다. 대통령의 선출은 통일주체국민회의에서 이루어지는 일종의 요식행위로 결정되었고 시민적인 자유조차도 국가안보를 이유로 하여 제약되기도 하였다.

제4단계는 1980년대에 들어와서 군부쿠데타와 신군부의 권력 장악으로 민주주의제도는 위축되고 말았다. 그러나 1987년 6월 민주항쟁 등을 거쳐 군사정권과 권위주의 정권이 퇴조하고, 민주주의의 새로운 전통이 하나씩 확립되고 있다.

제5단계는 민주진영의 집권에 따른 민주주의의 정착, 보수진영의 집권과 민주진영의 재집권, 보수진영의 재집권 등 현실 정치를 통한 민주주의의 진화와 퇴보가 반복되는 선거와 권력의 변천으로 이어지고 있다. 이를 통해 형식적이고 제도적인 민주주의와 함께 시민권의 확장과 민주제도의 정착 등 내용적인 민주주의가 진화 갈등 대립하면서 새로운 형식으로 정착되거나 변화하는 양상을 보이고 있다.

2.1. 해방과 한국의 민주주의

해방 직후 한국 사회는 일제 식민지기에 민족해방운동을 통해 발전시켜 온 민주주의적 이상과 목표를 실현하기 위한 정치적 열기가 뜨거웠다. 대부분의 한국인들은 새로운 민주주의 국민국가 수립과 함께 일제 잔재 청산이라는 당면과제도 해결해야 했다.

그러나 미국과 소련의 분할 점령과 냉전의 도래는 국가건설과 개혁을 둘러싸고 한국 사회 내부에 격렬한 대립을 불러일으켰고, 남한에서는 당면한 일제 잔재의 청산조차 불가능하게 만들었다. 분할 점령이 장기화됨에 따라 한국 사회의 민주주의 논의는 독자적인 국가건설론과 개혁론으로부터 미국과 소련의 체제 이념에 순응하거나 그것을 선전하는 차원으로 전락했다.

결국 UN 결의에 따른 남한만의 단독선거로 대한민국 정부가 수립되었고, 남에서 민주주의 논의는 보통선거 실시 등 형식적이고 절차적인 민주주의 제도의 도입 차원으로 왜소화되었다. 이미 미군 점령하에서 '10월 항쟁', 제주 4·3사건, 여순사건 등 민중봉기가 끊이지 않았고, 정치사회적으로 폭력과 테러가 난무하는 가운데 민중적 차원에서 민주주의 실현의 기초가 와해되었다. 이승만 정권은 정부수립 직후부터 국가보안법 제정, 국민보도연맹 조직, 민보단 설치 등 강압적인 통제체제 구축에 전념했다. 이어서 벌어진 6·25전쟁은 이러한 구조를 고착시켰고, 휴전 이후 이승만의 극우 독재체제가 장기간 지속되었다. 북한 사회는 전후 복구과정을 거치면서 사회주의 제도 확립과 김일성 유일지도체제 수립의 길로 들어섰고, 민주주의 논의는 사회주의적 개혁을 합리화하기 위한 이론적 명분론으로 변질되었다.

2.2. 4·19혁명과 민주주의

휴전 이후 한국 사회에서 민주주의는 이승만 독재정권의 장기집권을 노린 억압통치와 백색테러, 용공조작(容共造作), 부정선거 등으로 인해 그 내용이 사실상 형해화(形骸化)되거나 사문화(死文化)되었다. 이어지는 독재정권하에서 한국 사회의 민주주의 이해는 일반 민중의 자치와 지배, 개인의 자유와 인권, 기본권 보장 등 민주주의의 고유한 원리가 부정되고, 경쟁에 의한 대표 선출이나 정치지도자 간의 공정한 경쟁 보장 여부를 따지는 최소주의 민주주의 한계를 벗어나지 못했다. 1960년의 4·19혁명이 학생들의 부정선거 반대운동으로 시작해서 반독재 민주화운동으로 발전하고 결국 이승만의 하야를 이끌어냈지만, 이승만 정권의 종식 이전에 학생층의 요구가 헌법에 명시된 민주주의 원리의 보장과 준수 차원 이상을 벗어나지 않았던 것은 전후 민주주의의 실상을 잘 보여주고 있다.

그러나 이승만 정권 몰락 후 정치적 자유가 확대되자 거창 민간인 학살 진상규명 요구, 교원노조 설립운동 등 다양한 정치사회적 요구들이 조직적으로 분출했으며, 한·미 행정협정 개정운동과 통일운동의 확산 등 짧은 시간 안에 분단체제 자체의 변화를 요구하는 운동으로 발전했다. 정치적 민주화 요구와 초보적인 민주적 권리회복으로부터 출발해서 투쟁이 발전함에 따라 보다 근본적인 민주적 개혁을 촉구하고, 분단구조의 시정을 요구하는 민주화 요구는 광주민주항쟁 이후 다시 나타난다.

5·16 군사 쿠데타는 합법적으로 선출된 정부를 무력으로 전복하고 권력을 찬탈했을 뿐만 아니라, 4·19 이후 고양된 민주적 개혁 열기와 분단체제 극복 노력을 정면으로 부정했다는 점에서 그 반민주적 성격이 한층 두드러진다. 5·16 쿠데타는 이후 박정희 장기독재체제를 구축하는 계기가 되었고, 박정희 정권은 6·3 민주화운동 이래 수시로 발동된 위수령(衛戍令)에서부터 1967년 6·8 부정선거, 3선개헌, 유신헌법, 긴급조치에 이르는 일련의 반민주 폭압정치를 강화했다. 특히 1972년 10월에 선포된 유신헌법은 3권분립의 원리 자체를 부정했을 뿐만 아니라, 인간의 기본권과 생존권을 유린하는 반민주 악법이었다. 유신체제 하에서 발령된 각종 긴급조치는 박정희 군사독재 정권의 장기집권에 반대하거나 저항하는 모든 시도를 철저하게 탄압했다.

2.3. 1970년대 민주화운동과 5·18, 민주주의

1970년대 민주화운동을 주도한 것은 학생운동 세력과 '재야'로 불리는 야당 정치인, 지식인, 종교인, 교수, 문인, 법조인, 언론인, 여성계 인사들이었다. 1970년대 민주화운동은 군사독재에 대항해서 절차적 민주주의와 정치적 민주주의를 복원하기 위해 벌인 저항운동이었고, 국민의 자유와 기본권 수호, 인권 옹호를 위해 노력했다. 이를 주도한 것은 학생운동과 재야운동이었지만, 1970년 전태일 분신 사건, 1979년의 YH사건과 부마항쟁에 상징적으로 나타나듯이 1970년대에 이른바 민중세력이 조직적으로 성장하기 시작했다.

1979년 10월 26일 박정희가 측근에 의해 피살됨으로써 유신체제는 종말을 고했다. 1970년대 내내 계속된 반독재 민주화 투쟁이 유신체제 몰락에 중요한 역할을 했지만, 민주화운동 세력과 유신세력 어느 쪽도 사태를 장악하지 못한 상태에서 전두환을 중심으로 한 정치군인들이 12월 12일 기습적으로 쿠데타를 감행하여 권력을 장악했고, 국민들의 민주화 열기를 무력으로 진압하면서 권력체제 재편에 들어갔다. '신군부 집단'은 광주민주항쟁에 대한 유혈진압에 드러나듯이 무자비한 탄압을 통해 집권했고, 불법 연행, 고문, 투옥, 각종 의문사 등 강압적인 폭력적 공권력을 통치수단으로 삼아 민주화운동에 대한 탄압에 나섰다.

신군부의 1980년 5·17계엄 확대 조치에 반대하는 전남대 학생들의 시위가 공수부대의 무자비한 탄압에 맞선 광주시민들의 항쟁으로 발전했다. 계엄군에 대항한 시민군의 무장투쟁은 광주시민들의 지지 속에 1주일간 계속되었으나, 계엄군의 진압으로 수많은 인명 피해를 남긴 채 진압되었다. 광주항쟁은 신군부의 권력 장악 기도에 반대하는 민중항쟁이자 민주화운동이었고, 광주시민들의 열흘에 걸친 투쟁은 신군부의 폭력성과 반민주적 속성을 그대로 드러냈다.

2.4. 6월 민주항쟁

전두환 정권의 폭압통치에도 불구하고 광주항쟁 이후 민주화운동은 더욱 활발해졌다. 1980년대 학생운동은 학내외 시위, 점거 등 선도적 투쟁을 통해 전두환 정권에 정치적 타격을 주었고, 농촌활동, 공장활동, 철거민 지원투쟁 등 민중과 연대활동을 강화했다. 재야운동은 1980년대 들어서 민주화운동청년연합, 민주문화운동협의회가 결성되는 등 부문별 지역별로 조직화가 진행되었고, 1985년 민주통일민중운동연합이 결성했다.

1987년 6월 민주항쟁은 1987년 1월 '박종철 고문치사사건'으로 전두환 정권에 대한 국민들의 분노가 폭발하면서 시작됐다. 이 사건을 계기로 정권 타도와 직선제 개헌을 외치는 학생·시민들의 격렬한 시위가 연달아 일어났다. 전두환 정권은 '4·13 호헌조치'로 이에 맞섰지만, 야당과 재야는 '호헌반대 민주헌법쟁취 국민운동본부(국본)'를 결성해 맞불을 놓았다. 6월 내내 서울을 비롯한 전국에서 국본이 주도하는 국민대회와 평화 대행진이 국민들의 지지 속에 이어졌고, 수십 · 수백만 명의 시민과 학생 시위대는 곳곳에서 경찰을 무장 해제시켰다. 전두환 정권은 마침내 국민들의 민주화 요구에 굴복하고, '6·29선언'을 발표하여 직선제 개헌안을 받아들였다. 직선제 개헌 쟁취라는 정치적 승리는 민중의 권리의식을 크게 고취시켰다. 7·8·9월의 3개월 동안 전국적으로 3,300여 건의 노동쟁의가 일어났고, 참여 인원은 122만여 명으로 10인 이상 사업체 총 노동자 333만 명의 37%에 달했다.

1987년 6월 민주항쟁을 중심으로 한 민주화운동은 학생과 지식인 등 중간층 위주의 비조직적 저항운동에서 민중 주도의 조직적 투쟁으로 바뀌었고, 운동의 쟁점도 반독재 민주화에서 계층간 사회·경제적 갈등과 모순의 해결 등 보다 근본적 변혁을 추구하는 진보적 사회운동을 지향했다. 6월 민주항쟁 이후 사회운동은 전국대학생대표자협의회, 전국노동조합운동협의회, 전국농민운동연합, 전국민족민주운동연합 등 부문별 전국 조직을 결성하면서 조직적으로 크게 발전했다. 1987년 이후 통일운동이 대중화되어 전국민적으로 확산되었고, 사회운동의 한 축으로 자리 잡았다.

2.5. 대중운동 시민운동과 민주주의

1990년대 전반 동구 사회주의권이 몰락하고 정부의 개방화 정책과 신자유주의의 공세 속에서 자본 공세가 강화되는 등 국내외 정세 변화는 한국 사회에 큰 영향을 주었다. 1990년대 이후 학생운동이 크게 약화된 반면, 전국민주노동조합총연맹(민주노총)이 성장하면서 노동운동이 사회운동의 중심으로 성장했다. 또 여성운동·환경운동·평화운동·소수자운동 등 새로운 형태의 대중운동과 시민운동이 등장했고, 진보정당운동도 등장했다. 대중운동·시민운동은 정치적 민주화를 비롯해 경제적·사회적 민주화를 달성하기 위한 운동으로 발전했다.

한국의 민주주의는 국민적 참여 속에 전개된 민주화운동과 수많은 사람의 희생 위에서 이루어졌다. 그러나 민주화 과정에서 한국 사회가 이룬 성취를 다지고 더욱 발전시키기 위해서는 지역주의와 권위주의적 정당 운영에 의존하는 정당정치의 미숙성을 극복하고 정치개혁을 완수하는 문제, 민주주의의 제도화와 절차적 민주주의의 수립과 함께 사회적·경제적 민주화의 달성으로 연결시켜 실질적 민주주의를 정착시키는 과제, 사회복지를 확대하여 사회적 안전망을 수립·확충하고 경제성장을 지속 가능한 경제발전으로 전환시키는 문제, 김대중·노무현 정부 시절 개선되기 시작한 남북관계를 더욱 발전시켜 이를 제도화하고 구체적 통일방안을 마련하는 문제, 동북아시아의 패권구조를 극복하고 평화체제 구축 문제 등 한국의 민주주의는 여전히 커다란 도전에 직면해 있다.

3. 한국 사회의 민주주의와 민주화운동

민주화운동은 독립운동, 호국정신과 함께 건국정신의 계승 및 발전의 원동력이다. 건국 정신은 시대의 변화에 대응해 보존하고 계승하려는 노력을 반영하며, 민주주의에 부합하는 민주화운동은 건국 정신의 보존과 확장과 깊은 연관 관계를 맺는다. 민주화운동은 대한민국의 헌법 '제1조 ① 대한민국은 민주공화국이다. ② 대한민국의 주권은 국민에게 있고, 모든 권력은 국민으로부터 나온다.'에 규정된 민주주의와 공화주의의 가치와 철학을 실천한 현실사회에서의 노력과 헌신이라는 점에서, 민주주의 체제는 국가로서의 대한민국의 근간이고 기본임을 알 수 있다.

3.1. 4월혁명과 5·18민주화운동, 6월 민주항쟁

한국 사회에서 펼쳐진 민주화 과정의 결정적인 장면은 1960년 4월 혁명(4·19민주혁명)과 1980년 광주항쟁(5·18광주민주화운동)이다. 4월 혁명은 부패한 이승만 정권의 권위주의에 맞서서 학생과 시민이 주축이 되어 자유주의와 민주주의를 세우려는 사회적 열정이 폭발한 것이었다. 광주 항쟁은 쿠데타로 권력을 장악한 신군부에 맞서 학생과 시민이 주축이 되어 민주주의와 민족주의를 성취하고자 했던 민주주의의 결집된 장면이었다.

이후 한국의 민주화 과정에서 결정적인 전환점을 이룬 것은 1987년 6월 항쟁이었다. 광주 항쟁을 무자비하게 탄압하고 권력을 장악한 군부 권위주의 정권은 시민과 학생들의 지속적인 저항운동에 따라 정당성의 위기에 놓인 가운데, 박종철 고문치사 은폐기도 폭로 사건을 계기로 6월에는 시민사회로부터의 광범위한 저항이 폭발했다.

6월 항쟁은 군부 권위주의 정권의 강압정치에 대응한 민주주의 회복 운동이었고, 동시에 급속한 산업화에 대응해 진행된 시민사회의 성장에 힘입어 거대한 물결처럼 한국 사회를 변화시켰다. 지배세력과 저항세력이 잠정적으로 타협한 '6·29선언' 이후 한국 사회는 산업화에 이어서 본격적인 민주화의 길로 들어섰다.

3.2. 한국 민주주의와 민주화운동의 특성

한국 사회의 민주주의 또는 민주화운동은 대체로 다섯 가지 정도의 특성을 보인다. 첫째, 한국의 민주주의는 서구 근대 민주주의 이념과 제도, 문물을 도입하고 수용하려고 노력했던 개항기로부터 시작해서, 일제 식민지기와 해방 직후 시기, 4·19민주화운동부터 1987년 6월 민주항쟁에 이르기까지 정치적 민주주의를 확장해 사회적·경제적 민주주의와 실질적 민주주의를 확보하기 위한 노력이 진행돼 왔다는 점이다. 민주주의 발전의 장기성과 지속성, 강인성과 역사성은 세계사에 전무후무한 양상을 보였다.

둘째, 한국 민주주의는 3·1운동, 4·19민주화운동, 광주민주항쟁, 6월 민주항쟁, 촛불집회까지 대중투쟁의 역동성을 통해 일본 제국주의, 군사독재, 권위주의에 맞서 민주주의의 가치를 지켜왔다. 역사적으로 대중적 명망성을 확보한 지도인물이나 대안세력의 형성으로 이어지지 못했고, 투쟁의 성과를 제도화하는 데 실패했다.

셋째, 역사적으로 한국 민주주의의 실현 주체는 부르주아 계급이나 노동자 계급의 어느 단일한 계급이 아니라, 다양한 계급·계층의 연합으로 구성되었다는 점이다. 일제 식민지 전 시기에 걸쳐 민족해방운동의 전략적 목표가 민족주의 운동과 사회주의 운동의 제휴와 연대에 기초한 좌우 협동전선의 수립이었고, 해방 직후의 다양한 국가건설론과 개혁론이 '인민' 개념에 기초했던 것, 1970년대 이후 반독재 민주화운동의 이론적·실천적 구심 역할을 한 것이 '민중' 개념이었다는 데 잘 나타난다.

넷째, 일제 식민지기에 전개된 좌우 협동전선론, 사회주의 운동과 민족주의 운동 내부의 다양한 노선투쟁, 해방 직후 국가건설과 사회개혁을 둘러싼 정파 논쟁, 1970년대 이후의 민중론, 1980년대 반제반봉건민족해방혁명론 대 반제반

독점민중민주주의혁명론의 대립, 1990년대 이후의 시민운동론과 진보정당건설론 등 한국 민주주의의 발전 과정에서 시기별로 다양한 실천이론이 전개되었고, 이는 민주주의에 대한 사상적·이론적 이해를 고양시키는 데 기여했다.

다섯째, 한국 민주주의 발전의 세계사적 조건과 국내적 조건의 특이성으로, 한반도의 분단은 냉전의 도래와 함께 시작되었지만, 탈냉전 이후에도 한반도는 여전히 분단 상태로 남아 남북관계 문제가 늘 핵심쟁점이 되고 있다는 점이다. 한국 사회는 분단이라는 특이한 조건에서 세계에서 그 유래를 찾기 어려울 만큼 빠른 시일 내에 산업화와 민주화를 동시에 성공시킨 역동성을 가지고 있다. 이처럼 한국 민주주의에 독특한 성격을 부여한 식민성과 분단이라는 세계사적 조건, 이에 따른 체제상의 문제와 역사적 한계의 극복이 한국 민주주의의 성격을 새롭게 규정해나가고 있다.

Ⅲ. 민주화운동과 보훈정책에 대한 분석 및 진단

민주화는 정치, 경제, 문화를 포함한 사회 전 영역에서 자유와 평등을 포괄한 민주주의의 원리들이 확산되고 심화되는 과정을 가리키며, 민주화운동은 이를 실질적으로 진행시키는 역동적인 사회현상으로 나타난다. 4·19민주혁명은 이승만 독재체제에 대한 민주화운동이었고, 1980년 신군부 쿠데타에 대한 저항으로 나타난 5·18광주민주화운동과 이어진 6월 민주항쟁은 대한민국의 민주주의를 대표하고 상징하는 민주화운동이다.

1. 헌법적 가치로서의 유공자에 대한 보훈과 민주화운동

보훈(報勳)은 '공훈에 보답함'을 뜻한다. 국가적 차원에서의 보훈, 즉 국가보훈(國家報勳)은 일반적으로 '국가유공자의 애국정신을 기리어 나라에서 유공자나 그 유족에게 훈공에 대한 보답을 하는 일'이다.

실제 대한민국의 헌법에는 '보훈'이란 용어가 등장하지 않지만, 헌법은 제32

조 제6항, 제80조, 제89조 제8호 등과 같은 규정에서 공훈에 대한 국가적 차원에서의 보답을 언급하고 있다. 특히 헌법 제32조 제6항은 "국가유공자"를 명시하면서 "국가유공자·상이군경 및 전몰군경의 유가족은 법률이 정하는 바에 의하여 우선적으로 근로의 기회를 부여받는다."라고 규정한다. 이는 국가가 국가유공자 등을 예우할 포괄적인 의무를 지고 있음을 선언한 규정으로 이해되고 있다.

1.1. 5·18에 대한 헌법의 시각

헌법재판소는 1995년 "헌법은 전문에서 '… 우리 대한민국은 3·1운동으로 건립된 대한민국임시정부의 법통과 불의에 항거한 4·19 민주이념을 계승하고 … 정의·인도와 동포애로써 민족의 단결을 공고히 하고'라고 선언하는 한편, 제32조 제6항에서 '국가유공자·상이군경 및 전몰군경의 유가족은 법률이 정하는 바에 의하여 우선적으로 근로의 기회를 부여받는다'"고 규정하고 있다. 이 규정들은 청사에 길이 빛날 투쟁으로 조국의 광복에 기여한 많은 순국선열과 애국지사, 6·25사변 시에 생명과 신체를 희생하면서 국가와 자유를 수호한 전몰군경·상이군경, 4·19민주혁명 당시에 목숨을 바쳐 민주이념을 계승시킨 민주투사와 같은 국가유공자 등이 국가와 민족을 위하여 세운 공훈이나 그들이 감수한 특별한 희생에 대한 보훈과 보상의무를 천명한 것이고, 이로써 국민들의 애국심을 함양하고 나아가 민족의 단결을 공고히 하여 국가와 민족의 번영을 이룩하고자 하는 데에 그 목적이 있다고 할 것이다."라고 하면서 헌법상 국가보훈과 이에 따른 보상 등 유공자에 대한 예우의 의미를 뚜렷하게 환기시켰다.[1)]

헌법재판소는 국가보훈 예우의 내용과 관련, "헌법은 국가유공자 등에게 우선 근로의 기회를 제공할 국가의 의무만을 명시하고 있지만, 이는 헌법이 국가유공자 등이 조국광복과 국가·민족에 기여한 공로에 대한 보훈의 한 방법을 구체적으로 예시한 것일 뿐이며, 동 규정과 헌법 전문에 담긴 헌법정신에 따르면 국가는 '사회적 특수계급'을 창설하지 않는 범위 내에서(헌법 제11조 제2항 참조) 국가유공자 등을 예우할 포괄적인 의무를 지고 있다고 해석된다."라고 설명했다.

---

1) 헌재 1995. 7. 21. 93헌가14, 판례집 7-2, 19면.

이는 헌법 제32조 제6항이 규정하고 있는 근로 기회의 우선적 부여는 국가가 해야 할 보훈의 전부가 아니라, 하나의 예시에 지나지 않는 것임을 분명히 밝힘으로써 국가가 보훈의 다양한 가치를 실현하기 위한 정책을 펼칠 것을 주문했다.

아울러 이같은 헌법재판소의 입장은 계속된 결정을 통해서도 확인되고 있다는 점에서, 이같은 헌법재판소의 결정을 국가보훈적 예우의 의미와 관련된 국가의 의무에 대한 헌법재판소의 확립된 입장으로 보아도 무방할 것이다. 나아가 헌법재판소는 국가유공자로서 국가로부터 일정한 급부를 받을 수 있는 지위를 "사회적 기본권인 사회보장수급권의 일종"으로 이해하고 있다는 점에서, 국가유공자가 국가에 대해 일정한 급부를 요구할 수 있는 권리는 단순히 법률적 차원에서 발원하는 것이 아니라, 정치공동체의 최고규범인 헌법을 통해서 뒷받침되는 헌법적 차원의 권리임을 전제하고 있는 것으로 해석할 수 있다.

현행 헌법은 1980년 5월 광주민주화운동에서부터 1987년 6월 민주항쟁에 이르기까지 독재에 저항해온 누적된 실천의 산물이란 점과 헌법이 "우리 대한민국은 3·1운동으로 건립된 대한민국임시정부의 법통과 불의에 항거한 4·19민주이념을 계승하고" "조국의 민주개혁과 평화적 통일의 사명에 입각하여" "자유민주적 기본질서를 더욱 확고히" 하는 것을 주요한 명시적 과제로 삼고 있다는 점을 고려해야 할 것이다. 이에 따라 민주주의는 현행 헌법의 출발점으로서 단순한 헌법적 차원의 이념이나 이상에 그치는 것이 아니라, 헌법의 수범자인 국가에 일정한 의무를 부과하는 주요한 헌법적 차원의 과제이며, 불이익을 감수하면서까지 부당한 국가권력에 맞서서 행한 활동(즉 민주화운동)은, 헌법 국가의 차원에서 마땅히 예우받을 만한 공로라고 해야 할 것이며, 이러한 공로가 있는 사람은 헌법 제32조 제6항 "국가유공자"에 포함될 수 있는 것으로 이해하고, 그 구체적 범위를 헌법의 구체화 규범인 법률을 통해서 적극적으로 형성해나가는 것은 입법자의 당연한 의무라고 판단하는 것이 올바른 헌법 해석일 것이다. 따라서 헌법적 차원의 보훈대상자인 헌법 제32조 제6항 "국가유공자"에 민주화운동에 공이 있는 사람(민주유공자)이 마땅히 포함될 수 있는 것으로 해석해야 하며, 국가는 보훈과 관련해서 민주유공자에 대해 조치를 취하며 보훈에 적합한 보상과 예우를 해야 할 것이다.

1.2. 국가보훈 관련 법률체계에서 민주유공자

국가보훈 법률은 일반적으로 특수임무유공자 예우 및 단체설립에 관한 법률, 참전유공자 예우 및 단체설립에 관한 법률, 고엽제후유의증 등 환자지원 및 단체설립에 관한 법률, 5·18민주유공자예우 및 단체설립에 관한 법률, 제대군인지원에 관한 법률, 국가유공자 등 예우 및 지원에 관한 법률, 국가유공자 등 단체 설립에 관한 법률, 고엽제후유의증 등 환자지원 및 단체설립에 관한 법률, 보훈보상대상자 지원에 관한 법률, 독립유공자예우에 관한 법률, 국립묘지의 설치 및 운영에 관한 법률, 한국보훈복지의료공단법, 보훈기금법, 유엔참전용사의 명예선양 등에 관한 법률, 국가보훈기본법, 대한민국재향군인회법, 독도의용수비대지원법, 원호재산특별처리법 등이 포괄된다. 실제 이 법률들의 소관 부처 또한 정부조직법 제22조의2에 따라 국가유공자 및 그 유족에 대한 보훈, 제대군인의 보상·보호 및 보훈선양에 관한 사무를 관장하기 위하여 국무총리 소속으로 설치된 국가보훈처이다.

국가보훈 관련 법률들 중에서 가장 기본이 되는 법률로는 「국가보훈기본법」을 꼽을 수 있다. 실제로 국가보훈기본법은 "국가보훈(國家報勳)에 관한 기본적인 사항을 정함으로써 국가를 위하여 희생하거나 공헌한 사람의 숭고한 정신을 선양(宣揚)하고 그와 그 유족 또는 가족의 영예로운 삶과 복지향상을 도모하며 나아가 국민의 나라사랑정신 함양에 이바지함을 목적"으로 삼고(제1조), "대한민국의 오늘은 국가를 위하여 희생하거나 공헌한 분들의 숭고한 정신으로 이룩된 것이므로 우리와 우리의 후손들이 그 정신을 기억하고 선양하며, 이를 정신적 토대로 삼아 국민통합과 국가 발전에 기여하는 것"을 국가보훈의 기본이념으로 선언하면서(제2조), 국가보훈관계 법령을 "국가보훈대상자에 대한 예우 및 지원과 관련된 법령을 말한다"라고 하면서 "국가보훈관계 법령에서 정하는 적용대상 요건에 해당하는 사람"과 "국가보훈대상자"를 밝히고 있다(제3조).

국가보훈기본법은 '국가보훈대상자'의 "희생·공헌"의 목적에 대해 "일제로부터의 조국의 자주독립", "국가의 수호 또는 안전보장", "대한민국 자유민주주의의 발전", "국민의 생명 또는 재산의 보호 등 공무수행" 등 네 가지 중 한 가지 요건에 해당해야 한다고 규정하고 있다. 이로부터 "독립 · 호국· 민주"라는 세 가지 범주의 '보훈 이념'이 제시된다(국가보훈처, 2014).

이 세 가지 이념 중 "독립"의 범주에 해당되는 것은 "독립유공자" 분류뿐이고, "민주"의 범주에 해당되는 것은 '국가유공자'로 분류된 '4·19혁명사망자, 4·19혁명부상자, 4·19혁명공로자'와 '5·18민주유공자'로 분류된 5·18 관련 사망자 또는 행방불명자, 부상자, 그리고 그 밖의 희생자만 대상으로 하고 있다. 즉, 1960년대부터 발생한 민주화운동 중 보훈대상으로 지정된 것은 4·19와 5·18뿐이다. 특기할 점은, 국가보훈처의 '보훈 이념' 중 '민주'에 해당되는 운동이 단 두 가지뿐임에도 두 운동에 참여한 "국가보훈대상자"들이 각각 '국가유공자'와 '5·18민주유공자'라는 상이한 범주에 소속된 것이 현실이다.

2. 민주화운동: 4·19, 5·18, 6월 민주항쟁과 보훈

5·18 광주민주화운동은 1980년 5월 18일부터 27일까지 광주광역시와 전라남도를 중심으로 일어났던 민주화운동을 가리키는 공식 명칭으로, 흔히 광주민중항쟁, 광주항쟁, 광주의거 등으로 불린다.

군부 쿠데타로 집권한 신군부는 5월 18일 광주지역의 학생시위로부터 출발한 반독재 민주화 운동을 계엄군과 공수부대를 보내어 잔인하게 진압하기 시작했다. 열흘간 이어진 운동은 탱크로 무장한 계엄군의 대대적 진압으로 수많은 사상자를 내면서 일단락되었다. 5·18 광주 민주화운동은 한국 현대사 가운데 집권세력에 대항한 최초의 무장항쟁이라는 중요한 역사적 의의가 있으며, 이후 6월항쟁으로 이어지는 민주화운동의 실질적인 출발점이자 준거점이 되었다.

광주민주화운동은 유신체제의 대외의존적이자 성장일변도인 경제정책과 이를 위한 경직된 정치구조 속에서 누적되어온 시민의 불만이 10·26사태 이후 일련의 과정을 거쳐 증폭되어오다가 5·17비상계엄 전국확대 조치를 계기로 폭발한 것이다. 따라서 시민항쟁의 목표는 민주주의와 생존권확보로 집약되었고 특히 민주주의 문제가 중심목표로 제기되었다. 당시 미국이 보여준 일련의 태도, 특히 집권세력의 진압을 정당화해준 사례와 군대동원 방조는 이후 미국에 대한 국민들의 의식을 새롭게 하는 하나의 계기가 되었다. 광주민주화운동은 집권세력에 대항하여 최초로 무장항쟁을 전개한 사건이라는 중요한 특징을 가지고 있으며, 1980년대 이후 급격하게 고양된 반독재민주화운동의 실질적인 출발점이자 준거점이 되었다.

전두환정권의 정통성을 부정한 1987년의 6월항쟁 역시 근본적으로는 광주민주화운동의 정신을 계승한 것이다. 광주민주화운동의 이러한 원동력은 결국 제6공화국 노태우정권으로 하여금 광주청문회를 열도록 했으며 그 과정에서 1980년의 광주사태가 광주민주화운동으로 자리매김되었다. 노태우정권 하에서 유보되었던 광주학살자 처벌 문제는 1993년 이후 김영삼정부가 역사바로세우기 차원에서 광주민주화운동을 재조사하면서 12·12사태와 광주학살의 주역들이 국민적 심판을 받았으며, 전두환·노태우 두 전 대통령은 수감되었다.

또한 5·18민주화운동 등에 관한 특별법(1995. 12. 21), 광주민주화운동 관련자 보상 등에 관한 법률(1997. 12. 17) 등이 제정되어 광주민주화운동 유공자에게 보상금을 지급하는 한편 광주민주화운동을 진압한 공로자에 대한 서훈을 취소했으며 그 자격을 박탈했다.

5·18광주민주화운동은 이어진 6월 민주항쟁까지 이어지면서 한국 민주화운동의 중요한 물줄기를 이뤘다. 6월 민주항쟁은 1987년 6월 전국적으로 전개된 일련의 민주화운동으로, 수많은 학생과 민주화 투사뿐 아니라 일반 시민들이 함께 하는 대대적인 민주주의 운동으로 진행됐다. 당시 박종철 고문치사사건과 4·13호헌조치, 이한열 최루탄 피격 사건으로 인해 반독재 민주화를 열망하는 전국적인 거리 행진과 대규모 시위가 6월 한달 동안 지속되자, 마침내 당시 민주정의당 노태우 대통령 후보는 6·29선언을 발표하고 대통령 직선제로의 개헌을 받아들이면서, 민주주의를 한 단계 전진시킨 대단히 중요한 역사의 기점이 됐다.

6·10민주항쟁은 1987년 1월 14일, 서울대학교에 재학중이던 박종철군이 대

공분실 수사관에게 연행되어 고문으로 인해 숨지는 사건이 발생했다. 정부는 이 사실을 은폐하려 했지만 5월 18일 천주교 정의구현 전국사제단에서 성명을 발표하면서 세상에 알려지게 되었다. 6월 10일 '박종철 고문살인 은폐조작 규탄 및 민주헌법쟁취 범국민대회로'부터 시작된 6월민주화운동의 불씨는 18일 '최루탄 추방 결의대회', 26일 '국민평화대행진'까지 이어지면서, 결국 대통령 직선제 수용 등 8개항을 수용하겠다는 6·29선언이 발표됐다.

대통령 직선제의 수용에도 불구하고 민주화 세력의 정권 수립으로 이어지지 못한 한계는 있지만, 그럼에도 불구하고 6월 민주화운동은 시민의 역량에 의한 아래로부터의 민주주의 운동이었다는 점과 결과적으로 제5공화국 정부의 권력 유지 시도가 저지되었다는 점에서 그 의의를 찾을 수 있다.

3. 민주화운동에 대한 보훈정책의 현실 진단과 국민인식

한 국가와 사회를 지탱하는 핵심 가치인 보훈의 주요한 요소는 사회마다 다른 내용과 형태로 나타난다. 한국의 경우 일본 제국주의에 대항한 독립투쟁, 한국전쟁, 군부독재에 대한 투쟁과 민주주의 수호 등 특수한 역사적 배경으로 인해 보훈의 가치가 포괄적으로 나타나고 있다. 다른 나라의 경우, 보훈 대상자가 전쟁이나 내전 등에서 희생된 국가수호와 관련된 유공자가 대부분이다. 그러나 우리나라의 경우, 호국·참전유공자와 함께 독립운동유공자, 민주화운동유공자 등이 포함되는 등 다양한 유공자의 형태가 나타나고 있다.

그래서 우리나라의 보훈의 핵심 가치에는 '호국'과 함께 '독립'과 '민주'의 가치가 포함된다(서운석, 2011: 185). 보훈의 가치는 구성원들을 공동체로 결속, 유지시키는 핵심가치로 사회의 발전과 역사적 경험을 바탕으로 형성된다. 보훈을 존중하는 사회는 결속력이 높고, 유사시에 외침이나 전쟁 때 강력한 단합력으로 위기를 극복하곤 했다. 그래서 시대 상황과 정치적 원인에 따라 보훈 가치가 확장되고 보훈 대상자가 추가되는 경향이 나타난다(강석승, 2012: 14; 임수진, 2021: 1944).

광복 이후에는 독립투사, 한국전쟁 이후에는 호국장병, 민주화 이후에는 민주투사 등이 보훈정책의 대상이 되고 있다. 그중 현재 보훈정책이 적용되고 있는 민주화운동은 4·19민주혁명과 5·18광주민주화운동이다. 6월 민주항쟁은 민주화운동으로서의 중요성이 크지만, 시기와 특성, 지속시간, 참여자 등을 고려할 때 법체계와 제도적인 보훈정책으로는 이어지지 않고 있다.

국가보훈기본법이 정한 '국가보훈대상자'는 희생·공헌자와 그 유족 또는 가족으로서 국가보훈관계 법령의 적용대상자가 되어 예우 및 지원을 받는 사람"(국가보훈기본법 제3조 2항)으로 규정된다. 대한민국은 독립투쟁과 한국전쟁을 겪으면서 순국선열과 호국장병이 핵심적인 보훈 대상으로 정립되어 있고, 더불어 광복 후 오랜 기간 민주주의를 향한 투쟁과 헌신이 존재했기 때문에 대한민국의 민주화운동은 국가보훈정책에도 적극 반영되어 있다. 이에 따라 세계 각국은 병역의무의 이행이나 전쟁 수행, 국토수호 또는 독립운동, 민주화운동 등 국가공동체를 위해 헌신한 사람, 그 유족 등에 대한 예우와 지원을 통해 국가공동체의 단결을 도모하는 한편 공동체 소속원들에게 의무와 역할을 부과하고 있으며, 우리나라도 그같은 보훈정책을 펼쳐오고 있다.

그중 5·18민주화운동은 5·18민주화운동 등에 관한 특별법(1995년 제정), 5·18민주유공자 예우에 관한 법률(2001년 제정), 5·8 진상규명을 위한 특별법 및 왜곡처벌법(2022년 1월 개정 시행) 등을 통해 합당한 예우를 하고, 이를 통해 민주주의의 숭고한 가치를 널리 알리고 민주주의 발전에 기여토록 하고 있다.

5·18민주화운동은 1980년 쿠데타로 권력을 장악한 신군부에 의한 민주적 기본질서 파괴에 대한 국민들의 항거로 민주주의를 수호했다는 점에서 헌법과 법률이 규정하고 있는 민주주의 가치 수호와 민주주의 발전에 기여했다는 점에서 국가보훈정책으로 예우되고 있다. 5·18민주화운동은 1980년 5월 18일을 전후하여 발생한 헌정질서 파괴범죄행위에 대한 민주화운동 관련자들이 우리나라의 민주주의를 수호하고 인권을 확보하기 위한 활동이라고 통상 정의된다. 5·18광주민주화운동은 헌법상 보장된 저항권으로 이해하는 것이 타당하지만, 우리나라 법원은는 민주적 기본질서를 파괴하려는 자에 대한 정당한 행위이며 위법성이

조각된다고 이해하여 저항권의 성격으로 보지 않는 것이 현실이다.

5·18민주유공자는 5·18민주화운동과 관련하여 희생되거나 공헌자로서 5·18민주유공자 예우에 관한 법률에 의해 국가보훈처장에게 등록되어 예우와 지원을 받은 사람을 말한다. 즉, 1980년 5월 18일을 전후로 한 5·18민주화운동 관련자가 자유민주적 기본질서를 문란하게 하고 헌법에 보장된 국민의 기본권을 침해한 권위주의적 통치에 항거하여 헌법이 지향하는 이념 및 가치의 실현과 민주헌정질서의 확립에 기여하고 국민의 자유와 권리를 회복·신장시킨 역사적 역할을 했고, 다음의 5·18민주유공자예우에 관한 법률에 의해 민주유공자로 인정되어 국가보훈처장에게 등록된 사람을 5·18민주유공자로 통칭한다.

■ 5·18민주유공자예우에 관한 법률 (약칭: 5·18유공자법)

제1조(목적) 이 법은 5·18민주화운동과 관련하여 희생하거나 공헌한 자와 그 유족 또는 가족에게 국가가 합당한 예우(禮遇)를 함으로써 민주주의의 숭고한 가치를 널리 알려 민주사회의 발전에 이바지함을 목적으로 한다.

제2조(예우의 기본 이념) 우리 대한민국의 민주주의와 인권의 발전에 이바지한 5·18민주화운동은 우리와 우리 자손들에게 숭고한 애국·애족정신의 귀감(龜鑑)으로서 항구적으로 존중되고, 그 희생과 공헌의 정도에 상응하여 민주유공자와 그 유족 또는 가족의 영예(榮譽)로운 생활이 유지·보장되도록 실질적인 지원이 이루어져야 한다.

제3조(정부의 시책) 국가나 지방자치단체는 5·18민주화운동의 민주·정의 실현의 이념을 기리고 이를 계승하고 발전시키기 위한 시책을 마련하여야 한다.

제4조(적용 대상자) 다음 각 호의 어느 하나에 해당하는 자로서 제7조에 따라 등록이 된 자(이하 "5·18민주유공자"라 한다)와 그 유족 또는 가족은 이 법에 따른 예우를 받는다.

1. 5·18민주화운동사망자 또는 행방불명자: 5·18민주화운동과 관련하여 사망하거나 행방불명된 사람 또는 5·18민주화운동으로 인한 상이(질병을 포함한다. 이하 같다)의 후유증으로 사망한 사람으로서, 「5·18민주화운동 관련자 보상

등에 관한 법률」에 따라 보상을 받은 사람

2. 5·18민주화운동부상자: 5·18민주화운동과 관련하여 상이를 입은 사람으로서, 「5·18민주화운동 관련자 보상 등에 관한 법률」 제5조제5항에 따른 장해등급(이하 "장해등급"이라 한다)의 판정을 받고 보상을 받은 사람

3. 그 밖의 5·18민주화운동희생자: 5·18민주화운동과 관련하여 「5·18민주화운동 관련자 보상 등에 관한 법률」 제22조에 따라 지원을 받은 사람

제5조(유족 또는 가족의 범위) ① 이 법에 따라 예우를 받는 5·18민주유공자의 유족이나 가족의 범위는 다음과 같다.

1. 배우자 2. 자녀 3. 부모 4. 성년인 직계비속(直系卑屬)이 없는 조부모 5. 60세 미만의 직계존속(直系尊屬)과 성년인 형제자매가 없는 미성년 제매(弟妹)

② 제1항제1호의 배우자의 경우, 사실혼 관계에 있는 사람을 포함한다. 다만, 배우자 및 사실혼 관계에 있는 사람이 5·18민주유공자와 혼인 또는 사실혼 후 그 5·18민주유공자가 아닌 다른 사람과 사실혼 관계에 있거나 있었던 경우는 제외한다.

③ 제1항제2호의 자녀의 경우, 양자(養子)는 5·18민주유공자가 직계비속이 없어 입양한 자 1명에게만 이 법을 적용한다.

④ 제1항제3호의 부모의 경우, 생부 또는 생모 외에 5·18민주유공자를 양육하거나 부양한 사실이 있는 부 또는 모의 배우자가 있으면 5·18민주유공자를 주로 양육하거나 부양한 자 1명을 부 또는 모로 본다.

⑤ 제1항제4호의 조부모의 경우, 성년인 직계비속이 대통령령으로 정하는 생활능력이 없는 정도의 장애인이거나 다음 각 호의 어느 하나에 해당하는 사람으로서 의무복무 중인 경우에는 성년인 직계비속이 없는 것으로 본다.

1. 「병역법」 제16조 또는 제20조에 따라 입영된 현역병(본인이 지원하지 아니하고 임용된 부사관을 포함한다)

2. 「병역법」 제22조에 따라 소집된 상근예비역

3. 「병역법」 제25조에 따라 전환복무된 의무경찰 및 의무소방원

4. 「병역법」 제2조제1항제10호에 따른 사회복무요원으로 소집된 사람

⑥ 제1항제5호의 미성년 제매의 경우, 60세 미만의 직계존속과 성년인 형제자매가 있더라도 대통령령으로 정하는 생활능력이 없는 정도의 장애인이거나 제5항 각 호의 어느 하나에 해당하는 사람으로서 의무복무 중인 경우에는 60세 미만의 직계존속과 성년인 형제자매가 없는 것으로 본다.

제6조(예우 원칙) 5·18민주유공자와 그 유족 또는 가족에 대하여 5·18민주유공자의 희생과 공헌의 정도에 따라 예우하되, 그 생활수준과 연령 등을 고려하여 예우의 정도를 달리할 수 있다.

■ 5·18민주유공자의 등록기준과 절차

5·18민주유공자 예우에 관한 법률의 적용 대상자가 되려는 자 즉, 5·18민주유공자 또는 선순위유족은 관할지방보훈청장 또는 보훈지청장에게 등록을 신청해야 한다.

관할지방보훈청장 또는 보훈지청장은 등록신청을 받으면 대통령령으로 정하는 바에 따라 이 법의 적용 대상자로 결정하며, 5·18민주화운동관련자보상심의위원회의 위원장에게 5·18민주유공자 요건 관련 사실에 대한 확인을 요청하여야 한다. 관할 지방보훈청장 또는 보훈지청장은 통보를 받았으면 등록신청 서류와 통보된 등록 요건 관련 사실을 확인하여 법 적용대상 여부를 결정한 후 그 사유를 분명히 밝혀 신청인에게 알려야 한다. 5·18민주화운동 보상금 결정, 5·18민주유공자 등록 거부, 5·18민주유공자 비해당결정은 항고소송의 대상이 되는 처분성이 인정되며, 이에 불복이 있는 자는 취소소송을 제기하여 권리를 구제받을 수 있다.

■ 5·18민주유공자의 보상의 범위

5·18민주화운동 관련자 또는 그 가족, 유족은 5·18민주화운동 관련자 보상 등에 관한 법률에 따른 보상금, 의료지원금, 생활지원금을 지급받을 수 있다. 5·18민주화운동 관련자 보상 등에 관한 법률 제5조에 의하여 관련자 또는 그 유족에게는 산출한 금액에 보상 결정 시까지의 법정이율에 따른 이자를 더한 보상금

을 지급토록 하고 있다. 5·18민주화운동과 관련하여 상이를 입은 사람이 그 상이 외의 원인으로 사망한 경우에는 그가 살아 있는 것으로 간주하여 5·18민주화운동과 관련하여 상이를 입은 사람 또는 그 유족과 같은 보상금을 지급하도록 하고 있다(법 제5조 제2항).

5·18민주화운동 관련 보상금 등을 지급받고자 하는 사람은 대통령령으로 정하는 바에 따라 관계 증명서류를 첨부하여 서면으로 5·18민주화운동 관련자와 그 유족에 대한 보상 등을 지원하기 위하여 광주광역시에 설치된 5·18민주화운동관련자보상심의위원회에 보상금 등의 지급을 신청해야 한다. 한편, 5·18민주화운동과 관련하여 국가유공자 등 예우 및 지원에 관한 법률 또는 보훈보상대상자 지원에 관한 법률에 따른 예우 또는 지원을 받을 수 있는 사람에게는 5·18민주화운동 관련자 보상에 관한 법률을 적용하지 아니하며, 보상금 등의 지급 결정은 신청인이 동의한 경우에는 5·18민주화운동과 관련하여 입은 피해에 대하여 민사소송법에 따른 재판상 화해가 성립된 것으로 보고 있다(법제16조 제2항).

5·18민주유공자의 국가보상권은 관할 보훈청장 또는 보훈지청장에게 등록신청을 한 날이 속하는 달부터 발생하고, 생활조정수당, 생활지원금, 위로금, 교육지원 및 보조금 등의 지급을 신청하는 경우에는 그 신청한 날이 속하는 달부터 해당 보상을 받을 권리가 발생한다(국가유공자 등 예우에 관한 법률 제9조). 이는 보상금수급권 발생 시기를 명확히 함으로써 국가의 재정적 상황을 고려하여 보상수준을 결정하기 위한 것으로 합리성이 인정되며, 국가에게 등록신청을 하지 아니한 데에 정당한 이유가 있는 자들을 특별히 배려하여 예외를 인정해야 할 헌법상 의무가 발생한다고 볼 수 없다. 5·18민주유공자 등록 이후부터 보상금을 지급하도록 하는 것은 지급대상자의 범위 파악과 보상수준의 결정에 있어서의 용이성, 국가의 재정적 상황 등 입법 정책적 상황을 고려하여 규정된 것이며, 5·18민주화운동 관련자 보상 등에 관한 법률은 보상금 이외에 생활조정수당이나 간호수당, 생활지원금, 위로금 등을 지급함으로써 유공자의 인간다운 생활에 필요한 최소한의 물질적 수요를 충족시켜 주고 있다고 할 것이므로 인간다운 생활을 할 권리를 침해하지 아니한다는 것이.

5·18민주유공자, 그 유족 또는 가족이 사망, 국적상실, 유족 또는 가족에 해당하지 않거나 품위유지의무 위반으로 정지가 된 경우에 해당하게 되면 그 해당되는 사유가 발생한 날이 속하는 달의 다음 달부터 이 법에 따라 보상을 받을 권리가 소멸된다. 또한 거짓이나 그 밖의 부정한 방법으로 이 법에 따른 5·18민주유공자, 그 유족이나 가족으로 등록되면 이 법에 따라 예우를 받을 권리가 발생하였던 날로 소급하여 예우를 받을 권리가 소멸된다(5·18민주유공자예우에 관한 법률 제9조).

이에 따라 5·18 민주유공자와 유족에 대한 다양한 보훈 지원이 이뤄지고 있으나. 지원금이 월 10만원에 불과하고 혜택도 크지 않아 국가유공자법에 따른 국가유공자로 예우하라는 국회의 입법 요구가 높은 상황이다. 특히 국회 정무위원회에서는 국가폭력과 불의에 대항해 민주주의와 정의, 인권을 지키기 위해 희생한 5·18민주유공자를 국가유공자법에 따른 국가유공자로 예우하라는 국회의원들의 질의와 요청이 집중적으로 제기되기도 했다.[2] 현재 민주화운동 중 4·19혁명 참가자의 경우 국가유공자법에서 국가유공자로 인정해 예우하고 있으나, 5·18민주화운동 참가자의 경우 국가유공자가 아닌, 5·18민주유공자법에 따른 5·18민주유공자일 뿐 국가유공자가 아니어서 국가유공자의 예우를 받지 못하고 있다는 지적이다.

실제 "5·18희생자가 '민주유공자'로 지정되었다고는 하지만, 5·18민주화보상법이 안고 있던 미진한 보상내용은 그대로 존치된 채 단지 민주유공자로서의 예우와 간접적인 지원을 받을 수 있게 한 것에 불과하였다. 즉 기존의 5·18보상법에 의한 5·18희생자에 대한 보상이 희생과 공헌의 정도에 상응한 보상이 되지 못했다는 점과, 다른 국가유공자들과의 관계에서 형평에 맞는 동일한 차원의 보

2) 윤영덕 국회의원(광주 동남갑, 국회 정무위원회, 더불어민주당)은 10월 21일 국회 정무위원회 종합국정감사에서 박민식 국가보훈처장을 상대로 5·18민주유공자를 국가유공자로 예우할 수 있도록 적극적으로 검토할 것을 요청하고, "4·19혁명유공자와 달리 5·18민주화운동 참가자들은 국가유공자가 아니라 5·18민주유공자일 뿐이다. 이제는 대한민국이 5·18민주유공자를 국가유공자로 예우할 수 있는 시기가 되었다고 생각한다"며 박 처장에게 사안에 대한 적극적인 검토를 촉구했다. 윤 의원은 "5·18민주화운동 참가자들도 국가폭력과 불의에 대항해 민주주의와 정의, 인권을 지키기 위해 스스로 희생한 분들이고 87년 민주화의 초석이 되었기 때문에, 4·19혁명 유공자와 마찬가지로 5·18민주유공자들도 국가유공자로 예우받는 것이 마땅하다"고 설명했다. 출처: 한국시민기자협회 뉴스포털1(http://www.civilreporter.co.kr)

상이 아니라는 점 등이 2002년 예우법에 전혀 반영되지 못한 것이다. 따라서 5·18민주유공자도 다른 국가유공자와 마찬가지로 민주유공자로서 그 희생과 공헌의 정도에 상응한 합당한 보상과 예우가 이루어져야 할 것이다. 다만 5·18보상법에 의해 6차에 걸친 보상절차를 통해 보상이 상당 부분 마무리되었고, 나아가 이미 당사자들이 보상금을 수령하였기 때문에 기수령한 금액을 감안하여 다른 국가유공자들과의 형평성의 차원에서 현격한 보상금의 차이를 연금 및 수당 등의 방법으로 보전해주는 방안이 모색되어야 할 것"[3]이라는 지적이 계속 제기되고 있다.

다음은 2022년말 현재 보훈 관련 법안 및 정부와 지자체의 보훈 제도 아래 지원되고 있는 각 분야의 보훈지원 상황이다. 5·18민주유공자에는 '5·18민주화운동 시 사망하거나 행방불명되신 분', '5·18민주화운동으로 부상당하신 분', '그 밖의 5·18민주화운동으로 희생하신 분'으로 구분되며, '보훈급여금(생계지원금)', '교육 지원', '취업 지원', '의료 지원' 등이 시행되고 있다.

■ 보훈급여금 (생계지원금)

80세 이상의 5·18민주유공자 본인 또는 우선순위 유족 중 '생활이 곤란한 분'에게는 매월 10만 원의 '생계지원금'이 지급된다. 지급 조건은 본인 및 가구원의 소득·재산액이 기준 중위 소득 50% 이하이면서 부양 의무자(자녀 및 자녀의 배우자)의 부양 능력이 없는 경우여야 한다. 생계지원금 지급을 원하는 대상자는 구비서류(생계지원금 지급 신청서 1부, 소득·재산 신고서 1부, 금융 정보 등 제공 동의서(부양 의무자 포함) 각 1부, 개인 정보 이용 및 제공 사전 동의서 1부)를 제출해야 한다.

■ 교육 지원

교육 지원 대상자는 5·18부상자 본인 및 자녀, 5·18사망(행불)자의 배우자 및

---

3) 민병로, "5·18민주유공자 보훈제도의 개선방안", 『민주주의와 인권』 제9권 2호,

자녀다. 단, 16. 6. 23 신규 등록자의 자녀는 30세 이전에 입학한 경우에만 지원되며, 5·18 희생자와 16. 6. 23 이후 신규 등록한 5·18 부상자(12~14등급)의 자녀는 생활 수준을 고려하여 지원 여부가 결정된다. 교육 지원 내용으로는 중·고등·대학교의 등록금(입학금, 수업료) 면제와 학습 보조비 지원 등이 있다.

■ 취업 지원

5·18민주유공자 본인 및 배우자, 자녀는 '가점 취업(만점의 10% 또는 5%)', '보훈 특별 고용', '특별 채용', '직업 교육 훈련', '취업 수강료' 등의 취업 지원이 있다. 단, 16. 6. 23 이후 신규 등록한 5·18부상자 중 장해 등급 12급 이하 자녀 및 그 밖의 5·18 희생자의 자녀는 취업 지원 비대상이다. 또한 16. 6. 23 이후 신규 등록자의 장해 등급 11급 이상 및 5·18사망자 또는 행불자의 자녀는 1인에 한하며, 가점 지원은 제한이 없으나 취업 알선 횟수는 3회로 제한된다.

■ 의료 지원

보훈병원 이용 시 5·18부상자 본인은 국비 진료, 부상자 가족 및 사망자(행불자) 유족은 60% 감면, 기타 희생자 본인은 50% 감면, 기타 희생자 가족은 30%가 감면된다. 단, 16.6.23 이후 신규 등록자의 경우, 가족은 배우자 및 우선순위 유족 1인(부모인 경우 부모 모두)에 한하며, 부상자 중 장해 등급 12~14급은 상이처 외 진료를 받을 시 10%가 본인 부담이다. 참고로 5·18부상자는 지정 병원에서도 국비 진료가 가능하며, 보철구도 지급되기 때문에 '관할 보훈(지)청'에 신청하면 된다.4)

4) 우리나라는 유공자에 대한 주택 지원이 잘 이뤄지지 않고 있다. 미국에서는 기본 주택 이외에 유공자가 특별한 주택이나 시설이 필요한 경우 필요한 주택개조 또는 주택 구입 비용의 50%(최고 $50,000)까지 지원가능하다. [안형주, 「외국의 보훈제도(미국)」(국가보훈처 보훈교육연구원, 2005). 37면, 75면] ; 우리나라도 미국의 입법례와 같이 저소득 국가유공자나 중증 상이자에 한해 주택우선공급과 대부가 이루어지는 것이 합리적일 것이며, 향후 이같은 주택 지원 제도가 활성화되는 것이 바람직하다고 여겨진다.

Ⅳ. 민주화운동과 보훈정책의 미래발전 방향

1. 민주화운동에 대한 향후 보훈정책의 발전 방향

대한민국의 보훈정책을 결정하는 핵심 법안은 헌법에 근거한 국가보훈기본법이다. 국가보훈기본법은 보훈을 '국가를 위해 희생하거나 공헌한 분들의 숭고한 정신을 기억하고 선양하며 이를 토대로 삼아 국민통합과 국가 발전에 기여하는 것'이라고 규정한다(국가보훈기본법 제2조). "보훈의 의미에 대해 국가를 존립시키고 유지, 발전시키기 위해 공헌한 국민에 대한 보답행위의 일종으로 이들에 대한 복지, 보상, 예우 활동으로 보는 것"(김종성, 2005)은 당연한 시각일 것이다.

민주화운동에 관련된 보훈정책의 문제점은 각종 보훈정책의 대상에 따라 다르게 운영되고, 국가보상의 범위와 기준, 보상절차 등이 서로 다르거나 명확하지 않은 탓에 법과 제도의 핵심요소인 명확성과 형평성의 원칙에 위배될 가능성이 크다는 점이다. 또 각 유공자 단체들의 단체 또는 영역 이기주의로 인해 입법이 산발적이거나 형평성의 원칙을 무시한 채 자의적으로 이뤄지는 등 법 적용 과정에서 많은 혼란이 발생하고 있는 것이 현실이다. 또 유공자라 할지라도 단순피해자와 민주유공자, 국가유공자 등 명확한 구분을 통해 유공자에 대한 합당한 예우와 지원이 이뤄져야 한다는 각계의 지적도 나오고 있다. 또 국가유공자나 민주유공자에 해당됨에도 불구하고, 보훈당국에 제때 등록신청을 하지 못하는 사례도 발생하고, 등록이 취소된 유공자의 경우 환수조치를 하는 등 행정의 명확성과 효율성을 높이는 문제도 제기되고 있다.

그중에서도 5·18민주화운동과 관련한 법안, 5·18민주화운동에 관한 특별법 제6조는 "5·18민주화운동 관련자 보상 등에 관한 법률에 따른 보상은 배상으로 본다"고 규정해 국가의 위법행위를 전제로 한 손해배상의 성격이 강한 국가보상 또는 사회보상의 성격을 강조한다. 국가배상법 제2조의 공무원의 위법한 행정작용으로 인한 국가배상제도와 별도로 국가가 입법정책적으로 5·18민주화운동 관련 보상법을 제정하여 국가의 과잉진압과정에서 나타난 공무원의 위법한 직무상 행위로 인한 국민의 생명과 신체에 대하여 손해에 대하여 국가보상하는 것으로서 손해전보적 성격이 강하다고 할 것이다. 특히 5·18민주화운동 관련자 보상 등에 관한 법률에서는 민주화운동 관련자 명예회복 및 보상 등에 관한 법률 제6조와 같은 관련자의 희생과 생활의 정도를 고려하여 보상하는 규정하지 않고 있을 뿐만 아니라 관련자로 인정될 경우 소득기준이나 경력에 따른 보상금 지급제한규정을 별도로 두지 않고 동법령에서 정한 보상금, 생활지원금, 의료지원금, 기타지원금을 받을 수 있도록 규정하고 있다.

5·18민주화운동 관련자 보상 등에 관한 법률 제5조에 의한 "5·18민주화운동과 관련하여 사망하거나 행방불명으로 확인된 사람의 유족 : 사망하거나 행방불명된 때를 기준으로 그 당시의 월급액, 월실수입액 또는 평균임금에 장래의 취업가능기간을 곱한 금액에서 법정이율에 따른 단할인법으로 중간이자를 뺀 금액"으로 보상금을 산정하고 있으므로 국가가 5·18민주화운동과 관련하여 국가로부터 피해를 입은 자에 대한 그 손해를 전보하기 위해 고의·과실 책임에 의한 손해배상 차원에서 국가배상이 주로 이루어지며, 생활지원금, 의료지원금, 기타지원금 등이 5·18민주화운동 관련자에게 지급되므로 사회보장적 성격도 함께 지니고 있다고 할 수 있다. 다만, 5·18민주유공자에 대한 예우는 희생과 공헌도에 따라 예우를 하고 있으므로 국가가 보은적 차원의 국가보상을 하고 있다. 5·18민주화운동 관련자의 국가보상수급권은 5·18민주화운동 관련자 보상 등에 관한 법률과 5·18민주유공자예우에 관한 법률에 의해 국가보상문제가 규율되고 있고, 동 법률에 의해 보상금 등을 지급받을 권리의 양도, 담보 제공과 압류금지를 하고 있으며, 결정전치주의에 의한 권리구제를 받을 수 있으므로 공권적 성질을 지니고 있으므로 할 것이다.

1.1. 민주화운동에 대한 평가와 보훈정책에 대한 반영

민주화운동이 모두 선(善)은 아니지만, 민주화운동이 한국의 민주주의 가치를 수호하고 발전시키며 도덕성과 정통성을 드높이는 국가적 원동력이 됐다는 점에서 민주화운동의 가치는 높이 평가받아야 할 것이다.

그러나 실제로는 국가유공자 등 예우 및 지원에 관한 법률은 우리 헌정사에서 발생한 다양하고 많은 민주화운동 중에서 오직 4·19혁명과 관련한 희생 및 공헌자만을 유공자로 인정하고 있다. 아울러 다른 보훈관련 법률들을 포함하더라도 현재 국가보훈의 영역에 포함되어 "유공자"로서 예우 및 지원을 받는 민주화운동 관련자는 4·19혁명과 결부된 사망자·부상자·공로자 외에는 5·18민주유공자 예우 및 단체설립에 관한 법률이 규정하고 있는 5·18민주화운동 관련자가 유일하다는 점에서, 민주유공자는 국가보훈대상자 관련 일반법이라고 할 수 있는 국가유공자 등 예우 및 지원에 관한 법률에서는 물론이고 국가보훈 관련 전체 법률체계 속에서도 철저하게 소외되어 있는 것이 현실이다.

물론 보훈의 내용이나 정도 및 방법 등은 해당 사건의 중요성이나 헌법 및 헌정사적 의미 등을 고려하여 달리 정할 수 있을 것이다. 그러나 '권력기관이 폭력적 지배와 자의적 지배를 통해서 다수의 의사에 의한 국민의 자치와 자유·평등의 기본원칙에 의한 법치주의적 질서를 유린 및 무시할 경우, 이에 저항하여 권력작용의 수정을 꾀하거나 독재를 배제 및 배격하여 국민적 합의에 기초해 국가권력이 형성 및 행사될 수 있도록 하는 활동'을 한 민주유공자를 국가가 도외시하거나 혹은 국가가 인정하여 공식적으로 기념해야 할 민주화운동에 참여하여 공로가 있는 사람들에 대해서까지 아무런 예우나 지원을 하지 않아서 이들의 공로와 명예가 폄훼되도록 방치하는 것은 바람직하지 않다. 이는 "3·1운동으로 건립된 대한민국임시정부의 법통과 불의에 항거한 4·19민주이념을 계승"해야 하는 현행 대한민국헌법의 정신에 부합되는 공권력 행사라고 보기 어려울 뿐만 아니라, 무엇보다도 헌법 제32조 제6항 및 헌법상 평등원칙(헌법 제11조)에 합치하기도 어렵다고 평가된다. 입법부인 국회는 국가보훈의 관점에서 민주유공자에 대한 전면적인 재검토 및 관련 법률의 체계적 정비에 나서야 할 것이다.

이러한 점에서 볼 때, 국가가 민주화운동으로 받아들이거나 인정한 사건들이 적지 않음에도 국가보훈 관련 법률규정 중 4·19혁명과 결부된 사망자·부상자·공로자 외에는 5·18민주화운동에 관련된 일정한 사람만이 명확한 국가보훈의 대상자인 유공자로 취급되고 있는 점이 특기할 만하다, 다른 많은 국가보훈관련 많은 법률을 살펴보면 더욱 명확해진다. 군사업무와 관련된 유공은 세세하고 대대적으로 이뤄지는 반면, 민주화운동을 뚜렷하게 밝히고 있는 국가보훈 관련 법률은 5·18민주유공자예우 및 단체설립에 관한 법률이 유일하다는 점 등을 통해 잘 파악할 수 있다.

이에 따라 민주화운동 공로자 명예회복과 보상을 위한 법체계를 정비해야 한다는 지적이 잇달아 나오고 있다. 실제 민주화운동기념사업회법으로 인정되는 민주화운동 범위보다 '민주화운동 관련자 명예회복 및 보상 법률'에서 인정하는 민주화운동 범위가 좁아, 국가가 기념하고 계승하려는 민주화운동 범위가 상대적으로 폭넓게 형성돼 있음에도 명예회복과 보상 등 예우 대상이 될 수 있는 많은 민주화운동 공로자들이 소외되고 있는 현상이 나타나고 있다.

또 국가보훈에서도 「국가보훈기본법」에 따라 자유민주주의 발전을 위해 특별히 희생하거나 공헌한 사람에 관한 국가보훈 예우와 지원 근거를 마련해 두고 있는 반면, '국가유공자 등 예우 및 지원 법률'에는 민주화운동 유공을 과소평가해 4·19혁명과 5·18민주화운동 관련자만 유공자로 한정하고 있기 때문에 민주화운동 공로자 예우·지원 문제가 과소 평가되고 있는 현상이 나타나고 있다. 헌정사적 맥락과 현실적 의미를 고려해 예우·지원 수준 등을 달리 정하더라도, 민주화운동에 일정한 공헌을 한 사람들이 폭넓게 포함될 수 있도록 법 개선을 해야 한다는 지적이 나오는 배경이다.

또 경기·광주·부산·서울·울산·전남·충남·경남·인천·강원·대전·제주 등 광역자치단체 조례에서도, 조례에 따른 지원 대상이 '민주화운동 관련자 명예회복 및 보상 등에 관한 법률'에 따라 정한 유공자만을 인정해 다른 공로자들은 예우·지원 범위에서 제외되고 있는 것이 현실이다. 장제비를 제외한 지원금은 보훈 차원의 예우나 지원이라기보다는 사회보장 급여 개념에 따른 생활지원금에 가까우며, 민주화운동 관련자에게 지급되는 지원금 등은 '지급한다'가 아니라 '지급할 수 있다'는 허용 규정으로 근거를 마련한 것도 개선이 필요하다는 지적이다. 이를 통해 유공자와 유족에 대한 명예회복과 실질적 보상으로 자긍심을 고취하는 것은 물론 숭고한 가치를 널리 알리는 정부를 포함한 범사회적 노력이 필요하다는 지적도 나오고 있다.

2. 민주화운동에 대한 보훈정책과 국정어젠다 설정 및 발전방향

민주화운동은 권력에 의해 뒤틀리고 왜곡된 사회를 역동적으로 민주적으로 바꾸는 사회적 역할을 해왔다. 헌법의 차원에서 민주화운동을 '권력기관이 폭력적 지배와 자의적 지배를 통해서 다수의 의사에 의한 국민의 자치와 자유·평등의 기본원칙에 의한 법치주의적 질서를 유린 및 무시할 경우, 이에 저항하여 권력 작용의 수정을 꾀하거나 독재를 배제 및 배격하여 국민적 합의에 기초해 국가권력이 형성 및 행사될 수 있도록 하는 활동'으로 규정하는 것은 당연한 평가일 것이다.

그렇다면 헌법적 가치인 '민주이념'을 계승하기 위해서 민주화운동을 규율하고 있는 관련 법률들이 보훈의 가치와 만나야 할 것이다. 여기에는 '권력기관이 폭력적·자의적 지배를 통해 다수의 의사에 의한 국민의 자치와 자유·평등 및 법치주의적 질서를 유린 및 무시한 행위'와 '이러한 행위에 저항하여 권력작용의 수정을 꾀하거나 독재를 배제 및 배격하여 국민적 합의에 기초해 국가권력이 형성 및 행사될 수 있도록 하는 활동'을 조사하고 이를 확인 및 인정하기 위한 법률(예컨대 진실·화해를 위한 과거사정리 기본법, 5·18민주화운동 진상규명을 위한 특별법 등)은 당연히 해당될 것이다. 또 저항의 대상이 된 국가권력 및 그 권력 담당자를 특별히 처벌하기 위한 목적으로 정립된 법률(예컨대 5·18민주화운동 등에 관한 특별법)도 해당이 될 것이다. 더불어 민주화운동 및 민주화운동에 참여한 사람들의 공로와 희생을 예우하고 기념하기 위한 법률들(예컨대 민주화운동기념사업회법, 제주4·3사건 진상규명 및 희생자 명예회복에 관한 특별법, 여수·순천10·19사건 진상규명 및 희생자 명예회복에 관한 특별법, 민주화운동 관련자 명예회복 및 보상 등에 관한 법률, 3·15의거 참여자의 명예회복 등에 관한 법률, 부마민주항쟁 관련자의 명예회복 및 보상 등에 관한 법률, 5·18민주화운동 관련자 보상 등에 관한 법률, 5·18민주유공자예우 및 단체설립에 관한 법률 등)을 포함시킬 수 있을 것이다.

그렇다면 이들 법률을 모두 모아 '민주화운동 관련 법률체계'를 형성한 뒤 민주화운동에 대한 보훈정책을 종합적으로 수립하는 것이 당연히 필요할 것이다.

민주화운동 관련 법률들 중 "민주화운동" 그 자체에 대한 법률적 차원의 정의는 민주화운동 관련자 명예회복 및 보상 등에 관한 법률과 민주화운동기념사업회법에 규정되어 있다. 또 "민주화운동 관련자"를 명시적으로 언급하면서 이를 밝히고 있는 법률 규정은 민주화운동 관련자 명예회복 및 보상 등에 관한 법률에서 나타난다. 민주화운동기념사업회를 설립하여 민주화운동을 기념하고 그 정신을 계승하기위한 사업을 수행함으로써 민주주의의 발전에 이바지함을 목적으로 삼고 있는, 민주화운동기념사업회법은 "민주화운동"을 "2·28대구민주화운동, 3·8대전민주의거, 3·15의거, 4·19혁명, 부마항쟁, 6·10항쟁 등 1948년 8월 15일 대한민국 정부수립 이후 헌법에 보장된 국민의 기본권을 침해한 권위주의적 통치에 항거하여 국민의 자유와 권리를 회복·신장시킨 활동으로서 대통령령으로 정하는 활동"으로 정의하고 있다(제2조). 또 민주화운동기념사업회법 제2조를 구체화하고 있는 동법 시행령 제2조는 6·3한일회담 반대운동, 3선개헌 반대운동, 유신헌법 반대운동 및 광주민주화운동을 민주화운동으로 함께 포함시키고 있을 뿐만 아니라, 민주화운동 관련자 명예회복 및 보상 등에 관한 법률 제4조에 따른 민주화운동관련자명예회복및보상심의위원회에서 민주화운동 관련자로 심의·결정한 사례가 있는 경우와 행정안전부장관이 관계 기관 및 전문가의 의견을 들어 고시하는 경우도 "민주화운동"으로 정의하고 있다. 이를 고려할 때, 민주화운동기념사업회법에 따른 민주화운동이 현행 법률상 민주화운동에 관한 가장 넓은 정의지만, 실제 민주화운동의 주체인 민주유공자를 비롯한 민주화운동 관련자에 대한 예우나 지원은 사실상 현실에서 진행되지 않고 있는 것이 현실이다.

그렇다면 민주주의를 지키고 창달해야 할 책임이 있는 정부의 입장에서는 형평성과 공정성을 지키면서도 동시에 민주화운동에 대한 보훈을 국정의 주요 어젠다로 설정하고, 관련된 입법과 예산, 제도화에 총력을 기울여야 할 것이다. 보훈은 국민통합의 핵심 변수이며, 국가에 대한 애정과 사랑, 헌신과 애국심을 이끌어내는 역할을 하기 때문이다.

국정을 이끄는 정부의 지도자는 의제 설정을 통해 성공적인 이슈 선정, 대안 모색, 우선 과제의 설정에 능숙해야 한다. 의제 발의의 적절한 시기, 제반 비용에 따른 예산 변수와 입법화 가능성, 우선 과제의 서열화 등을 통해 성공적인 국정운영에 나서야 한다.

보훈 이슈는 그중 가장 중요한 이슈 중 하나다. 우리 현실에서 보수와 진보 간의 첨예한 갈등이 보훈 분야에도 그대로 나타나고 있다는 점에서 어떻게 국민통합의 가치를 제시하며 양 진영을 설득할 것인지, 어떻게 의제 설정을 함으로써 예산과 국가조직을 활용해 적극적인 보훈행정을 펼칠 것인지, 어떤 사업과 예산의 우선순위를 정할지 등을 설정해나가야 할 것이다. 또 민주주의의 수호와 발전에 기여한 민주화운동 유공자들과 함께 기존의 독립투사와 순국선열들로 대표되는 독립의 가치, 외적의 침입으로부터 영토와 국민의 생명을 지키는 호국정신이 투철한 애국장병과의 형평성과 이에 대한 국민의 인식을 개선해 나가려는 범사회적 노력이 펼쳐져야 할 것이다.

V. 결론: 독립·호국·민주 핵심가치와 보훈정책의 내실화

민주화운동은 그 사회의 민주화 역량을 드러내며, 사회의 미래를 밝고 긍정적으로 펼쳐나가는 역할을 해왔다. 자유, 평등과 같은 민주주의 가치를 고양시키고 현실화시키는 역할을 해왔고, 권위와 억압, 대립과 갈등의 정치사회 현안을 협상과 조정, 참여와 숙의의 과정을 통해 순기능의 측면을 강화시키기 때문이다.

그렇다면 민주화운동을 한 민주유공자에 대해 보훈의 원칙에 따라 예우하는 것은 필수적인 사회적 행보이자 정책방향일 것이다. 문제는 예우는 '예의'를 다하여 정중히 대우하는 것이라는 점이다. 상대를 배격하거나 무시하는 행위, 무관심하거나 배제하는 상황에서 예우가 이뤄질 수 없다는 점에서 진정성과 적실성, 헌신성이 드러나는 정책을 펼쳐야 할 것이다.

대한민국은 그동안 민주화운동에 특별한 공로가 있는 유공자들을 예우해야 한다고 하면서도, 실제로는 그들을 배척하고 무시하는 상황이 이어졌고, 그들에 대해 어떻게 예우할 것인지에 대한 사회적 고민과 실천에는 소홀한 모습을 보여왔다. 특히 민주화운동을 기념일마다 참석해 기념하는 장면을 연출하면서도, 정작 유공자들을 소외시키고 구체적인 법률과 행정을 통해 예우하는 데 정성을 다하지 않았다. 또 예우 과정에서 법률이나 조례가 정한 생활지원금, 생계지원비, 위로금과 같은 표현과 함께, 예우의 판단 기준으로서 소득과 나이에만 집중하는 것은 유공자들을 무시하는 것이며, 향후 정책 실천 과정에서 시정되어야 할 것이다.

5·18민주화운동은 이후 영화 '택시운전사' '화려한 휴가' '박하사탕' '꽃잎' '화려한 휴가' '26년' '임을 위한 행진곡' '아들의 이름으로' 등 영화를 포함한 수많은 문화예술작품과 사회적 공감형성을 통해 세계 민주주의를 선도하는 대한민국의 국제적 위상을 높여왔다는 점에서 자랑스러운 우리의 역사다. 국가보훈은 국가와 공동체를 유지하기 위한 고도의 정치 행위다. 그렇다면 우리 공동체가 민주주의의 가치와 철학을 공유하고 실천하기 위해서는 쿠데타로 권력을 잡은 신군부의 집권 음모를 규탄하고 민주주의의 실현을 요구하며 전개한 민중항쟁의 진면목과 함께 당시 기여했던 유공자들과 함께 관련된 모든 민주유공자에 대해서도 합당한 국가적 예우와 사회적 지원을 아끼지 말아야 할 것이다.

국가보훈은 기존의 독립과 호국이라는 가치와 함께 민주가 추가되면서, 더욱 풍성한 국가정책 및 행정체계를 수립해나가고 있다. 그런 면에서 독립과 호국이라는 보훈가치와 균형을 맞추면서도, 군부독재나 권위주의와 투쟁함으로써 민주주의의 가치를 수호하고 발전시켜온 민주화운동에 대해서도 적극적으로 보훈 가치와 정책행정에 입각한 예우와 지원에 적극 나서야 할 것이다. 그래야 우리 후세들도 국가의 안보와 국익, 민족정신을 지키면서도, 동시에 세계사에 자랑스럽게 내세울 대한민국의 민주주의의 가치와 철학을 수호하고 발전시키기 위해 힘을 쏟는 노력을 기울일 것이다. 독립, 호국, 민주를 핵심가치로 하고, 대한민국의 국민통합과 애국심을 이끌어내기 위한 내실있는 보훈정책이 적극 실천되어야 할 것이다.

참고문헌

1. 국내문헌

강석승. 2012. "남북한의'국가보훈'에 대한 인식과 그 특성 비교." 『북한학보』 37, 36-64쪽.

국가보훈처. 2017, 「2016년 국가보훈처 나라사랑의식 조사 결과」.

________. 2018. 「국민중심 보훈혁신위원회 연구결과」. 세종 : 국가보훈처.

________. 2021. 「국가보훈처 2021년 업무보고」. 세종 : 국가보훈처

________. 2015. 「광복 70년, 분단 70년 마감에 기여하는 명예로운 보훈 추진계획」.

김남욱. 2015. "6·25전쟁 국가유공자와 5·18 민주유공자의 국가보상에 관한 소고." 『공법연구』 제44집 제2호

김민영. 2017. "민주화운동과 국가보훈: 4·19와 5·18 참여자의 보훈제도 진입 과정." 연세대학교 석사논문

김범성. 2014. "시대정신과 보훈이념의 방향에 관한 연구." 『한국보훈논총』 제13권 제2호.

김종성. 2005. 『한국보훈정책론』. 서울: 일진사.

______. 2012. 「보훈의 역사와 문화」. 서울: 국학자료원.

김해원. 2022. "국가보훈과 민주화운동관련자예우 - 헌법 제32조 제6항과 국회 및 지방의회의 대응을 중심으로." 『법학연구』 제63권 제1호.

김홍국. 2015. "시민의 자발적 참여를 이끌어내는 호국보훈 인물 중심의 보훈 선양 및 교육, 『한국보훈논총』 Vol. 14 No. 3.

김홍국. 2015. "시민을 대상으로 한 호국보훈 인물 명예 선양 및 교육방안." 한국보훈학회 학술대회지 Vol.- No. 19.

서운석. 2011. "한국민의 보훈인식에 대한 인과구조 분석." 『지역과세계』 35(1). 185-211쪽.

엄상윤. 2010. "21세기 한국정치사회의 갈등 구조와 양상: 한국적 '이중 딜레마'와 정책노선갈등의 양극화·치열화." 『세종정책연구』, 6(2): 241-275쪽.

이희성, 2007. "5·18 광주민주화운동 피해자의 보상에 대한 사회법적 고찰." 『법학연구』 Vol. 27.

임수진. 2021. “보훈 담론을 통한 북한의 외부 경계 인식의 변화에 관한 연구.” 『인문사회 21』 12(5), 1943-1955.

한국정책학회. 2020. 「미래를 대비한 국제보훈 사업의 발전방향 연구」. 세종: 국가보훈처.

2. 기타 언론 및 인터넷 참고 자료

국가보훈처 홈페이지(https://www.mpva.go.kr/mpva/index.do.).

두산백과(www.terms.naver.com/). 검색일, 2022. 10. 10.

위키백과(ko.wikipedia.org/wiki/). 검색일. 2022. 10. 10.

다음백과(//100.daum.net/book/.). 검색일. 2022. 10. 10.

제4부

보훈정책과 제도

CHAPTER 7

독립·호국·민주화에 나타난 보훈정신과 역사적 승계

현행법상 국가보훈제도의 체계와 내용

권영복

Ⅰ. 서론

국가공동체의 존립을 위하여 희생하거나 공헌한 사람에 대하여 국가가 국민적 연대의 이념에 기초하여 보상과 예우를 하는 것은 인류사회의 보편적 현상이다(전광석, 2000, 122). 이런 점에서 국가보훈제도는 국가라는 공동체가 성립되면서 보편적으로 발전한 역사적인 개념이라고 할 수 있다. 그러나 입헌주의가 보편적인 정치이념으로 자리매김한 이후에는 국가보훈제도 역시 자유민주주의 헌법질서에 부합하는 개념으로 이해되어야 한다. 따라서 국가보훈제도 제국주의나 독재의 수단으로 악용되지 않도록 경계하는 것은 오늘날 보훈제도에 있어서 공통된 과제라고 할 수 있다. 우리나라는 호국보훈 중심으로 출발하였으나 그 보호범위를 민주화유공자로까지 확대하고 있는데, 이것은 우리나라가 헌법이념에 부합하는 보훈제도를 도입하고 있다는 것을 의미한다.

우리나라는 근대화가 자주적으로 이루어지지 못하고 외세의 개입에 의해 이루어졌다. 1876년 2월 27일 불평등한 강화도조약을 통해 개방된 후 다시금 1910년 8월 29일 국가주권 침탈에서 1945년 8월 15일 해방되기까지 35년 동안 일본 제국주의의 식민지 지배를 경험하였다. 또한 일제로부터 해방된 후에는 좌우의 이념 대립으로 남북으로 나뉘어 1950년 6월 25일부터 1953년 7월 17일까지 3년여 동안 동족 간에 6·25전쟁(한국전쟁[1])이라는 비극을 경험하였다. 이러

1) 이하에서는 한국전쟁으로 통일한다.

한 역사적 배경으로 인하여 우리 국가보훈제도는 한국전쟁 참전과정에서 희생한 군인[2]에 대한 보상 등을 내용으로 하는 군사원호법(1950. 4. 14)에서 출발하였다.[3] 이후 군사원호법은 군사원호보상법(1961. 11. 1), 국가유공자및월남귀순자특별원호법(1962. 4. 16), 국가유공자등예우및지원에관한법률(1984. 8. 2)[4] 등으로 개편과정을 거치면서 정비되었다. 이후 국가보훈제도의 기본방침을 규정하기 위하여 국가보훈기본법(2005. 5. 31)이 제정되었다. 이 외에도 국가유공자법의 보충입법으로 독립유공자와독립유공자예우에관한법률(1994. 12. 31)[5]과 참전유공자예우및단체설립에관한법률(1993. 12. 27)[6]이 제정되어 있고, 민주화과정의 희생자에 대한 보상과 명예회복 등을 위하여 5·18민주화운동관련자보상등에관한법률(1990. 8. 6)[7]과 민주화운동관련자명예회복및보상등에관한법률(2000. 1. 12)[8]이 제정되어 있으며, 공무수행 과정에서 희생한 공무원과 군경에 대한 보상과 예우를 내용으로 하는 보훈보상대상자지원에관한법률(2011 . 9. 15)[9]이 제정되어 있다.

현행법상 국가보훈제도는 국가를 위해 희생 또는 공헌한 보훈대상자에 대하여 보상과 예우를 함과 동시에 국가와 국민의 통합질서 내지 통합규범으로서의 기능을 수행해야 한다는 점에서 그 정당성과 당위성을 찾을 수 있다. 오늘날 국가보훈제도는

2) 한국전쟁으로 전사자 137,899명, 부상자 450,742명, 실종자 24,495명, 포로 8,343명 등 62만1천479명의 인명피해가 발생하였다(포로 수는 교환포로와 송환포로를 포함한 것이며, 송환거부포로는 제외한 수임). 유엔군 역시 년 인원 1,938,330명이 동원되어 154,878명의 전사 또는 부상자가 발생하였다. 군사편찬연구소 홈페이지(https://www.imhc.mil.kr) 자료실 참조.

3) 외국의 보훈제도 역시 전쟁희생자의 부조 차원의 제도와 제대군인 관리 차원의 제도로 이루어지고 있다. 이는 세계 각국이 인간존엄이라는 보편적 가치에도 불구하고 20세기에 들어서도 2차례의 세계대전을 경험하였다는 사실과도 무관하지 않다(권영복, 2020, 1). 1차 세계대전(1914. 7. 28~1918. 11. 11)과 2차 세계대전(1939. 9. 1~1945. 9. 2)의 2차례 과정에서 900만명과 2,500만명 이상의 전사자가 발생하였고 수 천만 명의 민간인 희생자가 발생하였다.

4) 1984. 8. 2. 국가유공자예우등에관한법률로 제정되어 1997. 1. 13. 현행 법명으로 개정되었다. 이하 국가유공자법으로 약칭한다.

5) 이하에서는 독립유공자법으로 약칭한다.

6) 참전군인등지원에관한법률로 제정되어 2009. 2. 6. 현행 법명으로 개정되었다. 이하에서는 참전유공자법으로 약칭한다.

7) 광주민주화운동관련자보상등에관한법률로 제정되어 2006.3.24. 현행 법명으로 개정되었다. 이하에서는 5·18보상법으로 약칭한다.

8) 이하에서는 민주화보상법으로 약칭한다.

9) 이하에서는 보훈보상자법으로 약칭한다.

그 자체가 헌법적 가치질서와 부합하여야 할 뿐만 아니라 중요한 헌법적 가치를 수호하기 위한 희생 또는 공헌에 사람들에 대하여 정당한 보상과 예우를 보장할 수 있을 때에 비로소 국민통합의 공감대로서 기능을 수행할 수 있다. 이러한 관점에서 국가의 최고법인 헌법과 국가보훈제도는 국민통합이라는 기능적인 관점에서 상당한 공통점을 가진다고 할 수 있다. 따라서 이하에서는 헌법적인 시각에서 국가보훈제도의 규범적 의의와 성격(II)을 고찰한 후, 국가보훈제도의 헌법적 근거와 법률적 근거(III), 현행법상 국가보훈제도의 내용(IV), 국가보훈제도의 입법과제(V)의 순서로 살펴보고자 한다. 다만 국가보훈 관련 입법은 다수의 개별 법률들로 산재하고 있고 그 양이 방대하므로 현행법상 국가보훈제도의 내용에 대해서는 보호대상과 보훈급여의 종류를 중심으로 개관하기로 한다.

II. 국가보훈제도의 규범적 의의 및 성격

1. 국가보훈제도의 규범적 의의

국가보훈제도는 국가공동체를 위하여 희생 또는 공헌한 사람에게 그에 상응하는 정당한 보상과 예우를 보장함과 동시에 국민들로 하여금 이들의 희생과 공헌의 가치를 기억하도록 함으로써 국민의 애국정신을 함양하고 국민통합과 국가발전에 기여하는 데에 의의가 있다(김종성, 2006, 21). 국가보훈제도는 공동체를 위한 희생과 공헌에 대한 국가보훈의 책무를 정책적·규범적 수용하여 국가발전을 위한 당위적 가치질서로 삼고자 하는 제도라 할 수 있다. 보훈기본법 제2조 역시 이점을 확인하고 있다.

국가보훈의 전제가 되는 국가공동체를 위한 희생과 공헌의 의미를 명확히 해둘 필요가 있는데, 이는 국가보훈이 제도로서 존재하는 규범적 의의라고 할 수 있다. 여기서 국가공동체를 위한 희생과 공헌의 의미는 헌법적인 측면에서 이해할 수 있다. 우선, 국가공동체 자체의 존립과 안전을 위한 희생과 공헌을 들 수 있다. 오늘날 헌법과 국제법에서는 국가라는 정치공동체의 존립 기반을 영토·국민·주권이라는 3가지의 요소로 설명하고 있다(한수웅, 2019: 90-103). 우리 헌법 제1조와 제2조 및 제3조 역시 국민주권, 국적(국민의 자격), 영토에 대한 규정을 통해서 이를 확인하고 있다. 따라서 국가공동체의 존립과 안전을 위한 희생과 공헌이란 영토의 완전성과 연속성, 주권자인 국민과 민족의 안전, 주권의 독립성과 같은 국가의 구성요소를 수호하기 위한 활동과정에서 발생한 희생과 공헌을 의미한다고 볼 수 있다(권영복·정철호, 2022, 43). 국가유공자법이 규정하는 독립유공자나 전몰·순직·전상·공상 군경 등 국가유공자는 이 범주에 해당한다고 할 수 있다. 다음으로, 국가공동체가 추구하는 중요한 헌법적 가치질서를 위한 희생과 공헌을 들 수 있다. 오늘날 대부분 국가들이 헌법에서 공통적으로 수용하고 있는 핵심적 가치인 자유민주주의, 국민의 생명과 안전 및 재산과 같은 기본권이 여기에 해당한다고 할 수 있다. 국가유공자법이 국민의 생명과 재산의 보호와 관련한 임무 수행을 위해 희생 또는 공헌한 사람에 대한 보상을 규정하고 있고, 5·18보상법과 민주화보상법이 자유민주주의 질서의 수호를 위해 희생한 사람에 대한 보상을 규율하고 있는 것은 이러한 시각에서 이해할 수 있다.

이와 같은 국가보훈제도의 규범적 의의는 보훈기본법의 규정에서도 확인할 수 있다. 보훈기본법 제3조 제1호는 희생·공헌자를 '일제로부터의 조국의 자주독립, 국가의 수호 또는 안전보장, 대한민국 자유민주주의의 발전, 국민의 생명 또는 재산의 보호 등 공무수행'을 위하여 특별히 희생하거나 공헌한 사람으로 규정하고 있다. 이는 국가의 구성요소나 헌법상 핵심 가치인 자유민주주의와 국민의 생명과 안전 또는 재산과 같은 기본권 보호를 위해 희생 또는 공헌한 사람을 국가보훈의 보호대상으로 규정한 것으로 볼 수 있다. 이러한 시각에서 볼 때, 국가보훈제도는 국가공동체의 핵심 가치 내지 헌법상 핵심 가치를 위해 희생 또는 공헌한 사람들을 보훈대상으로 삼아 이들에 대하여 국가 차원에서 정당한 보상을 하고 국민들로 하여금 이들의 희생과 공헌을 기억하도록 함으로써 국민통합과 국가발전의 계로 삼고자 하는 것으로 이해할 수 있다.

2. 국가보훈제도의 규범적 성격

최근에는 국가보훈제도를 국가보훈학이라는 독자적인 학문영역을 형성하여 이해하려는 시도가 이루어지고 있다. 보훈제도가 국가공동체를 위해서 희생 또는 공헌한 사람에 대하여 국가 차원의 적극적인 보상과 예우를 제공하고 궁극적으로는 국민통합과 국가발전이라는 목표를 지향하고 있다는 점에서 이러한 시각은 긍정적으로 평가할 수 있다. 그러나 국가보훈이라는 정책이나 그 목적이 상당부분 입법을 통해 구체화되는 보훈제도에 의존하고 있고, 보훈제도의 중요한 내용을 이루는 보훈급여들이 국가의 재정능력에 의해 영향을 받고 있다는 점에서 현실적인 한계가 있는 것이 사실이다.

여기서 국가보훈제도에서 중요한 내용을 이루는 보훈대상자에 대한 보훈급여의 성격을 살펴볼 필요가 있다. 보훈급여의 성격을 어떻게 이해하느냐에 따라 보훈대상에 대한 보호의 내용과 수준이 달라질 수 있기 때문이다. 현재 일반적인 견해는 현행법상 보훈급여의 성격을 사회보장법체계의 급여로 이해하고 있다. 금전적인 보훈급여 중 보상금에 대해서는 사회보장법체계에서도 사회보상적 급여로 이해할 수 있다. 국가 차원에서 보상을 행하는 사회보상법은 위험발생의 원인관계를 전제로 하여 급여를 제공하는데, 공동체 책임의 특별희생 또는 국가유공행위 중의 희생이 급여의 원인관계의 내용을 이룬다(전광석, 1997, 86). 사회보상은 위험이 현재화되기 이전에 개인의 자기 기여에 의해 보상관계가 성립되는 것이 아니라 급여의 요건인 희생이 발생함과 동시에 급여의 법률관계가 형성된다는 점에서 사회보험과는 차이가 있다. 또한 사회보상은 국가적 연대의 한 표현으로 국가가 운영주체이며 국가의 일반예산을 재원으로 한다는 점에서 급여의 조건과 방법이 공공부조와 유사한 면이 있으나 공동체를 위한 희생과 유공행위를 전제로 한다는 점에서 공공부조와도 구분된다. 다만 금전형태의 보훈급여금이라고 할지라도 각종 수당처럼 전적으로 국가의 재량과 재정능력에 의존할 수밖에 없는 급여는 공공부조의 성격이 강하다고 할 수 있다.[10)]

---

10) 그러나 수당의 형태로 지급된다고 할지라도 국가유공자법상 간호수당은 공적부조로 볼 수 없고 사회보상적 급여로 이해하는 것이 타당하다. 또한 공적부조가 국가의 재량에 의존한다고 할지라도 국가유공자법상 중상이수당의

그러나 국가보훈제도에 있어서 보훈급여금의 성격이 사회보장법체계의 급부에 해당한다고 할지라도, 국가공동체의 중요한 가치질서를 위한 적극적인 희생이나 공헌에 대한 급부라는 점에서 입법정책적으로 다른 사회보장적 급부에 대해서 우선적이고 우월적인 급부가 이루어지는 것이 타당하다. 또한 보훈급여에 대한 입법재량은 모든 국가작용의 한계인 평등원칙과 입법원칙인 체계정당성의 원칙에 의하여 통제되어야 한다. 보훈기본법 제5조 제3항은 "국가와 지방자치단체는 국민 또는 주민의 복지와 관련된 정책을 수립·시행하거나 법령 등을 제정 또는 개정할 때에는 국가보훈대상자를 우선하여 배려하는 등 적극적 조치를 하여야 한다"고 규정하여 이를 확인하고 있다. 이러한 관점에서 국가유공자법상 전몰군경과 순직군경에 대한 보상금이 하위등급(5-6등급)상이자의 보상수준에 해당하고 상위등급(1급1항-1급3항) 상이자에 지급되는 중상이수당보다도 작게 책정되어 있는 것은 평등원칙과 체계정당성의 원칙은 물론 보훈기본법의 규정에도 반한다. 그러나 사법부는 보상내용과 관련하여 정당보상의 입법적 한계의 준수여부가 헌법적으로 문제될 때마다 보훈급여는 국가보상과 사회보장의 성격을 가진다고 하면서 입법자가 재정상황을 고려하여 정할 수 있는 입법재량에 해당하고 보상의 근거가 되는 권리가 법률적 차원의 권리라는 이유로 헌법에 위배되지 않는다는 결정을 해오고 있다.[11]

Ⅲ. 국가보훈제도의 법적 근거

1. 헌법과 국가보훈제도: 국가보훈제도의 헌법적 근거

보훈대상과 보훈급여 등 국가보훈제도의 구체적인 내용은 많은 부분이 국가의

경우처럼, 전몰군경 또는 순직군경에 대해서 사망수당이 지급되지 않는 상황에서 사망보상금이 상이수당보다 작다는 것은 입법재량의 한계를 벗어난 것으로 보아야 한다.

11) 헌법재판소 2006.6.1. 선고 98헌마216 결정; 헌법재판소 2007. 3. 29. 선고 2004헌마207 결정; 헌법재판소 2016. 7. 28. 2009헌마27 결정 등. 그러나 국가공동체를 위한 생명이나 신체의 희생에 대한 보상을 내용으로 하는 급여가 헌법적 차원의 권리가 아니라 법률적 차원의 권리라고 보는 것에 대해서는 의문을 제기하지 않을 수 없다. 법률적 차원의 권리라고 할지라도 국가작용의 기본원리인 평등원칙이라는 시각에서 또 다른 위헌성 문제가 제기될 수 있다.

입법정책영역에 해당한다. 즉 보훈대상을 어느 범위까지로 정할 것인지, 보훈대상에게 어떤 종류의 보훈급여를 어느 정도로 제공할 것인지에 대한 구체적인 내용은 입법자가 법률로서 구체화할 내용이다. 그러나 국가보훈제도에 대하여 국가의 최고법인 헌법에서 근거를 두고 있는지, 구체적인 입법기준을 제시하고 있는지 여부에 따라 입법자에게 국가보훈제도에 대한 입법의무가 있는지가 문제될 수 있고, 입법자의 입법재량에 맡겨진 경우에도 재량의 범위가 달라질 수 있다는 점에서 헌법적 근거를 밝히는 것은 중요한 의미가 있다. 또한, 헌법이 보훈대상으로 정하도록 입법자에게 명령하고 있는지와 관계없이, 국가를 위해 희생 또는 공헌한 사람들 중에서 국가권력에 의하여 생명과 신체에 특별한 희생을 감수한 범위에 해당하는 경우에는 헌법의 기본권 규정을 통해서 국가에 정당보상을 청구할 수도 있다. 국가보훈제도의 보호범위에 해당하는지의 문제를 떠나서, 손실보상의 특수한 형태인 희생보상청구권 이론의 문제로 헌법 제10조, 제11조, 제23조 제3항, 제37조 제1항 등 기본권 규정을 근거로 국가에 생명과 신체의 희생에 대한 정당보상을 청구할 수 있다(권영복·이철호, 2022, 152-157; 홍정선, 2017, 882; Ossenbühl·Cornils, 2013, 142).[12)]

국가보훈제도에 대한 헌법적 근거는 우선 헌법 전문과 헌법 제32조 제6항의 기본권 조항에서 근거를 찾을 수 있다. 헌법 전문은 "… 대한국민은 3·1운동으로 건립된 대한민국임시정부의 법통과 불의에 항거한 4·19민주이념을 계승하고 … 자유민주적 기본질서를 더욱 확고히 하여"라고 규정함으로써, 일제에 항거하여 독립을 선포하고 성립된 대한민국의 임시정부의 법통을 계승하고 있다는 점과 자유민주적 기본질서를 수호하기 위해 불의한 독재권력에 항거한 4·19혁명의 민주주의이념을 계승하고 있다는 점을 규정하고 있다. 이 규정은 입법자로 하여금 일제에 항거하여 희생한 사람을 독립유공자로 보호하고 4·19혁명과 같이 독재권력에 맞서 자유민주주의를 수호하기 위하여 희생한 사람을 민주화유공자

12) 국가수호와 국민보호 등 헌법적 가치를 위한 의무를 부담하는 과정에서 특별한 희생을 감수한 사람의 희생보상청구권은 헌법에 근거한 권리로 보아야 한다(유준병, 2006, 147-148). 그러나 국가유공자법의 보상대상은 국가가 직접적으로 야기한 것이 아니고 희생은 물론 유공행위도 보상대상이 되며 보상의 기준과 방법도 다르다는 점에서 순수한 의미의 희생보상청구권으로 보기는 어렵다는 견해가 있다(전광석, 2000, 234; 전광석, 2020, 830이하).

등으로 보호할 수 있는 입법재량을 부여한 것으로 새길 수 있다. 특히, 헌법 제32조 제6항은 "국가유공자·상이군경 및 전몰군경의 유가족은 법률이 정하는 바에 의하여 우선적으로 근로의 기회를 부여받는다"고 규정하여 국가유공자 등에 대해서 우선적인 근로기회를 부여하고 있다. 헌법은 국가유공자·상이군경·전몰군경을 구분하여 규정하고 있는 반면, 현행 국가유공자법 제4조 제1항은 상이군경·전몰군경을 포함하여 다양한 부류를 국가유공자의 범위에 포함시키고 있다. 헌법의 규정은 국가유공자와 그 종류의 예시한 것으로 볼 수 있다. 국가유공자법, 보훈보상자법, 5·18보상법 및 민주화보상법 등에서 규정한 보훈대상자는 헌법의 규정을 구체화한 것으로 이해할 수 있다. 헌법재판소는 헌법 제32조 제6항의 국가유공자 등의 우선적인 근로기회제공에 대한 규정은 이들에 대한 보호방법을 예시한 것으로 국가는 사회적 특수계급을 창설하지 않는 범위 내에서 이들을 예우할 포괄적인 의무를 진다는 점을 확인하는 규정으로 이해하고 있다.[13] 또한, 헌법 제29조 제2항 역시 보훈대상에 대한 간접적인 근거규정으로 볼 수 있다. 헌법 제29조 제2항은 군인·경찰 등은 전투·훈련 등 직무집행과 관련하여 손해를 받은 경우 법률이 정하는 보상 외에는 공무원의 직무상 불법행위를 이유로 국가를 상대로 손해배상을 청구할 수 없도록 규정하여 국가보상과 국가배상과의 관계를 규정하고 있다. 이에 따라 입법자는 국가보상의 방식을 보훈제도를 통해 규정할 수 있는 입법재량을 가진다고 할 수 있다. 아울러 헌법 제10조의 인간의 존엄과 가치 및 국가의 기본권보호의무 규정과 헌법 제23조 제3항의 재산권보장 규정도 국가보훈제도에서 구체화되는 보훈급여의 수준에 대한 근거로서 기능을 수행한다고 볼 수 있다. 즉 생명과 신체의 희생이나 공헌에 대한 보훈급여는 인간으로서 존엄과 가치를 향유할 수 있고 이러한 인격적 가치의 희생과 공헌에 대한 보상이 재산적 가치에 대한 보상을 능가하는 수준에서 이루어지도록 할 국가적 의무가 있다는 점을 밝힘으로써 보훈입법과 관련한 입법정책의 방향을 제시한 것으로 이해할 수 있다.

13) 헌법재판소 2001. 6. 28. 선고 99헌마516 결정; 헌법재판소 2003. 5. 15. 선고 2002헌마90 결정.

2. 국가보훈제도의 법률적 근거

가. 국가보훈제도의 입법연혁

국가보훈제도에 관한 입법은 군사원호법, 군사원호보상법, 국가유공자및월남귀순자특별원호법, 국가유공자법 등으로 개편과정을 거치면서 현재의 법률체계에 이르고 있다. 군사원호법은 '복무장병과 전사군인 유가족 및 상이군인과 유가족'의 보호를 위해 1950년 4월 14일 제정되어 한국전쟁 발생 직전에 시행되어 전쟁과정에서 수차례 개정과정을 거치며 1961년까지 시행되었다. 1961년 11월 1일에는 '제대군인과 상이군경 및 전몰군경의 유족'의 보호와 보상을 위해 군사원호보상법이 제정되어 1984년까지 시행되었으며, 동법의 급여내용을 정하기 위하여 1962년 4월 16일 군사원호보상급여금법이 함께 제정·시행되었다. 이와 함께 1962년 4월 16일에는 '애국지사와 그 유족, 4·19의거 상이자와 사망자의 유족, 월남귀순자'의 특별원호를 위해서 국가유공자및월남귀순자특별원호법이 제정되어 1984년까지 시행되었고, 개정과정에서 보호대상이 '재일학도의용군참가자, 반공포로상이자, 공상공무원 및 순직공무원의 유족, 무공수훈자, 장기복무전역하사관'까지 확대되었다. 이후 1984년 8월 2일에는 국가유공자법을 제정하여 제도를 체계화하고 보호대상을 '순국선열·애국지사, 전몰군경·전상군경·순직군경·공상군경, 무공·보국수훈자, 6·25참전재일학도의용군인, 참전유공자, 4·19의거 사망자와 상이자, 순직공무원· 공상공무원, 국가사회발전 특별공로 순직자·상이자·공로자'까지 확대하였다.

나. 국가보훈제도의 입법 체계와 위상

우리 보훈제도는 한국전쟁 당시 참전군인 희생자에 대한 보훈을 규율한 군사원호법에서 출발하였으나, 현행법은 군경과 공무원은 물론 일반 국민까지 그 범위를 확대하고 있으며, 유공행위도 국가와 사회 및 정치의 영역까지 확대하여 국가유공행위와 사회유공행위 및 민주화유공행위까지 포함하고 있다.[14] 국가보훈

14) 국가유공자법 제4조 제1항의 국가유공자의 범주에는 이 세 가지의 유형이 혼재되어 있음을 알 수 있다. 국가공동체의

제도는 위와 같은 입법과정을 거쳐 개별 법령들이 추가되거나 재정비되는 과정을 거쳐 현재의 입법체계를 형성하고 있다. 국가보훈제도를 규율하는 법령은 다양한 법률과 법규명령 및 행정규칙에 산재되어 있다. 위에서 살핀 것처럼 현행 보훈제도는 헌법에 근거규정을 두고, 보훈기본법, 국가유공자법, 독립유공자법, 참전유공자법, 보훈보상자법, 5·18보상법, 민주화보상법 등 많은 개별 법률들로 구성되어 있다. 이 외에도 이와 관련한 법률과 행정입법들이 이를 보충하는 형식을 취하고 있다.

보훈기본법은 입법시기를 기준으로 보면 2005년 5월 31일 제정되어 국가유공자법이나 독립유공자법 등 다른 법률보다 늦게 제정되었고, 입법단계를 기준으로 볼 때도 동일하게 법률로서 형식상 우열관계를 구분하기 힘들다. 그럼에도 불구하고 실질적 기능론의 관점에서 보면, 보훈기본법은 국가보훈과 관련한 다른 제반 법령에 비하여 우월적 지위에 있으며, 보훈제도에 관한 헌법규정과 개별 법률의 중간에서 가교 역할을 수행한다. 보훈관련 법령의 공백을 보충하고 해석지침을 제공하는 역할을 하고, 개별법에 의하여 수행되고 있는 보훈정책이 일관성 있게 추진될 수 있도록 총괄적·종합적인 기본법으로서 역할을 하며, 보훈의 목적 및 기본이념을 명확히 함으로써 국민통합과 국가발전에 이바지하는 역할을 수행한다.

보훈기본법이 국가보훈에 관한 기본법으로서 역할을 수행한다면, 국가유공자법은 보훈 관련 개별입법 중 국가유공행위와 관련한 보호대상과 보호내용을 규율한 기본 법률이라고 할 수 있다. 이 중에는 사회유공행위와 민주화유공행위로 분류할 수 있는 유공자도 포함되어 있다. 또한 독립유공자법과 참전유공자법은 개별 입법의 형식을 취하고 있으나, 국가유공자법이 국가유공자로 분류하고 있는 독립유공자와 참전유공자에 대한 보상과 예우에 관한 내용을 구체화하기 위해서 마련된 법률에 해당한다.

생활영역을 국가영역, 시민사회영역 그리고 이 두 영역이 교차하는 정치영역으로 구분한다고 할 때, 국가보훈제도의 보호영역을 광의의 국가유공행위로 보고 그 안에 국가의 존립과 안전을 위해 희생·공헌한 호국보훈 중심의 협의의 국가유공행위, 사회발전을 위해 공헌한 사회유공행위, 정치발전과정에서 희생한 민주화유공행위를 포함하여 이해할 수도 있을 것이다.

국가유공자법과 관련하여 보훈보상자법의 보호대상의 성격이 문제될 수 있다. 보훈보상자법은 2011년 9월 15일 제정되어 2012년 7월 1일 시행되었는데, 동법에서 보훈보상대상자로 규정하고 있는 사람들은 개정 전의 국가유공자법에서 국가유공자로 규정하던 전몰·순직군경, 전상·공상군경, 순직공무원, 공상공무원에 해당하는 사람들이다. 이들 중 국가의 수호·안전보장 또는 국민의 생명·재산보호와 직접적인 관련이 없는 직무수행이나 교육훈련으로 사망 또는 상이를 입은 사람을 보훈보상대상자로 재분류하여 보상과 예우에 있어서 국가유공자와 차별적 취급을 하게 된 것이다. 이에 따라 보훈보상대상자의 생명 또는 신체의 희생과 공헌의 성격은 사실상 공무상 재해로 평가받게 되었다고 볼 수 있다. 다만 이들은 법적 지위가 군경 또는 공무원이라는 신분상의 지위에 있다는 이유로 보훈대상자로서 보상과 예우를 받는 지위로 남게 되었는데, 이로 인하여 보훈제도의 체계에 혼란이 야기되고 있다는 점에서 명칭에 부합하게 그 위상이 명확히 재정립될 필요가 있다.

5·18보상법과 민주화보상법의 성격도 문제된다. 이들 법률의 실질적 성격은 민주화과정에서 국가권력에 의해 희생된 사람에 대한 국가의 반성적·책임적 성격의 보상으로 볼 수 있다. 그러나 세계사의 발전과정은 물론 우리나라의 역사적 발전과정에 비추어 볼 때, 자유민주주의 정치발전은 주권자인 시민 또는 국민의 많은 희생 위에 이루어졌으며 그러한 희생은 민주주의 확립을 위한 공헌이라는 성격을 함께 가진다. 본래 위법한 국가권력에 의한 희생에 대해서는 국가배상이라는 국가책임을 통해 이루어지는 맞지만, 인류보편적인 가치인 자유민주주의를 위한 희생과 공헌에 대해서는 국가의 구성원의 연대를 통해 보상하고 사회통합과 국가발전의 공감대를 이룰 수 있다는 점에서 보훈제도의 체계로 편입될 수 있다고 하겠다.

Ⅳ. 현행법상 국가보훈제도의 내용

1. 보훈기본법

보훈기본법은 보훈의 목적과 이념, 보훈대상의 범위, 보훈에 대한 국가의 책무, 보훈대상자의 권리, 국가의 보훈문화 창달 의무 등을 규정하고 있다.

가. 국가보훈의 목적과 이념 및 보호대상

보훈기본법은 보훈제도가 보훈대상자의 희생과 공헌 정신의 선양, 영예로운 삶과 복지향상 및 국민의 애국정신 함양에 목적을 두고(제1조), 국민이 보훈대상자의 희생과 공헌을 기리고 선양하여 이를 토대로 국민통합과 국가발전에 기여하는 것을 이념으로 한다는 점을 밝히고 있다(제2조). 또한 보훈관련 법령에 따라 예우와 지원 등 보호를 받은 대상을 '일제로부터의 조국의 자주독립, 국가의 수호 또는 안전보장, 대한민국 자유민주주의의 발전, 국민의 생명 또는 재산의 보호 등 공무수행'에 해당하는 목적을 위하여 특별히 희생하거나 공헌한 사람과 그 유족 또는 가족이라는 점을 밝히고 있다(제3조).

나. 국가보훈에 관한 국가의 책무

보훈기본법은 국가와 지방자치단체가 보훈대상자의 공훈과 애국정신의 선양, 예우의 기반조성, 국가보훈사업의 재원 조성을 위해 노력해야 하고, 국민과 주민의 복지에 관한 정책을 수립·시행하거나 법령을 정비하는 경우 국가보훈대상자를 우선적으로 배려하는 등 적극적 조치를 하여야 한다는 점을 밝히고 있다(제5조). 또한 국가보훈처장으로 하여금 5년 단위로 관계 중앙행정기관의 장과의 협의와 국가보훈위원회의 심의를 거쳐 국가보훈발전기본계획을 수립하도록 하고(제8조), 국가보훈처장과 관계 중앙행정기관의 장으로 하여금 이러한 기본계획에 따라 연도별 소관 실천계획을 수립·시행하도록 하고 있다(제9조).

다. 국가보훈대상자에 대한 예우와 지원 등

보훈기본법은 관계 법령에서 정하는 보훈대상자의 예우와 지원은 희생과 공헌의 정도에 상응하는 것이어야 하고, 전국가구의 가계소비지출액을 고려하여 보상금 등이 지급되어야 하며 이러한 예우와 지원은 권리로서 보호받는다는 점을 밝히고 있다(제18조-제20조). 이 외에도 국가와 지방자치단체의 의무로 보훈문화 창달의 노력의무, 공훈선양사업의 추진의무, 국민의례 및 의전상의 예우의무 등을 규정하고(제22조-제24조), 국가와 지방자치단체의 재량으로 기념일·추모일 지정, 공훈선양시설의 설치·관리, 보훈대상자의 국립묘지 등의 안장을 할 수 있도록 하고 있다(제25조-제27조).

2. 국가유공자법

가. 보호대상

국가유공자법은 국가유공자를 18개 종류로 규정하고 있으며 이를 단순화하면 다음과 같다(제4조 제1항 제1호-제18호). 이 경우 상이를 요건으로 하는 국가유공자는 보훈처장이 실시하는 신체검사에서 상이등급(1급-7급) 판정을 받아야 한다(법 제6조의3, 제6조의4). 동법은 보상대상이 되는 국가유공자의 유족이나 가족을 '배우자, 자녀, 부모, 성년인 직계비속이 없는 조부모, 60세 미만의 직계존속과 성년인 형제자매가 없는 미성년 제매'로 규정하고 있다(제5조 제1항).

① 순국선열과 애국지사: 독립유공자법의 순국선열과 애국지사

② 전몰군경: 군인이나 경찰공무원으로서 전투 또는 이에 준하는 직무수행 중 사망한 사람(군무원으로서 1959년 12월 31일 이전에 전투 또는 이에 준하는 직무수행 중 사망한 사람을 포함)

③ 전상군경: 군인이나 경찰공무원으로서 전투 또는 이에 준하는 직무수행 중 상이를 입고 전역(퇴역·면역 또는 상근예비역 소집해제를 포함)하거나 퇴직(면직을 포함)한 사람(군무원으로서 1959년 12월 31일 이전에 전투 또는 이에 준하는 직무수행 중 상이를 입고 퇴직한 사람을 포함) 또는 6개월 이내에 전역이나

퇴직하는 사람으로서 그 상이정도가 국가보훈처장이 실시하는 신체검사에서 상이등급으로 판정된 사람

④ 순직군경: 군인이나 경찰·소방 공무원으로서 국가의 수호·안전보장 또는 국민의 생명·재산 보호와 직접적인 관련이 있는 직무수행이나 교육훈련 중 사망한 사람(질병으로 사망한 사람을 포함)

⑤ 공상군경: 군인이나 경찰·소방 공무원으로서 국가의 수호·안전보장 또는 국민의 생명·재산 보호와 직접적인 관련이 있는 직무수행이나 교육훈련 중 상이(질병을 포함)를 입고 전역하거나 퇴직한 사람 또는 6개월 이내에 전역이나 퇴직하는 사람으로서 그 상이정도가 국가보훈처장이 실시하는 신체검사에서 상이등급으로 판정된 사람

⑥ 무공수훈자: 무공훈장을 받은 사람[15)]

⑦ 보국수훈자: 군인으로서 보국훈장을 받고 전역한 사람, 군인 외의 사람으로서 간첩체포, 무기개발 및 그 밖에 대통령령으로 정하는 사유로 보국훈장을 받은 사람[16)]

⑧ 6·25참전 재일학도의용군인: 대한민국 국민으로서 일본에 거주하던 사람으로서 1950년 6월 25일부터 1953년 7월 27일까지의 사이에 국군이나 유엔군에 지원 입대하여 6·25전쟁에 참전하고 제대한 사람(파면된 사람이나 형을 선고받고 제대된 사람은 제외)

⑨ 참전유공자: 참전유공자법에서 규정한 참전유공자[17)]

⑩ 4·19혁명 관련자: 1960년 4·19혁명 참여 중 사망자, 부상자[18)], 공로자[19)]

⑪ 순직공무원: 국가공무원법 제2조 및 지방공무원법 제2조에 따른 공무원(군인

15) 다만 국가공무원법 제2조 및 지방공무원법 제2조에 따른 공무원과 국가나 지방자치단체에서 일상적으로 공무에 종사하는 대통령령으로 정하는 직원이 무공훈장을 받은 경우에는 전역하거나 퇴직한 사람만 해당한다.

16) 다만 국가공무원법 제2조 및 지방공무원법 제2조에 따른 공무원(군인은 제외)과 국가나 지방자치단체에서 일상적으로 공무에 종사하는 대통령령으로 정하는 직원이 간첩체포 등의 사유로 보국훈장을 받은 경우에는 퇴직한 사람만 해당한다.

17) 참전유공자법 제2조제2호에 해당하는 사람 중 다음의 어느 하나에 해당하는 사람: 참전유공자법 제5조에 따라 등록된 사람, 고엽제후유의증 등 환자지원 및 단체설립에 관한 법률 제4조 또는 제7조에 따라 등록된 사람

18) 상이정도가 국가보훈처장이 실시하는 신체검사에서 상이등급으로 판정된 사람

19) 사망자 또는 부상자에 해당하지 아니하는 사람으로서 건국포장(建國褒章)을 받은 사람

과 경찰·소방 공무원은 제외)과 국가나 지방자치단체에서 일상적으로 공무에 종사하는 대통령령으로 정하는 직원으로서 국민의 생명·재산 보호와 직접적인 관련이 있는 직무수행이나 교육훈련 중 사망한 사람(질병으로 사망한 사람을 포함)

⑫ 공상공무원: 국가공무원법 제2조 및 지방공무원법 제2조에 따른 공무원(군인과 경찰·소방 공무원은 제외)과 국가나 지방자치단체에서 일상적으로 공무에 종사하는 대통령령으로 정하는 직원으로서 국민의 생명·재산 보호와 직접적인 관련이 있는 직무수행이나 교육훈련 중 상이(질병을 포함)를 입고 퇴직하거나 6개월 이내에 퇴직하는 사람으로서 그 상이정도가 국가보훈처장이 실시하는 신체검사에서 상이등급으로 판정된 사람

⑬ 국가사회발전 특별공로순직자, 특별공로상이자, 특별공로자: 국가사회발전에 현저한 공이 있는 사람 중 그 공로와 관련되어 국무회의에서 이 법의 적용대상자로 의결된 사람[20]

나. 보훈급여금

국가유공자법은 국가유공자에게 지급될 급여금을 보상금과 수당 및 사망급여금으로 구분하여 월정액으로 지급하고 있으며, 수당은 생활조정수당, 간호수당, 무공영예수당, 6·25전몰군경자녀수당, 부양가족수당, 중상이부가수당 등[21]으로 구분하여 지급하고 있다(법 제11조).

1) 보상금

다음에 해당하는 사람에게는 일정한 기준에 따라 보상금이 지급된다(법 제12조 제1항, 시행령 제22조). 보상금은 매년 물가상승률 등을 고려하여 금액이 정해지고 있다.

① 전상군경, 공상군경, 4·19혁명부상자 및 특별공로상이자[22]

---

20) 순직자와 상이자는 순직과 상이가 공로가 인과관계가 인정될 것, 상이자는 신체검사에서 상이등급 판정을 받았을 것을 요건으로 함. 공로자는 순직자나 상이자에 해당하지 아니하는 경우에 해당함.

21) 이 외에 대통령령에서는 고령수당, 2명 이상 사망수당, 전상수당을 별도로 규정하고 있다(시행령 제23조 제1항).

22) 2022년 현재 1급1항 3,323천원에서 7급 521천원까지 상이등급에 따라 차등 지급되고 있다.

② 재일학도의용군인[23)]

③ 전몰군경, 순직군경, 4·19혁명사망자, 특별공로순직자, 재일학도의용군인, 상이등급 6급 이상 전상군경과 공상군경이 사망한 경우 그 유족 중 선순위자 1명[24)]

2) 수당

① 생활조정수당: 국가유공자, 국가유공자의 유족 중 보상금을 받는 사람에게 생활수준을 고려하여 생활조정수당이 지급된다(법 제14조, 시행령 제25조).

② 간호수당: 전상군경, 공상군경, 4·19혁명부상자, 공상공무원 및 특별공로상이자로서 상이정도가 심하여 다른 사람의 보호 없이는 활동이 어려운 사람(상이등급 1급과 2급 중 일부)에게 간호수당이 지급된다(법 제15조, 시행령 제26조).[25)]

③ 부양가족수당: 전상군경, 공상군경, 4·19혁명부상자 및 특별공로상이자 중 상이등급 7급 이상으로 판정된 사람, 재일학도의용군인(이들이 사망한 경우 그 배우자 포함), 전몰군경, 순직군경, 4·19혁명사망자 및 특별공로순직자의 배우자, 전몰군경·순직군경, 4·19혁명사망자 및 특별공로순직자의 자녀와 전상군경, 공상군경, 4·19혁명부상자 및 특별공로상이자 중 상이등급 7급 이상으로 판정된 사람이 사망한 경우 그 자녀(자녀는 보상금을 받는 경우에 한함)에 해당하는 사람으로서 부양가족이 있는 경우에는 부양가족수당이 지급된다(법 제15조의2, 시행령 26조의2).[26)]

④ 중상이부가수당: 전상군경, 공상군경, 4·19혁명부상자 및 특별공로상이자 중 상이등급 1급으로 판정된 사람에게는 중상이부가수당이 지급된다(법 제16조, 시행령 제26조의3).[27)]

---

23) 2022년 현재 1,455천원이 지급되고 있다.
24) 2022년 현재 2,030천원에서 528천원으로 차등 지급되고 있다.
25) 2022년 현재 상이등급 1급과 2급 중 일부에게 상시간호수당 276만3천원, 수시간호수당 184만3천원이 지급되고 있다.
26) 2022년 현재 배우자 100천원, 미성년 자녀 100천원, 미성년 제매 200천원으로 구분하여 지급되고 있다.
27) 2022년 현재 상이등급 1급1항 249만2천원, 1급2항 172만4천원, 1급3항 105만원으로 구분하여 지급되고 있다.

⑤ 무공영예수당: 60세 이상 무공수훈자에게는 훈장의 종류에 따라 무공영예수당이 차등 지급된다(법 제16조의2, 시행령 제27조의2).[28]

⑥ 6·25전몰군경자녀수당: 1953년 7월 27일 이전 및 참전유공자법에 따른 전투기간 중에 전사하거나 순직한 전몰군경 또는 순직군경의 자녀 중 보상금 지급순위가 선순위인 사람 1명에게 6·25전몰군경자녀수당이 지급된다(법 제16조의3, 시행령 제27조의3).[29]

3) 사망일시금

보상금을 받고 있는 국가유공자가 사망한 경우에는 그 유족에게 보상금 지급순위에 따라 사망일시금을 지급한다(법 제17조).[30]

다. 기타 보훈급여

1) 교육지원

국가유공자법은 국가유공자와 그 유가족이 교육을 통하여 건전한 사회인으로 자립할 수 있도록 초중등학교와 대학 및 평생교육시설 등 교육기관에서 필요한 교육지원을 받을 수 있는 기회를 제공하고 있다(법 제21조). 교육지원을 받을 수 있는 대상은 i) 전상군경, 공상군경, 무공수훈자, 보국수훈자, 재일학도의용군인, 4·19혁명부상자, 4·19혁명공로자, 공상공무원, 특별공로상이자 및 특별공로자, ii) 전몰군경, 순직군경, 4·19혁명사망자, 순직공무원 및 특별공로순직자의 배우자, iii) 전상군경, 공상군경, 무공수훈자, 보국수훈자, 재일학도의용군인, 4·19혁명부상자, 4·19혁명공로자, 공상공무원, 특별공로상이자 및 특별공로자

28) 훈장의 종류에 따라 2022년 현재 410천원에서 430천원으로 구분하여 지급하고 있다.

29) 2022년 현재를 기준으로, 유족이 보상금을 전혀 받지 못한 경우 또는 미성년 자녀가 보상금을 받다가 성년이 되어 보상금 수급권이 소멸한 경우 1,456천원, 유족 중 미성년 자녀를 제외한 유족이 보상금을 받다가 1997.12.31. 이전 보상금 수급권이 소멸한 경우 1,239천원, 유족 중 미성년 자녀를 제외한 유족이 보상금을 받다가 1998.1.1. 이후에 보상금 수급권이 소멸한 경우 364천원이 지급되고 있다.

30) 2022년 현재 전상군경, 공상군경, 4·19혁명부상자 및 특별공로상이자의 경우, 상이등급 1급은 1,704천원, 상이등급 2급부터 7급으로 유족이 보상금 지급대상이 아닌 사람은 1,444천원, 유족이 보상금 지급대상인 사람은 1,127천원이 지급되고 있으며, 재일학도의용군인은 1,127천원, 보상금 지급대상인 유족에게는 1,127천원이 지급되고 있다.

의 자녀, ⅳ) 전몰군경, 순직군경, 4·19혁명사망자, 순직공무원, 특별공로순직자의 자녀, 미성년 제매 및 제1호에 해당하는 사람이 사망한 경우의 그 미성년 제매로 규정하고 있다. 다만 ⅲ)과 ⅳ)에 대한 교육지원은 30세 이전에 교육기관에 취학하는 경우로 제한하고 있으며, 무공수훈자, 보국수훈자, 4·19혁명공로자, 특별공로자와 이들의 자녀, 상이등급 6급 미만에 해당하는 전상군경, 공상군경, 4·19혁명부상자, 공상공무원 및 특별공로상이자의 자녀는 생활수준을 고려하여 교육지원을 실시할 수 있도록 하고 있다.

2) 취업지원

국가유공자법은 국가유공자와 그 유족의 생활안정 및 자아실현을 위하여 취업지원을 실시하도록 하고 있다(제28조). 취업지원 대상자는 ⅰ) 전상군경, 공상군경, 무공수훈자, 보국수훈자, 재일학도의용군인, 4·19혁명부상자, 4·19혁명공로자, 공상공무원, 특별공로상이자, 특별공로자 및 그 배우자, ⅱ) 전몰군경, 순직군경, 4·19혁명사망자, 순직공무원 및 특별공로순직자의 배우자, ⅲ) 전몰군경, 순직군경, 4·19혁명사망자, 순직공무원 및 특별공로순직자의 자녀, ⅳ) 상이등급 6급 이상의 전상군경, 공상군경, 4·19혁명부상자, 공상공무원 및 특별공로상이자의 자녀 및 재일학도의용군인의 자녀로 하고 있다. 다만 ⅲ)과 ⅳ)에 해당하는 사람은 1명만 취업지원을 받을 수 있도록 하고 있다. 이에 따라 법이 정한 취업지원 실시기관은 직원을 채용하는 시험을 실시하는 경우 취업지원 대상자에 대하여 만점의 10퍼센트 또는 5퍼센트의 가점을 하여야 한다(제31조). 또한 취업지원 실시기관이 일반직공무원등의 임용권을 가지고 있고 정원이 5명 이상인 경우에는 정원의 20퍼센트 이상을 취업지원 대상으로 채용하여야 한다(제32조).

3) 의료지원

국가유공자법은 국가유공자와 그 유족이 건강한 생활을 유지하고 필요한 진료 등을 받을 수 있도록 의료지원을 규정하고 있다(제41조). 이에 따라 전상군경,

공상군경, 4·19혁명부상자, 공상공무원 및 특별공로상이자는 진료를 필요로 하는 경우 국가의 의료시설 등에서 진료를 받을 수 있고 필요한 경우 다른 의료시설에서 위탁진료를 받을 수 있다. 다만 6급 미만의 상이등급에 해당하는 사람이 상이처 외의 질병으로 진료를 받는 경우에는 진료비의 일부를 본인이 부담하도록 하고 있다.

4) 대부지원

국가유공자법은 국가유공자와 국가유공자의 유족(보상금을 받는 자, 보상금을 받는 자가 없는 경우 선순위자)의 자립과 생활안정을 위하여 보훈기금법에 따른 국가유공자지원자금을 재원으로 장기저리의 대부지원을 하고 있다(제46조-제49조). 대부는 농토구입대부, 주택대부(주택구입대부, 대지구입대부, 주택신축대부, 주택개량대부, 주택임차대부), 사업대부, 생활안정대부로 구분하여 이루어지고 있다.

5) 기타 지원

국가유공자법은 이상의 보훈급여 외에도 양로지원, 요양지원, 보훈재가복지서비스, 양육지원, 수송시설의 이용지원, 고궁 등의 이용지원, 주택의 우선공급, 생업지원, 국가유공자 등에 대한 연수교육에 대하여 규정하고 있다(제63조-제69조).

3. 독립유공자법

가. 보호대상

국가유공자법은 순국선열과 애국지사를 국가유공자로 규정하고 있는데, 일제로부터 조국의 자주독립을 위하여 공헌한 사람이다. 독립유공자법은 독립유공자를 순국선열과 애국지사로 구분하여 다음과 같이 정의하고 있다(제4조). 또한 동법은 보상을 받는 독립유공자의 유족 또는 가족의 범위를 '배우자, 자녀, 손자녀,[31] 며느리로서 1945년 8월 14일 이전에 구호적에 기재된 자'로 규정하고 있다(제5조 제1항).

① 순국선열: 일제의 국권침탈 전후로부터 1945년 8월 14일까지 국내외에서 일제의 국권침탈을 반대하거나 독립운동을 위하여 일제에 항거하다가 그 반대나 항거로 인하여 순국한 자로서, 그 공로로 건국훈장·건국포장 또는 대통령 표창을 받은 자

② 애국지사: 일제의 국권침탈 전후로부터 1945년 8월 14일까지 국내외에서 일제의 국권침탈을 반대하거나 독립운동을 위하여 일제에 항거한 사실이 있는 자로서, 그 공로로 건국훈장·건국포장 또는 대통령 표창을 받은 자

독립유공자법은 독립유공자의 종류와 개념 및 등록절차에 대해서는 규정하고 있으나 공적심사의 기준에 대해서는 법적 효력이 있는 법률이나 법률의 구체적인 위임에 근거한 법규명령에 규정하지 아니하고 행정기관 내부의 행정규칙 형식으로 규정하고 있다. 서훈의 종류에 따라서 보상내용이 달라진다는 점에서 공적심사의 구체적 기준에 대해서는 법률에서 위임근거를 두고 시행령과 같은 법규명령의 형식으로 규정하는 것이 타당하다.

나. 보훈급여금

독립유공자법은 보훈급여금을 보상금과 사망일시금 및 생활조정수당으로 구분하여 월정액으로 지급하고 있다(제11조). 보상금과 관련하여 생존자인 애국지사의 경우에는 본인과 유족에게 모두 지급되는 반면, 순국선열의 경우에는 본인의 희생과 공헌에 대한 부분에 대해서는 보상이 없으며 애국지사의 유족에게 지급되는 보상금이 그 유족에게 지급되는 구조이다.

보상금은 독립유공자와 그 유족 중 선순위자 1명에게는 보상금을 지급되고 있다(법 제12조 제1항). 보상금은 애국지사와[32] 순국선열과 애국지사의 유족[33]에

31) 다만, 독립유공자의 유족으로 최초로 등록할 당시 이미 자녀 및 손자녀까지 사망한 경우에는 독립유공자의 가장 가까운 직계비속 중 1명을 손자녀로 본다.

32) 본인(애국지사)에 대하여, 2022년 현재 건국훈장 1~3등급 6,489천원, 건국훈장 4등급 3,455천원, 건국훈장 5등급 2,732천원, 건국포장 1,957천원, 대통령표창 1,286천원으로 구분 지급되고 있다.

33) 유족(순국선열과 애국지사의 유족)에 대하여, 2022년 현재 건국훈장 1~3등급은 배우자 2,875천원과 기타유족 2,489천원, 건국훈장 4등급은 배우자 2,118천원과 기타유족 2,074천원, 건국훈장 5등급은 배우자 1,724천원과 기타유족 1,684천원, 건국포장은 배우자 1,211천원과 기타유족 1,202천원, 대통령표창은 배우자 819천원과 기타유족 803천원으로 구분하여 지급되고 있다.

게 건국훈장 서훈자, 건국포장 서훈자 및 대통령표창자로 구분하여 지급되고 있다(시행령 제9조). 사망일시금은 보상금을 받고 있는 독립유공자가 사망한 경우에는 그 유족에게 보상금 지급 순위에 따라 지급하도록 하고 있다(제13조).[34] 생활조정수당은 독립유공자 본인과 독립유공자 유족 중 보상금을 받는 사람 및 유족 중 보상금을 받는 사람이 없는 경우 선순위자 1명에게 기준중위소득 등 생활수준을 고려하여 지급할 수 있도록 하고 있다(제14조).[35]

다. 기타 보훈급여

독립유공자법은 보훈급여금 외에 금전적 지원으로 일제 강점기 국외로 망명하였다가 귀국하지 못하다가 후에 귀국하여 국적을 취득한 독립유공자와 유족 중 세대주에게 정착금을 지급할 수 있도록 규정하고 있다(제26조). 그러나 자립정착금의 지원대상이 되는 유족을 세대주로 한정하는 것은 재고를 요한다.

독립유공자법은 이 외에도 교육지원, 취업지원, 생업지원, 의료지원, 대부, 양로지원, 요양지원, 보훈재가복지서비스, 심리재활, 양육지원, 수송시설의 이용지원, 고궁 등의 이용지원, 주택의 우선 공급 등의 지원을 규정하고 있다(제15조-제25조). 그런데 동법 제15조와 제16조의 교육지원과 취업지원은 독립유공자제도 자체가 늦게 시작되고 발굴도 늦어지고 있어 독립유공자와 그 유족이 현재 초고령이라는 점을 고려할 때 그 실효성을 위해서는 본인과 그 유족에 대한 지원에서 후손에 대한 지원으로 개선되어야 한다(권영복·정철호, 2022, 58). 또한 동법 제17조의 의료지원은 고령인 독립유공자 본인과 그 유족에게 중요한 의미를 가지는데, 현재 이들이 고령이라는 점에 비추어 국공립병원과 보훈병원이나 위탁병원으로 이용 가능한 의료시설을 한정할 것이 아니라 모든 병원으로 개방하는 방법을 고려해야 한다(권영복·정철호, 2022, 58).

---

34) 2022년 현재 애국지사의 경우에는 서훈등급에 따라 1,127천원에서 3,268천원이 지급되고 있으며, 유족의 경우에는 건국훈장 4등급까지는 서훈등급에 따라 서훈 1~3등급은 배우자와 기타유족으로 구분하여 1,127천원에서 2,261천원까지 차등 지급되고 있다.

35) 2022년 현재 가족이 3인 이하인 경우 220~283천원, 4인 이상인 경우 273~336천원으로 구분하여 지급되고 있다.

4. 참전유공자법

가. 보호대상

국가유공자법은 참전유공자로서 동법의 적용받지 않는 사람에 대한 보훈급여에 대해서는 참전유공자법에서 따로 규정하도록 하고 있다. 참전유공자법은 참전유공자를 '6·25전쟁에 참전하고 전역(퇴역 또는 면역을 포함)한 군인, 병역법 또는 군인사법에 따른 현역복무 중 1964년 7월 18일부터 1973년 3월 23일 사이에 월남전쟁에 참전하고 전역한 군인, 6·25전쟁에 참전하고 퇴직한 경찰공무원, 6·25전쟁에 참전(병역의무 없이 참전한 소년지원병을 포함)한 사실 또는 월남전쟁에 참전한 사실이 있다고 국방부장관이 인정한 사람, 경찰서장 등 경찰관서장의 지휘·통제를 받아 6·25전쟁에 참전한 사실이 있다고 경찰청장이 인정한 사람'으로 규정하고 있다.[36]

나. 보훈급여

참전유공자법은 참전의 명예를 기리기 위하여 65세 이상의 참전유공자에게 참전명예수당을 지급하도록 하고 있다(제6조).[37] 또한 참전유공자가 국가 또는 지방자치단체가 설치·운영하는 의료기관(보훈병원 포함)에서 진료를 받는 경우 본인이 부담하는 진료비용 중 90퍼센트를 감면하도록 하고 있다(제7조). 참전유공자로서 나이가 75세 이상인 경우에는 국가 또는 지방자치단체가 설치·운영하는 의료기관 외의 민간 위탁의료기관에서 진료를 받을 수 있다. 또한 65세 이상인 참전유공자로서 부양의무자가 없는 사람에 대해서는 국가 또는 지방자치단체가 설치·운영하는 양로시설에서 지원을 할 수 있도록 하고 있다(법 제8조). 이 외에도 참전유공자 본인 또는 유족이 원하는 바에 따라 참전유공자의 유골은 국

36) 다만 6·25전쟁이나 1964년 7월 18일부터 1973년 3월 23일까지 월남전쟁 참전 중 범죄행위로 인하여 금고 이상의 형을 선고받고 불명예스러운 제대를 하거나 파면된 사실이 있는 사람은 제외한다.

37) 이에 따라 2022년 현재 65세 이상의 참전유공자에게 월 35만원의 참전명예수당이 지급되고 있다.

가가 조성하거나 조성할 묘지나 국가 또는 지방자치단체가 조성경비의 100분의 50 이상을 부담한 시설에 안장하거나 안치할 수 있도록 하고 있으며(제9조),[38] 보훈재가복지서비스, 고궁 등의 이용지원, 주택의 우선공급 등의 지원을 규정하고 있다(제8조의6, 제10조, 제12조의3).

5. 보훈보상자법

가. 보호대상

기존의 국가유공자법은 2012년 7월 1일 국가유공자법과 보훈보상자법으로 이원화하여 보상과 예우를 차별화 하였다. 개정된 국가유공자법이 전몰군경, 전상군경, 순직군경, 순직공무원, 공상공무원의 요건으로 국가의 수호·안전보장 또는 국민의 생명·재산 보호와 직접적인 관련이 없는 직무수행이나 교육훈련을 포함시킴에 따라, 보훈보상자법은 이와 직접 관련이 없는 직무로 사망 또는 상이를 입은 군경과 공무원을 기존의 국가유공자에서 보훈보상대상자를 구분하여 보상과 예우를 차별화하게 된 것이다. 보훈보상자법의 적용대상인 보훈보상대상자는 재해사망군경, 재해부상군경, 재해사망공무원, 재해부상공무원으로 구분되는데(법 제2조), 그 개념은 사망이나 상이의 원인이 된 직무수행이나 교육훈련이 '국가의 수호·안전보장 또는 국민의 생명·재산 보호와 직접적인 관련이 없는 직무수행이나 교육훈련'일 뿐 다른 요건에 있어서는 국가유공자법의 요건과 크게 차이가 없다.

나. 보훈급여

보훈보상자법의 급여의 종류와 내용 역시 보상금에 있어서 국가유공자법의 보상금과 차별 지급된다는 점 외에 그 급여체계에 있어서는 크게 차이가 없다. 보훈보상대상자에 대한 보훈급여금의 종류 역시 보상금과 수당 및 사망일시금으로 구분되며, 수당은 생활조정수당, 간호수당, 부양가족수당, 중상이부가수당 등으

38) 국립묘지의설치및운영에관한법률은 참전유공자는 국립호국원에 안장할 수 있도록 하고 있다(제5조).

로 구분된다(법 제10조-제23조). 보훈급여금 외에 보훈급여는 교육지원, 취업지원, 의료지원, 대부지원, 주택의 우선공급 등으로 구분된다(제24조-제56조).

6. 5·18보상법 및 민주화보상법

가. 5·18보상법

5·18보상법은 5·18민주화운동의 관련자와 그 유족에 대한 명예회복과 보상을 통해 이들의 생활안정과 복지향상을 도모하고 국민화합과 민주발전에 이바지하기 위해 입법되었다. 5·18보상법은 국가권력에 의해 희생된 국민에 대한 보상이 입법의 계기가 되었지만 자유민주주의라는 헌법적 가치를 수호하기 위해 공헌에 대한 국가 차원의 보상과 예우라는 점에서 보훈제도의 체계로 편입하여 설명할 수 있다.

5·18보상법은 1979년 12월 12일과 1980년 5월 18일을 전후하여 발생한 헌정질서 파괴범죄와 반인도적 범죄에 대항하여 시민들이 전개한 민주화운동인 5·18민주화운동과 관련하여 '사망하거나 행방불명된 사람, 상이를 입은 사람, 법이 정하는 질병을 앓거나 그 후유증으로 사망한 것으로 인정되는 사람, 성폭력 피해를 입은 사람, 수배·연행 또는 구금된 사람, 공소기각·유죄판결·면소판결·해직 또는 학사징계를 받은 사람'을 보호대상으로 한다(제2조).[39]

5·18보상법은 급여를 보상금과 의료지원금 및 생활지원금을 규정하고 있다. 동법은 i) 사망하거나 행방불명으로 확인된 사람의 유족에게 사망하거나 행방불명된 시점을 기준으로 장래의 취업가능기간의 금전적 손실액, ii) 상이를 입은 사람 또는 그 유족에게 필요한 요양으로 인하여 입은 요양기간의 금전적 손실액과 신체장해로 인한 노동력 상실정도에 따른 취업가능기간의 금전적 손실액에 상당하는 금액을 보상금으로 지급하도록 하고 있다(제5조). 또한 상이를 입은 사람 중에서 상이로 인하여 계속 치료가 필요하거나 상시 간병 또는 보장구의 사

39) 동법은 5·18민주화운동 관련자와 그 유족에 대한 보상지원을 위해 국무총리 소속으로 5·18민주화운동관련자보상지원위원회를 두도록 하고(제3조), 사실심사와 보상 등의 심의·결정을 위하여 광주광역시에 5·18민주화운동관련자보상심의위원회를 두도록 하고 있다(제4조).

용이 필요한 사람에게는 치료·간병 및 보장구 구입에 드는 비용을 의료지원금으로 지급하도록 하고 있다(제6조). 아울러 5·18관련자 또는 그 유족에게 생활을 보조하기 위한 생활지원금을 지급할 수 있도록 하고 있다(제7조).

나. 민주화보상법

민주화보상법 역시 5·18보상법과 같은 시각에서 이해할 수 있다. 민주화보상법은 1964년 3월 24일 이후 자유민주적 기본질서를 문란하게 하고 헌법에 보장된 국민의 기본권을 침해한 권위주의적 통치에 항거하여 헌법이 지향하는 이념 및 가치의 실현과 민주헌정질서의 확립에 기여하고 국민의 자유와 권리를 회복·신장시킨 민주화운동과 관련하여 '사망하거나 행방불명된 사람, 상이를 입은 사람, 법이 정하는 질병을 앓거나 그 후유증으로 사망한 것으로 인정되는 사람, 유죄판결을 받거나 해직되거나 학사징계를 받은 사람'을 보호대상으로 규정하고 있다(제2조).[40]

민주화보상법은 민주화운동 관련자에 대한 보상원칙으로 희생 정도에 따른 보상과 생활 정도를 고려한 보상을 원칙을 규정하고(제6조), 보상급여의 종류로 보상금과 의료지원금 및 생활지원금을 규정하고 있다(제7조-제9조). 그 내용은 5·18보상법과 크게 다르지 않다.

V. 국가보훈제도의 입법과제

국가보훈제도의 의의에 비추어 보면 국가보훈은 국가공동체를 위해 희생 또는 공헌한 사람에 대한 실질적인 보상과 예우, 국민의 애국정신의 토대로 한 국민통합과 국가발전의 도모라는 두 가지 목표를 달성할 수 있어야 한다. 이것이 국가보훈제도가 존재하는 이유이고 지속적으로 유지·발전해야 하는 당위성의 근거라고 할 수 있다. 이러한 관점에서 국가보훈제도를 뒷받침하는 현행 입법에 남겨진

40) 동법은 민주화운동 관련자 및 그 유족에 대한 명예회복과 보상금 등을 심의·결정하기 위하여 국무총리 소속으로 민주화운동관련자명예회복및보상심의위원회를 두도록 하고 있다(제4조).

과제를 몇 가지 제시하면 다음과 같다.

우선, 보훈 관련 입법이 국가보훈제도의 존립 근거에 부합할 수 있도록 일관성과 체계성을 유지할 수 있어야 한다. 보훈대상자가 국가의 적극적인 보상과 예우의 대상이 되고 사회통합의 공감대를 이룰 수 있는 이유는 보훈대상자가 국가공동체의 존립과 안전을 위해서 또는 국가공동체가 추구해야 하는 핵심 가치를 위해서 희생과 공헌을 하였기 때문이다. 국가보훈제도가 국가의 최고 가치규범인 헌법과 그 궤를 같이 하고 있다고 보는 이유는 이 때문이다. 이점을 확인하고 개별 보훈 관련 입법에 지침을 제공하고 있는 법이 보훈기본이라고 할 수 있는데, 제3조의 희생·공헌자의 규정과 제4조의 국가의 책무규정에서 확인되고 있다. 따라서 국가보훈제도는 국가의 요소인 주권과 영토 및 국민의 보호, 국가의 존립 근거인 국민의 생명과 안전 및 재산의 보호, 국가와 국민이 수호해야 할 자유민주적 기본질서를 위한 희생과 공헌에 대해서 보상과 예우를 하기 위한 것이고 이런 전제하에서 보훈제도는 국민통합의 계기가 될 수 있는 것이다. 이런 시각에서 보면, 2012년 7월 1일 시행된 보훈보상자법은 국가의 안전과 국민의 생명과 재산 보호와 직접적인 관련이 없는 직무수행과 교육훈련을 전제로 하고 있어 보훈기본법이 제시한 희생·공헌의 범주에서 벗어나고 있다는 점에서 문제가 있으며, 보훈기본법의 희생·공헌의 개념에 부합하게 법의 내용을 개정할 필요가 있다.

다음으로, 국가보훈제도가 국민통합과 국가발전의 계기로서 기능을 수행하기 위해서는 보훈 관련 입법이 지속적으로 유지되고 발전할 수 있도록 입법적인 보완이 이루어져야 한다. 이 점은 보훈대상자의 보상과 예우라는 권리의 보장과도 밀접한 관련이 있다. 물론 여기에는 국가의 재정적 지원이 수반될 수밖에 없다. 현재 국가보훈제도에서 존립과 발전에 있어서 위기에 봉착하고 있는 것은 독립유공자법이라고 할 수 있다. 역사적으로 독립유공행위는 오래 전에 발생한 데다가 당시의 시대적 상황으로 인하여 발굴에도 한계가 있다. 독립유공자제도는 시기적으로 늦게 시작되어 본인과 유족이 생존하지 않거나 고령자인 경우가 많다. 게다가 현행 독립유공자법은 독립유공자의 개념만 있고 대상자 선정을 위한 구체적인 공적심사의 기준은 행정기관 내부의 행정규칙에 의해 이루어지고 있으며 보상금 등 급여의 제공은 본인과 유가족을 위주로 되어 있다. 보호대상에 대한 실효성이 없이 법 자체의 존재만으로는 제도의 목적이 달성될 수 없다는 점에서, 법의 목적과 이념에 부합하게 독립유공자 선정을 위한 공적심사기준은 법령 차원에서 명확히 제시되어야 하며, 실효성에서 벗어나 본인과 유족 중심으로 되어 있는 급여체계는 독립유공자 본인과 후손에 대한 급여체계로 개선될 필요가 있다.[41]

마지막으로, 국가보훈제도가 유지·발전할 수 있는 근간이 되는 보훈 관련 입법에서 간과되어서는 안 되는 점은 보호대상자에 대한 보상과 예우를 위해서 제공되고 있는 급여가 희생과 공헌에 상응하는 실질보상이 되도록 하는 것이다. 물론 이 문제는 국가의 재정능력과 관련이 있다는 점에서 일정한 한계를 갖는 것이 사실이다. 그러나 모든 국가작용의 기본원칙이며 입법의 원칙이기도 한 형평성은 보훈급여에 있어서 자의적인 재원분배를 통제하는 한계로서 작용하여야 한다. 이러한 시각에서 보면, 현재 독립유공자법과 국가유공자법의 보훈급여금은 심각한 문제를 안고 있다. 희생과 공헌의 정도가 크다고 볼 수 있는 애국지사나 전상·공상군경의 경우와는 달리 순국선열이나 전몰·순직군경 자신의 희생에 대한 보상이 이루어지지 않고, 이들의 유족에 대한 보상은 애국지사나 전상·공상군경의 유족에게 지급되는 낮은 보상체계 속에서 이루어지고 있다. 순국선열이나 전몰·순직군경의 유족에게 지급되는 보상이 애국지사나 전상·공상군경 본인에게 지급되는 보상과 동등한 수준이 될 때에 비로소 형평성 문제가 해결될 수 있다. 특히 전몰·순직군경의 유족에 대한 보상이 상이자에게 지급되는 수당인 중상이수당이나 간호수당보다 작다는 것은 보편적인 상식의 수준을 벗어난 것이다. 따라서 보훈급여를 입안함에 있어서는 대상자에 대한 보상과 예우가 희생과 공헌의 정도에 상응한 것인지와 함께 대상자 간에 보상과 예우에 있어서 형평성을 상실하여 자의적인 입법이 되지 않도록 경계해야 한다.

41) 국가보훈제도의 중심을 이루고 있는 국가유공자법의 보호대상은 계속적으로 발생할 수 있고 제도 또한 지속적으로 유지될 수 있다. 반면, 독립유공자제도는 일제의 신민통치라는 과거의 역사적 사건을 전제로 하고 있다는 점에 비추어 상황이 다르다. 독립유공자는 현재 대한민국이 존재할 수 있는 근간을 마련한 공헌자로서 국가적으로 중요한 의미를 가진다는 점에서 독립유공자제도는 다른 보훈제도와는 다른 시각에서 접근하여야 한다.

참고문헌

권영복. 2009. "국가보훈제도에 있어서 전공사상군경의 법적 보호에 관한 연구 : 국가유공자등 예우 및 지원에 관한 법률을 중심으로." 동국대학교대학원 박사학위논문.

권영복·정철호. 2017. "군인의 국가배상청구금지와 국가보훈제도의 관계 고찰." 『한국보훈논총』 16(2). 한국보훈학회. 9-33쪽.

권영복·정철호. 2016. "국가보훈제도와 전몰·순직군인 유족 보훈급여제도의 개선방안." 『한국보훈논총』 15(4). 한국보훈학회. 67-94쪽.

권영복·정철호. 2022. "독립유공자 보호제도에 대한 헌법적 고찰: 입법정책적 관점에서." 『한국보훈논총』 21(1). 한국보훈학회. 37-61쪽.

권영복·이철호. 2022. "군복무자의 재해보상청구권에 대한 헌법적 고찰." 『한국보훈논총』 21(2). 한국보훈학회. 135-192쪽.

권영복. 2020. "한국정부의 6·25전쟁 당시 및 이후 참전군인 보훈제도." 한국 근현대 역사 속 전쟁 참전국과 보훈. 역사와 교육학회 학술대회 발표자료.

권영성. 2009. 『헌법학원론』. 서울: 법문사.

김용하. 2005. "국가보훈 연금체계의 개선방안 연구." 『사회보장연구』 21(1). 201-231쪽.

김종성. 2005. 『한국보훈정책론』. 서울: 일진사.

김학성. 1998. "국가배상법 제2조 제1항 단서의 위헌여부." 『판례월보』 334. 판례월보사. 8-14쪽.

박균성. 2016. 『행정법론(상)』. 서울: 박영사.

송기춘. 1999. "국가의 기본권보장의무에 관한 연구." 서울대학교 대학원 박사학위논문.

유대종. 2007. "독일 행정법의 최근의 이론동향과 한국행정법에 미친 영향에 관한 연구-H. Maurerer교수의 이론을 중심으로." 서울시립대학교 대학원 박사학위논문.

유영옥. 2005. 『국가보훈학』. 서울: 홍익재.

윤준병. 2006. "국가책임법제의 공백축소에 관한 연구." 서울시립대학교 대학원 박사학위논문.

윤찬영. 2004. "사회보상관련 법률의 체계적 이해. 『복지동향』 68.

이상규, 1988. 『국가보상법』. 서울: 법문사.

이승우. 1994. “국가의 기본권보호의무.” 『현대공법과 개인의 권익보호』. 서울: 홍문사.

전광석. 1997. 『한국사회보장법론』. 서울: 법문사.

전광석. 2001. “국가유공자보상에 대한 헌법적 보호의 가능성.” 『헌법판례연구』 3. 한국헌법판례연구학회. 357-390쪽.

전광석. 2001. “사회보상의 국제기준 및 국제적 보장-국가유공자보상, 접종피해보상, 의사상자보상 및 범죄피해자구조를 중심으로.” 『공법연구』 30(1). 한국공법학회. 171-194쪽.

전광석. 2020. “국가유공자 등 예우 및 지원에 관한 법률 등 사회보상법과 헌법재판-독립유공자예우에 관한 법률, 고엽제후유의증 환자 지원에 관한 법률 등을 포함하여-.” 『헌법논총』 31. 헌법재판소. 69-130쪽.

정상기. 1993. “미국의 연방국가배상제도에 관한 연구.” 연세대학교 대학원 박사학위논문.

허　영. 2007. 『한국헌법론』. 서울: 박영사.

홍성방. 2005. 『헌법학』. 서울: 박영사.

홍정선. 2017. 『행정법원론(상)』. 서울: 박영사.

Ossenbühl·Cornilshl·Cornils. 2013. *Staatshaftungsrecht*. C.H.Beck.

CHAPTER 8

독립·호국·민주화에 나타난 보훈정신과 역사적 승계

보훈 법치행정과 정책집행

노동영

Ⅰ. 서론

1. 서술의 필요성

본 장 서술의 필요성은 국가보훈대상자[1])를 신청한 자가 국가(국가보훈처)로부터 그 등록을 거부당했을 때 권리구제를 위하여 국가(국가보훈처)를 상대방으로 하여 그 등록거부처분의 취소 등을 청구하는 행정심판 및 행정소송을 대리하여 다수 수행하면서 실무현장에서 도출된 문제점을 체감하는데서 비롯되었다. 국가보훈업무를 관장하는 국가보훈처가 있고 현재 정부에서는 국가보훈처를 국가보훈부로 승격하는 정부조직법 개정을 추진하고 있다. 국가보훈처의 2022년 예산만 하여도 6조에 가까운 5.9조원에 달하며 국민의 권리구제절차 보장을 위해 중앙행정심판절차와 같은 행정부의 준사법절차 및 법원의 사법절차가 존재함에도 국가에 헌신한 많은 국민들이 절망하고 있다. '보훈법'이라는 영역이 법학에 있어 학문적으로나 법조실무 영역에서 전문적이고 독립적으로 정립되었다고 말할 수 없다. 소위 시장성이 부족하여[2]) 학문적으로도 법조 실무적으로도 관심을 덜 받고 있다는 것이 보다 정확할 것이다. 현실적으로는 국가에 대한 희생·헌신으

1) 국가보훈기본법상 희생·공헌자와 그 유족 또는 가족으로서 국가보훈관계 법령의 적용대상자가 되어 예우 및 지원을 받는 사람으로서 모든 유형의 보훈대상인 사람이다.

2) 법원에 국가보훈처의 처분을 다투는 것이므로 행정소송에 해당하나 소송의 난이도가 높고, 소송의 당사자인 국가보훈대상자 신청인의 경제적·신체적 무능력 등으로 변호사들의 관심도가 떨어지며, 보훈 관련 행정소송을 수행하는 변호사는 거의 없는 편으로, 소위 시장성이 없는 편이다.

로 신체적으로나 경제적으로 사회적 약자가 되어 있는 공훈자이기에 보훈법의 정립이 매우 절실히 요구되고 있다. 추상적으로 보훈의 가치를 아무리 외쳐도 결국 국가보훈대상자로 편입시키는 것은 국가보훈처의 제도 운영의 결과이고, 국가보훈대상자로 편입되지 못한 사람들을 실무적으로 구제하는 것은 사법절차의 영역이기 때문이다.

국가보훈대상자 중에서도 독립유공자와 참전유공자는 지금의 후속세대들이 대한민국에서 행복을 누릴 수 있게 해준 원천으로서 으뜸이므로, 보훈제도의 지원이 우선시된다. 독립유공자와 참전유공자는 역사의 증인을 발굴하여 예우하는 사실의 문제에 가까운데 시간이 흐를수록 대상자의 자연적 소멸에 따라 한시라도 급히 잊힌 독립유공자와 참전유공자를 발굴할 필요성이 크다. 한편 보훈제도에 대한 법적인 연구는 국가보훈대상자 중에서도 국가유공자에 집중되어 있는 편이다. 이도 주로 국가유공자에 대한 헌법적 검토 등에 한정되어 있어[3] 다양한 유형의 국가보훈대상자 및 행정법적 검토를 포함한 공법적 검토가 계속 보완되어야 할 필요성이 있다.

2. 보훈대상별 현황

국가보훈대상자의 현황을, 국가보훈처〉자료실〉현황·통계에서 보훈대상별 현황에 대한 가장 최신자료를 인용하면 다음과 같다.

3) 가령, 정영훈, "국가유공자에 대한 보상·지원의 헌법적 근거에 관한 검토", 『법과정책연구』 제16집 제3호(2016) 등이다.

<표-1> 보훈대상별 현황

보 훈 대 상 별 현 황

(2022.09월말 기준, 총괄)

(단위 : 명)

대 상 별	계	본 인	유 족
합 계†	**835,630**	**573,073**	**262,557**
(고엽제후유증)‡	*(63,189)*	*(39,343)*	*(23,846)*
[순국선열]	*881*	*0*	*881*
건국훈장	792	0	792
건국포장	30	0	30
대통령표창	59	0	59
[애국지사]	*7,813*	*10*	*7,803*
건국훈장	4,482	7	4,475
건국포장	769	1	768
대통령표창	2,562	2	2,560
[전몰·전상·순직·공상군경]	*268,433*	*106,631*	*161,802*
전몰군경	35,721	0	35,721
전상군경	150,405	56,768	93,637
순직군경	15,583	0	15,583
공상군경	66,724	49,863	16,861
└→*(고엽제후유증)‡*	*(63,189)*	*(39,343)*	*(23,846)*
무공수훈자	*85,095*	*15,223*	*69,872*
보국수훈자	*45,333*	*39,772*	*5,561*
재일학도의용군인	*289*	*9*	*280*
[4·19혁명]	*862*	*427*	*435*
4·19혁명사망자	32	0	32
4·19혁명부상자	348	155	193
4·19혁명공로자	482	272	210
[공무원]	*14,649*	*3,442*	*11,207*
순직공무원	8,661	0	8,661
공상공무원	5,988	3,442	2,546

대 상 별	계	본 인	유 족
특별공로순직자	*16*	*0*	*16*
6·18자유상이자	*367*	*27*	*340*
[지원대상자]	*2,828*	*2,266*	*562*
지원순직군경	179	0	179
지원공상군경	1,850	1,758	92
지원순직공무원	217	0	217
지원공상공무원	582	508	74
[보훈보상대상자]	*7,097*	*5,237*	*1,860*
재해사망군경	1,208	0	1,208
재해부상군경	5,481	5,065	416
재해사망공무원	224	0	224
재해부상공무원	184	172	12
[참전유공자]	*237,922*	*237,922*	*0*
6·25전쟁	54,523	54,523	0
월남전쟁	181,931	181,931	0
6.25및월남전쟁	1,468	1,468	0
고엽제후유의증	*50,514*	*50,514*	*0*
고엽제후유증2세	*155*	*155*	*0*
[5·18민주유공자]	*4,483*	*3,520*	*963*
5·18사망자 또는 행불자	167	0	167
5·18부상자	2,766	2,172	594
5·18희생자	1,550	1,348	202
[특수임무유공자]	*3,865*	*2,890*	*975*
특수임무사망자 또는 행불자	18	0	18
특수임무부상자	1,271	1,135	136
특수임무공로자	2,576	1,755	821
중·장기복무제대군인	*105,028*	*105,028*	*0*

Ⅱ. 보훈 법치행정과 실무

1. 보훈법의 구조

1) 헌법적 근거

[헌법 전문(前文)]

(헌법 제10호, 시행 1988. 2. 25, 전부 개정 1987. 10. 29)

유구한 역사와 전통에 빛나는 우리 대한국민은 3·1운동으로 건립된 대한민국임시정부의 법통과 불의에 항거한 4·19민주이념을 계승하고, 조국의 민주개혁과 평화적 통일의 사명에 입각하여 정의·인도와 동포애로써 민족의 단결을 공고히 하고, 모든 사회적 폐습과 불의를 타파하며,

> 자율과 조화를 바탕으로 자유민주적 기본질서를 더욱 확고히 하여 정치·경제·사회·문화의 모든 영역에 있어서 각인의 기회를 균등히 하고, 능력을 최고도로 발휘하게 하며, 자유와 권리에 따르는 책임과 의무를 완수하게 하여, 안으로는 국민생활의 균등한 향상을 기하고 밖으로는 항구적인 세계평화와 인류공영에 이바지함으로써 우리들과 우리들의 자손의 안전과 자유와 행복을 영원히 확보할 것을 다짐하면서 1948년 7월 12일에 제정되고 8차에 걸쳐 개정된 헌법을 이제 국회의 의결을 거쳐 국민투표에 의하여 개정한다.

밑줄 친 헌법 전문의 내용이 국가보훈대상자에 대한 예우 및 지원에 대한 헌법상 명문의 근거가 된다. 헌법 전문은 대한민국 및 헌법개정의 연혁, 기본이념, 기본질서 등을 나타내어 정치적 선언에 그치지 않고 국가와 국민에 대한 최고규범이자 법률 등 하위규범을 통제하는 재판규범으로 작동되고 있다. 「국가보훈기본법」 제3조 제1호의 네 가지 목적인 '일제로부터의 조국의 자주독립, 국가의 수호 또는 안전보장, 대한민국 자유민주주의의 발전, 국민의 생명 또는 재산의 보호 등 공무수행'은 위 헌법 전문에서 모두 도출된다고 볼 수 있다. 국가가 보훈을 잘하는 것이 국민통합의 지름길로 여겨지고 있는데, 헌법 전문의 '… 민족의 단결을 공고히 …'라는 부분이 동법 제2조의 기본 이념으로써 '… 국민통합과 국가 발전에 기여하는 것을 국가보훈의 기본 이념으로 한다.'라는 규정에서 구체화된 것으로 볼 수 있다. 특히 독립유공자에 대한 예우는 '… 3·1운동으로 건립된 대한민국임시정부의 법통 … 을 계승하고'라는 문구에서 직접 근거를 찾을 수 있다.

또한, 헌법상 개별 규정으로는 '국가유공자·상이군경 및 전몰군경의 유가족은 법률이 정하는 바에 의하여 우선적으로 근로의 기회를 부여받는다'는 제32조 제6항이 있다. 동 규정에 따르면 국가유공자와 상이군경 그리고 전몰군경의 유가족만으로는 국가보훈대상자로서 충분하지 않을 뿐 아니라 우선적 근로기회의 제공 외에 다른 예우에 대한 언급이 없지만, 동 규정은 국가보훈대상자 및 예우 방법에 대한 대표적인 예시를 명시한 것에 불과한 것이고, 국가보훈대상자 중에서 국가유공자와 상이군경 그리고 전몰군경의 유가족만 보호하고 예우로서는 우선적 근로 기회의 제공만을 부여하겠다는 의미가 아니다. 즉 동 규정은 예시조항이지 열거조항이 아니다.

'국가는 사회보장·사회복지의 증진에 노력할 의무를 진다'는 헌법 제34조 제2항 역시 헌법상 사회국가의 원리-국가가 국민에 대하여 자유를 보장하면 충분하다는 소극적 의미의 국가론에 그치지 않고 국민에 대하여 자유의 보장과 더불어 평등을 적극적으로 실현한다는 의미의 국가론-를 천명하면서 상술한 헌법 전문 및 제32조 제6항에서 부여하는 국가유공자에 대한 헌법적 배려와 조화되어 사회보장적 측면에서 국가유공자의 예우 및 지원에 관하여 국가에게 의무를 부여하는 헌법상 근거가 된다고 볼 수 있다.

2) 보훈법령의 체계

「국가보훈기본법」, 「국가유공자 등 예우 및 지원에 관한 법률」, 「독립유공자예우에 관한 법률」, 「참전유공자예우 및 단체설립에 관한 법률」, 「고엽제후유의증 등 환자지원 및 단체설립에 관한 법률」, 「5·18민주유공자예우에 관한 법률」, 「보훈보상대상자 지원에 관한 법률」, 「특수임무유공자 예우 및 단체설립에 관한 법률」, 「제대군인지원에 관한 법률」 등 및 각 법률 시행령·시행규칙 등 하위 법령을 포함, 국가보훈처를 주무부처로 하여 국민의 희생·공헌으로써 국가 공훈에 대한 예우·지원 등을 규정한 규범 총칭을 '보훈법'이라고 할 수 있다. 이외에도 「5·18민주화운동 관련자 보상 등에 관한 법률」과 같이 행정안전부가, 「특수임무수행자 보상에 관한 법률」과 같이 국방부가, 「의사상자 등 예우 및 지원에 관한 법률」과 같이 보건복지부가 주무부처가 되어 공훈에 대한 보상을 지원하는 것도 넓은 의미에서 보훈법의 범주에 포함시킬 수 있겠다.

한편, 보훈제도는 상술한 바와 같이 개별 단행법들에 근거를 두고 있지만,

① 「국가보훈기본법」에서 국가보훈의 기본이념, 정의규정, 국가의 책무[4], 국가보훈위원회, 예우 및 지원의 원칙 등 국가보훈제도의 근간이 되는 원칙들을 제

4) 제5조에서 국가보훈대상자를 예우하는 기반을 조성하기 위하여 노력해야 하는 국가와 지방자치단체의 책무를 규정하고 있지만, 보훈제도는 국가보훈처 중심의 중앙집행적인 국가보훈제도가 원칙이고 지방자치단체의 역할은 국가의 보조자 역할에 그칠 수밖에 없는 한계를 가진다고 본다. 현재 보훈과 관련된 지방자치단체의 역할은 국가보훈대상자로 인정된 주민들에 대하여 조례를 통해 소액의 일정한 월 수당을 지급하는 것에 그치는 것으로 보이며, 이마저도 기초자치단체별로 국가보훈대상자 모두를 포함하지 못하고 재정상태에 따라 수당이 각기 다르다.

시함으로써 동법은 국가보훈제도의 일반법과 같은 역할을 하고 있다.

② 동법 제3조 제2호에 따라 보훈법령상 국가보훈대상자의 범위에 독립유공자, 참전유공자, 국가유공자, 보훈보상대상자 등이 포섭됨으로써 국가보훈대상자가 가장 큰 개념이 되고, 그 하위에 독립유공자, 참전유공자, 국가유공자, 보훈보상대상자, 고엽제후유증환자 등 개별적 보훈대상자가 개별 단행법에 따라 달리 규율되고 있다.

③ 동법 제3조 제1호에 따라 국가보훈대상자가 되기 위하여는 다음의 목적 어느 하나에 해당하여야 한다.

가. 일제로부터의 조국의 자주독립

나. 국가의 수호 또는 안전보장

다. 대한민국 자유민주주의의 발전

라. 국민의 생명 또는 재산의 보호 등 공무 수행

'일제로부터의 조국의 자주독립'을 위해 희생·공헌한 사람에 대하여 「독립유공자예우에 관한 법률」이 적용되고,

'국가의 수호 또는 안전보장'을 위해 희생·공헌한 사람에 대하여는 「국가유공자 등 예우 및 지원에 관한 법률」, 「참전유공자예우 및 단체설립에 관한 법률」, 「고엽제후유의증 등 환자지원 및 단체설립에 관한 법률」, 「특수임무유공자 예우 및 단체설립에 관한 법률」 등이 적용되고,

'대한민국 자유민주주의의 발전'을 위해 희생·공헌한 사람에 대하여 「5·18민주유공자예우에 관한 법률」 등이 적용되고,

'국민의 생명 또는 재산의 보호 등 공무수행'을 위해 희생·공헌한 사람에 대하여 「국가유공자 등 예우 및 지원에 관한 법률」, 「보훈보상대상자 지원에 관한 법률」, 「제대군인지원에 관한 법률」 등이 적용되는 구조가 된다.

④ 국민의 희생·공헌의 정도에 따라 그 공훈에 대하여 국가가 높은 수준에서 보답하는 것을 '예우'라고 표현하는데, 국가유공자 예우, 참전유공자 예우, 특수임무유공자 예우, 5·18민주유공자 예우 등이 그것이다. 반면에, 국가가 예우보다는 덜한 수준에서 공훈에 보답하는 것을 '지원'이라고 표현한다. 고엽제후유증

및 고엽제후유의증 및 고엽제후유증 2세환자 등 환자 지원, 보훈보상대상자 지원[5], 제대군인 지원 등이 그러하다. 국가유공자 등 지원이라는 것은 국가유공자 본인에 대한 예우가 아닌, 유족에 대한 지원의 의미이다.

⑤ 보훈의 일반법인 「국가보훈기본법」에 대하여 「국가유공자 등 예우 및 지원에 관한 법률」등은 개별 단행법이 되지만, 실무례에서는 국가유공자법이 가장 적용이 많은 법률이다. 동법 제4조 제1항 제1호 '순국선열'부터 제18호 '국가사회발전 특별공로자'까지 국가유공자의 종류를 구체화하고 있다. 또 제5조의 유족 및 가족의 범위, 제6조 및 제8장의 3의 국가유공자 등록 및 결정을 위한 보훈심사절차, 제6조의 3의 신체검사, 기타 보훈급여금·교육지원·취업지원·의료지원 등은 보훈제도의 기준으로 작용되고 있다. 특히, 국가유공자 등록을 신청하는 국민에게 보훈심사절차는 그 등록 신청에 대한 보훈대상자 여부를 결정하고, 특히 동 거부처분에 대하여는 국민의 권리구제를 위해 행정쟁송 영역에서 많이 취급되는 부분이다.

2. 국가보훈처와 보훈실무

1) 국가보훈처와 지방보훈(지)청

「정부조직법」 제22조의 2에 따라 국가유공자 및 그 유족에 대한 보훈, 제대군인의 보상·보호 및 보훈선양에 관한 사무를 관장하기 위하여 국무총리 소속으로 국가보훈처를 두고 있다. 국가보훈처장은 정무직으로 장관급으로 보해지고 국무총리 직속 중앙행정기관의 장이지만 헌법상 국무회의의 구성원인 행정각부의 장이 아니라는 한계가 있다.

국가보훈처 소속 지방보훈청 및 지방보훈청 산하의 보훈지청에서 보훈 업무가 최일선으로 이루어지고 있다. 서울과 수도권에 서울지방보훈청 및 산하 보훈지

5) 「국가유공자 등 예우 및 지원에 관한 법률」에 따라 국가유공자는 국가의 수호·안전보장 또는 국민의 생명·재산 보호와 '직접적인 관련이 있는' 직무수행이나 교육훈련 중 사망하거나 상이를 입은 자로서 A급 예우를(직접 관련성), 「보훈보상대상자 지원에 관한 법률」에 따른 보훈보상대상자는 국가의 수호·안전보장 또는 국민의 생명·재산 보호와 '직접적인 관련이 없는' 직무수행이나 교육훈련 중 사망하거나 상이를 입은 자로서 B급 지원을 받는다고(상당인과관계) 알려져 있다.

청(서울남부보훈지청, 서울북부보훈지청, 인천보훈지청, 경기남부보훈지청, 경기북부보훈지청, 경기동부보훈지청, 강원서부보훈지청, 강원동부보훈지청), 충청권에 대전지방보훈청 및 산하 보훈지청(충북남부보훈지청, 충북북부보훈지청, 충남서부보훈지청, 충남동부보훈지청), 전라권에 광주지방보훈청 및 산하 보훈지청(전북서부보훈지청, 전북동부보훈지청, 전남서부보훈지청, 전남동부보훈지청), 경상권에 대구지방보훈청 및 산하 보훈지청(경북북부보훈지청, 경북남부보훈지청), 부산지방보훈청(울산보훈지청, 경남동부보훈지청, 경남서부보훈지청), 제주에 제주특별자치도보훈청으로 구성되어 있다.

보훈대상신청자의 주소를 관할로 하는 각 보훈지청에서 이루어지는 처분에 대하여 행정심판이나 행정소송 등의 권리구제절차를 밟는 경우, 보훈지청 상급의 지방보훈청에서 소송수행 등 지원이 이루어진다.

2) 보훈심사위원회

국가보훈기본법상 국무총리가 위원장이 되는 '국가보훈위원회'는, 국가보훈정책의 방향 설정에 관한 사항, 기본계획의 수립 및 변경에 관한 사항, 보훈문화 창달 및 애국심 고취에 관한 중요 사항, 국가보훈대상자의 신규인정 등 국가보훈대상의 범위 및 기준 설정에 관한 사항, 국가보훈대상자에 대한 보상 기준의 결정 등 국가보훈에 관한 중요 사항, 국가보훈에 관한 중요정책의 조정에 관한 사항, 제대군인 지원정책에 관한 사항, 그 밖에 위원장이 국가보훈과 관련하여 위원회의 심의가 필요하다고 인정하는 사항에 대하여 심의한다.

반면에, 「국가유공자 등 예우 및 지원에 관한 법률」(이하 '국가유공자법') 제74조의 5 이하에서 규정된 '보훈심사위원회'는, 국가보훈대상자 중 보훈심사위원회의 심의·의결을 거치도록 규정된 사람의 등록 요건의 인정 여부에 관한 사항, 상이 정도의 판정에 관한 사항, 상이의 추가인정 여부에 관한 사항, 권리소멸의 확인에 관한 사항, 국가유공자를 주로 부양하거나 양육한 사람의 확인에 관한 사항, 재심의에 관한 사항, 행위규범과 그 운영에 관한 사항, 위원의 기피에 관한 사항, 이의신청에 관한 사항, 보훈급여금 등의 결손처분에 관한 사항, 보훈급여금 등의 반환의무 면제에 관한 사항, 보상정지 기간 및 보상의 정도에 관한 사항, 법 적용 대상 제외 여부 및 다시 법 적용 대상자로의 결정 여부에 관한 사항, 국가유공자 등의 등록 요건에 관한 심사 기준의 정립에 관한 사항, 그 밖에 다른 법령에서 보훈심사위원회의 소관으로 규정한 사항 등을 심의·의결하는 합의제 기관이다(분과위원 전원 일치에 따름).

즉, 국가보훈위원회에서 법령이 허용하는 큰 틀에서의 정책적 방향 및 사항을 정하면 국가보훈처가 이를 정책에 반영하고, 이를 고려하여 보훈심사위원회에서 보훈대상신청자의 국가유공자 등의 요건 해당 여부(관련 법 적용 대상 여부)를 심의·의결함으로써 유형별 보훈대상자로 요건이 인정되는 경우 신체검사에 따른 상이등급이 결정된 후 상응하는 예우와 지원을 받게 된다.

보훈심사위원회와 국가보훈처장은 신청인이 소속하였던 기관의 장이 확인·통보한 자료에 구속되지 않고 통보된 자료 등을 참작하여 국가유공자 등의 요건에 해당하는지 여부를 독자적으로 심의·결정한다(대법원 1993. 6. 29. 선고 92누14762판결). 이에 따라 보훈심사위원회에서는 신청인의 발병 경위 등에 대한 사실관계를 확인하고, 전문의 등 외부 전문가가 위원으로 참여한 심사회의에서 실체적·의학적 사실관계 등에 대해 심층적으로 검토, 신청인이 「국가유공자법 시행령」[별표 1] 국가유공자 요건의 기준 및 범위의 요건에 해당하는지 여부와 「보훈보상대상자법 시행령」[별표 1] 및 같은 법 시행규칙 [별표 1]에 해당하는지 여부를 논의하게 된다.

보훈심사위원회는 심의·의결의 독립성을 위해 정부세종청사에서도 국가보훈처와는 별도로 위치하고 있다. 또 전문성을 위해 6개의 분과위원회를 두고 있는데, 1분과[6]는 전상군경, 독립유공자(유족), 주로 부양 및 법 배제 등 사실상 법 적용 요건 심의를, 2분과[7]는 정형외과 관련 요건 심의를, 3분과[8]는 신경외과, 순직(신경질환) 관련 요건 심의를, 4분과[9]는 내과, 정신질환, 순직(내과질환) 관

6) 1분과 심사영역 : 전상(총상, 파편상), 법 적용 배제 여부, 사실상 배우자, 주로 부양/양육 여부, 보상금 결손 등

7) 2분과 심사영역 : 외상성 슬관절 손상, 슬내장증, 견관절 탈구, 족관절 만성 불안정성 등

8) 3분과 심사영역 : 추간판탈출증, 척추분리·척추전방전위증, 뇌수막염, 뇌경색, 뇌출혈 등

9) 4분과 심사영역 : 폐결핵, 궤양 천공, 악성종양(암), 자가면역 질환, 신증후군, 정신질환 등

련 요건 심의를, 5분과[10]는 기타 질환, 이비인후과, 순직(일반 및 자해사망) 요건 심의를, 6분과[11]는 상이등급 심의를 전담하고 있다.

분과위원회는 상임위원(국가보훈처 공무원)이 분과위원장이며, 경력직 비상임위원(국가보훈처 공무원 출신) 2명과 전문직 비상임위원(변호사, 의사, 군 경력직 등) 4명인 총 7명으로 구성되어, 위원 전원 일치 의견으로 의결한다. 일부 불일치 안건이 있는 경우 본회의로 상정하게 된다. 본회의는 보훈심사위원장과 상임위원 4명, 전문직 비상임위원 6명인 총 11명으로 구성되는데, 각 분과 심의 안건에 대한 이의 신청, 법원 조정 권고 안건, 중요 및 쟁점 안건 등을 다수결에 따라 심의·의결한다. 보훈심사위원회는 위원장 1명과 상임위원 4명, 비상임위원 115명인 총 120명으로 구성·운영된다.

매일 1개의 분과회의가 있는 편이고, 주 1회 본회의가 열린다. 보훈심사방식은 관할지청에서 상정된 자료를 바탕으로 사무국에서 먼저 판단·제안한 결론에 대하여 분과회의에서 서면심리 방식으로 진행하고, 보훈대상신청자의 요청에 따라 구술심리가 병행되기도 한다.

3) 보훈심사실무

① 민간영역에서 근로자가 사망하거나 다치는 경우를 산업재해의 문제로 처리하는데(주무부처는 고용노동부), 국가를 위한 희생에 대하여는 '상이(傷痍)'라고 부르고 이에 대한 예우와 지원의 문제를 보훈이라고 한다. 보훈대상 등록절차는 신청자가 지역별 관할 보훈지청에서 접수 후 보훈심사위원회로 심의가 의뢰되는 것이 원칙이나, 참전유공자, 군인인 무공·보국수훈자, 5·18유공자, 특수임무공로자는 심의 없이 해당 지청에서 법 적용 대상 검토 후 범죄경력자만 현저한 뉘우침 여부를 심의 의뢰한다(국가유공자법 제79조 3항에 따라 범죄경력자가 현저한 뉘우침이 없으면 법 적용 배제로 예우와 지원이 없음). 독립유공자 본인의 포상 대상 여부는

10) 5분과 심사영역 : 사망자(과로사, 자해사망자 등), 난청·이명, 중이염, 포도막염, 망막박리, 치아파절, 자 살, 탈모 등

11) 6분과 심사영역 : 인정상이처(질병)에 대한 보훈병원의 신체검사 결과를 바탕으로 상이등급 최종 판단

보훈심사와는 별도로 보훈처의 공훈발굴과에서 별도 심의한다.

② 보훈심사의 기본은 '요건 심의'이다. 국가유공자법 및 「보훈보상대상자 지원에 관한 법률」(이하 '보훈보상자법')에 따른 요건 심의가 주로 논의되고, 여기서 요건을 인정받지 못한 경우에 요건 비해당 결정처분에 대하여 법원으로 다투는 경우가 대부분이다. 요건 심사는 주로 심의대상이 국가유공자법상 본인(군경 및 공무원)이 전몰군경(전시 사망 군경), 전상군경(전시 부상 군경), 순직군경(평시 사망 군경), 공상군경(평시 부상 군경)의 해당 여부, 국가유공자까지는 이르지 못하나 국가의 보상이 필요한 재해사망군경 및 재해부상군경 등 보훈보상대상자 등에 대한 요건 인정 여부에 대한 판단으로 이루어진다. 요건 심사에서 보상 심사도 이루어지는데, 사실상 배우자 등 여부, 법 적용 배제자 재등록 여부(현저한 뉘우침 판단), 과오급금반환의무 면제 여부, 상이등급 6급 이하 상이원인 사망 인정 여부 등이 심의 대상이다.

③ 부상 경위 및 공무 관련성에 따라 국가유공자냐 또는 보훈보상대상자냐가 달라진다. 전투 또는 이에 준하는 직무수행인 전상(戰傷)이나, 국가의 수호·안전보장 또는 국민의 생명·재산 보호와 직접적인 관련이 있는 직무수행이나 교육훈련 중 상이를 입은 공상(公傷)은 국가유공자의 요건 문제이고(예: 경계근무, 수색·정찰, 첩보활동, 범인체포, 화재진압, 인명구조활동 중 사망·부상자), 그밖에 국가유공자 직무 외의 직접 관련이 없는 직무수행 중 사고 또는 재해는 보훈보상대상자의 요건 문제에 해당한다(예 : 일상적인 행정업무 수행, 출·퇴근, 체육활동, 취침 중 사망·부상자). 즉, 국가유공자는 국민의 존경과 예우 대상이고, 보훈보상대상자는 국가의 보상 대상의 시각으로 접근할 수 있다.

④ 직업군인의 상이에 대하여는 엄격한 편이나, 국방의무를 수행하는 병사인 경우 보훈보상자법 시행령 [별표 1]의 제16호 '의무복무자로서 복무 중 해당 질병의 발생 또는 악화(자연경과적인 진행 속도 이상의 현저한 악화를 말한다)가 직무수행 또는 교육훈련과 상당한 인과관계가 있다고 인정된 질병에 의하여 상이를 입은 사람'의 신설로 요건 해당이 비교적 수월해졌다.

⑤ 입증자료와 관련하여 의무기록이 매우 중요한데, 다음이 판단기준이 된다.

- 병상일지, 입원환자등록부, 상이기장, 의무기록 등 부상 사실을 확인할 수 있는 기록 여부
- 훈련계획, 사고조사보고서 등 부상 경위를 확인할 수 있는 부상 직후 조사자료 여부
- 민간병원 의무기록 등 추가 확인할 자료 여부(정신질환, 비뇨기과 질환 등 민감질환은 본인 제출 거부 시 진료기록 확보 불가)
- 사적인 자료 중 객관적으로 볼만한 자료 여부(사고 당시 사진, 체내 금속성 파편 등) 등

⑥ 1950~1970년대 상이라도 부상의 흔적과 근거가 남아 있다면 지금의 의무기록 수준에 비해 부족하더라도 요건이 인정될 여지가 있으나, 신청인의 호소 증상 및 현재의 진단 외에 당시 의무기록이나 부대 관련 자료가 없다면 다수의 인우보증이 더해져도 기록이 불완전할 수밖에 없는 당시 시대 상황을 고려하더라도 입증 불충분으로 요건 인정이 어렵다.

⑦ 후유장애가 없는 것으로 의학적으로 인정되는 질환이나 유전적 질환, 기왕력, 발병원인이 다양하여 공무 관련성을 판단할 수 없는 질환으로 공무수행과 관련하여 급격히 악화된 것으로 보기 어려운 경우도 제외된다.

⑧ 국가유공자법 제79조 1항에 따라 이 법을 적용받고 있거나 적용받을 국가유공자가 다음 각 호의 어느 하나(확정된 일정 범죄)에 해당하면 이 법의 적용대상에서 제외하고 이 법 또는 다른 법률에 따라 국가유공자, 그 유족 또는 가족이 받을 수 있는 모든 보상을 하지 아니한다. 법 적용 배제 해당 범죄행위는 「국가보안법」 위반, 「형법」 상의 살인·강간·강도 등 강력범죄 및 공무원의 뇌물범죄, 「폭력행위 등 처벌에 관한 법률」상 일정 범죄, 「특정범죄 가중처벌 등에 관한 법률」상 일정 범죄, 「특정경제범죄 가중처벌 등에 관한 법률」상 일정 범죄, 「성폭력범죄의 처벌 등에 관한 특례법」상 일정 범죄, 「아동·청소년의 성보호에 관한 법률」상 일정 범죄, 「군사기밀보호법」상 일정 범죄 등이다. 기 등록자는 예우와 지원이 배제되고, 신규 등록자는 결격사유에 해당된다.

⑨ 국가유공자법 제75조 1항에 따라 이 법에 따라 보상받은 사람이 다음 각

호의 어느 하나(1. 거짓이나 그 밖의 부정한 방법으로 보상을 받은 경우, 2. 보상을 받은 후 그 보상을 받게 된 사유가 소급하여 소멸한 경우, 3. 잘못 지급된 경우)에 해당하면 그가 받은 보훈급여금·학습보조비, 제38조에 따른 직업재활훈련비·직업능력개발훈련비, 제39조에 따른 능력개발 장려금·지원비, 제42조 및 제42조의2에 따른 의료지원비, 제55조에 따른 보조금 및 제63조의2에 따른 요양지원에 대한 보조금을 환수하여야 한다. 상기 법 적용 배제 해당 범죄행위는 보상을 받은 후 그 보상을 받게 된 사유가 소급하여 소멸한 경우이므로(국가유공자법 제75조 1항 2호), 보훈급여를 모두 환수하는 것이 원칙이다(보통 작게는 수백만 원, 크게는 수천만 원에 이름).

⑩ 국가유공자법 제75조 3항에 따라 보훈급여금 등을 징수할 때 반환할 자가 행방불명이거나 재산이 없거나 그 밖에 불가피한 사유로 환수가 불가능하다고 인정할 때에는 결손처분(缺損處分)할 수 있다. 보훈급여를 환수하여야 함에도 보훈대상자의 존재나 자력 등에 문제가 있는 경우 결손처분은 보훈심사위원회 심의·의결을 통해 실제 이루어지고 있다.

⑪ 보훈대상자의 요건에 해당하는데 범죄경력이 있는 경우에는 보훈대상자가 거짓이나 그 밖의 부정한 방법으로 보상을 받은 경우(국가유공자법 제75조 1항 1호)에 해당한다고 보지 않고, 보훈심사 과정에서 범죄경력조회를 통해 여과할 수 있었음에도 거르지 못한 경우에 해당하여 그 귀책사유가 보훈대상자에게 있지 않으므로, 국가유공자법 제76조 1항에 따라 국가보훈처장은 이 법에 따라 보상을 받은 자가 제75조 1항 제2호에 해당하는 경우 그 보상받은 원인이 그에게 책임이 없는 사유로 인한 것이면 제75조에도 불구하고 그가 받은 보훈급여금 등을 환수하지 아니하고 면제할 수 있다. 이 경우 범죄행위자인 보훈대상자에게 법 적용 대상을 배제하여 예우와 지원을 중단하는 것이 보훈대상자에게는 중요한 불이익을 부여하는 셈인데, 기 보훈급여금의 반환의무까지 부여한다면 너무 가혹할 것이라는 점에서 보훈급여금에 대한 반환의무의 면제는 왕왕 이루어지고 있어 실제 형평성 있고 타당한 행정을 가져오는 결과가 된다.

⑫ 범죄행위로 법 적용 대상에서 배제된 보훈대상자에 대하여 재등록을 하기

위하여는 국가유공자법 제79조 3항에 따라 이 법의 적용 대상에서 제외된 사람이 다음 각 호의 어느 하나에 해당하게 되면(1. 금고 이상의 형을 선고받은 경우에는 그 집행이 끝나거나 집행을 받지 아니하기로 확정된 날부터 3년이 지난 경우, 2. 삭제, 3. 제1호 외의 경우에는 이 법의 적용 대상에서 제외된 날부터 2년이 지난 경우) 그 뉘우친 정도가 현저하다고 인정되는 경우에만 제6조에 따라 등록신청을 받아 이 법의 적용 대상자로 결정하여 보상을 할 수 있다. 다만, 제1항 제2호에 해당하는 형법상 내란·외환·간첩죄의 경우에는 그러하지 아니하다.

⑬ 상기 보훈대상자의 기 보훈급여금 환수를 면제함에 있어, 실무적으로는 보훈대상자 뿐 아니라 담당 공무원의 과실 등 귀책 사유로도 보지 않는다는 점에서 담당 공무원에 대한 구상은 행사되지 않는 편이다.

3. 법원과 보훈쟁송

국가유공자 등을 인정받길 원하는 보훈대상 신청자가 국가보훈처(관할 보훈지청)로부터 국가유공자 등 등록거부처분(요건 비해당 결정)을 받은 경우, 일부는 법의 부지(不知)와 경제적 무능력으로 권리구제절차를 모르거나 포기하는 경우가 있고, 국가보훈처의 처분을 다투는 권리구제절차를 밟는 경우에는 ① 중앙행정심판위원회에 거부처분의 취소를 구하거나(중앙행정기관의 처분이기 때문에 지방의 관할보훈지청 소관이라고 하더라도 지방행정심판위원회에는 관할이 없어 중앙행정심판위원회에 행정심판을 제기해야 함), ② 중앙행정심판위원회에서 거부처분의 취소가 인용되지 않고 각하 또는 기각 재결이 있는 경우 다시 서울행정법원 또는 관할 보훈지청 소재의 지방법원에 거부처분의 취소를 구하는 행정소송을 제기하거나, ③ 중앙행정심판위원회를 거치지 않고 곧바로 서울행정법원 또는 관할 보훈지청 소재의 지방법원에 거부처분의 취소를 구하는 행정소송을 제기하는 방법이 있다(국가의 처분을 다투기 위해 행정소송 제기 전에 행정심판을 반드시 먼저 거쳐야 한다는 행정심판전치주의가 폐지됨).

행정부의 준사법기관인 중앙행정심판위원회(국민권익위원회 소속이나 독립성과 자율성을 가짐)를 통해 국가의 처분을 견제하는 권리구제절차를 행정심판, 사법부의 법원을 통해 국가의 처분을 견제하는 권리구제절차를 행정소송이라 하는데, 이하에서는 이 절차들을 합쳐 '행정쟁송(보훈쟁송)'으로 칭하기로 한다.

1) 행정쟁송 현황

<표-2> 행정심판 처리 현황[12)]

('22. 10. 31. 현재, 단위 : 건)

구분		접수			처리결과					
		계	이월	당해년도	계	재결			취하 등	인용율(%)
						소계	인용	기각		
2018	요건확인	866	150	716	763	718	9	709	45	1.2
	상이등급 등	750	197	553	638	588	21	567	50	3.2
	계	1,695	347	1,296	1,401	1,306	30	1,276	95	2.1
2019	요건확인	887	167	720	663	631	8	623	32	1.2
	상이등급 등	770	171	599	567	495	31	464	72	5.4
	계	1,657	338	1,319	1,230	1,126	39	1,087	104	3.1
2020	요건확인	1,022	303	719	567	539	8	531	28	1.4
	상이등급 등	770	220	550	490	425	10	415	65	2.0
	계	1,792	523	1,269	1,057	964	18	946	93	1.7
2021	요건확인	965	448	517	696	660	11	649	36	1.6
	상이등급 등	842	259	583	558	474	40	434	84	7.2
	계	1,807	707	1,100	1,254	1,134	51	1,083	120	4.1
2022. 10월	요건확인	765	292	473	507	467	10	457	40	2.0
	상이등급 등	896	299	597	604	492	41	451	112	6.8
	계	1,661	591	1,070	1,111	959	51	908	152	4.6

12) 이 역시 국가보훈처 〉 자료실 〉 현황·통계에서 가장 최신자료를 인용한 것이다.

<표-3> 행정소송 처리 현황

('22. 10. 31. 현재, 단위 : 건)

구분		접수			처리결과					
		계	이월	당해년도	계	판결			취하 등	패소율(%)
						소계	패소	승소		
2018	요건확인	885	566	319	420	290	24	266	130	5.7
	상이등급 등	484	284	200	225	154	15	139	71	6.6
	계	1,369	850	519	645	444	39	405	201	6.0
2019	요건확인	775	465	310	293	207	13	194	86	4.4
	상이등급 등	458	259	199	191	119	19	100	72	9.9
	계	1,233	724	509	484	326	32	294	158	6.6
2020	요건확인	757	480	277	298	209	24	185	89	8.1
	상이등급 등	425	269	156	180	130	20	110	50	11.1
	계	1,182	749	433	478	339	44	295	139	9.2
2021	요건확인	740	460	280	253	166	20	146	87	7.9
	상이등급 등	439	244	195	168	104	11	93	64	6.5
	계	1,179	704	475	421	270	31	239	151	7.4
2022. 10월	요건확인	664	483	181	198	134	10	124	64	5.1
	상이등급 등	418	273	145	159	113	18	95	46	11.3
	계	1,082	756	326	357	247	28	219	110	7.8

2) 보훈실무에 대한 법원의 입장

상기 〈표-2〉와 〈표-3〉의 행정쟁송 현황을 분석한다면, 첫째, 절차가 비교적 신속하고 경제적 비용부담이 덜한 행정심판 사건이 행정소송 사건보다 2~3배 많고, 둘째, 행정심판 사건의 인용률(보훈대상 신청자의 승소)이 2~4%로 행정소송 사건의 패소율(보훈대상 신청자의 승소)인 6~9%에 절반밖에 미치지 못하여 법원의 행정소송에 의한 권리구제 비율이 상대적으로 높은 편이며, 셋째, 행정쟁송의 제기 건수가 매년 비슷한 수치에서 머물고 있는데, 권리구제절차를 밟는 보훈대상 신청자가 증가할 수 있는 구조가 아닌데다가 법원 등에 의해서도 현행 보훈법령에 의해 구제되기에는 한계가 있다는 방증이기도 하다.

① 법원 판례의 전향적인 입장이 있는 경우에 중앙행정심판위원회는 이를 충

실히 따르고 있는데, 2021년 6월 22일 중앙행정심판위원회는 청구인이 2002년 7월 1일 전상군경으로 등록된 사람으로서 피청구인은 청구인이 국가유공자법 제79조 1항 3호상의 소정의 범죄가 있다는 이유로 2021년 1월 20일 청구인에게 국가유공자법 적용배제결정을 하였고, 뒤이어 보훈급여금을 환수해야 한다는 이유로 과오급금 반납처분을 한 사안의 판단에서, 청구인이 군 입대 전인 1968년 2월 28일 국가유공자법 제79조 1항 3호상의 소정의 범죄로 징역 1년 6월의 실형을 선고받고 그 형이 확정된 후 1970년 12월 7일 육군에 입대하여 1971년 8월 11일부터 1972년 8월 11일까지 월남전에 참전하였다가 1973년 10월 25일 전역하였는바, 군 입대 후 국가유공자법 제79조 1항 3호상의 소정의 범죄를 범한 적이 없는 청구인은 법 적용 배제 대상에 해당한다고 볼 수 없으므로, 동 소정의 범죄를 이유로 한 처분들은 위법·부당하다고 인용 재결하였다(중앙행심위 2021-4963 국가유공자법 적용배제결정 등 취소청구).

동 행정심판에 근거가 되어 영향을 끼친 판례는, 법 적용대상의 배제 규정을 두게 된 입법 목적, 헌법상 평등의 원칙 등을 종합하여 볼 때, 국가유공자법을 적용받고 있거나 적용받을 국가유공자에 군 입대 전에 동 소정의 죄를 범하여 금고 1년 이상의 실형을 선고받고 그 형이 확정되어 형 집행을 마친 사람이 군 입대 후 월남전에 참전하여 법 소정의 질병을 얻은 경우는 해당하지 않는다고 보아야 한다고 판시하였다(대법원 2012. 7. 26. 선고 2012두1501판결 [고엽제후유의증환자등록거부취소]). 즉 기 보훈대상자가 법 적용대상에서 배제되려면 보훈의 예우와 지원을 받는 도중에 국가유공자법 제79조 1항이 정하는 소정의 범죄를 범하여 형이 확정된 경우라야 한다.

② 국가유공자 본인의 유가족이 법 적용대상에 해당하기 위한 요건으로 '주로 부양'의 의미에 대해 최근 하급심 판례를 살펴보면 다음과 같다.

국가유공자 본인의 자녀들이 경합하는 경우에 주로 부양한 자녀가 누구인가에 대해, 경제적·일상적·정서적으로 지원과 원조를 함으로써 생전에 다른 유족이 그를 부양한 것보다 특별히 더 높은 수준으로 부양할 필요가 있다고 보고, 국가유공자 본인에게 상당한 재산이 있거나 보상금 액수가 높다고 하여 부양의 필요성이 없다고 볼 수 없고, 부양을 위해 꼭 동거할 필요는 없고 수시로 국가유공자 본인의 주거를 방문하여 청소와 식사 등을 돕거나 가전제품 또는 생활용품을 구입하거나, 국가유공자 본인이 병환으로 치료를 받는 경우 동행 또는 간병하거나 선대에 대한 제사를 주관하거나, 다른 형제들이 주로 부양한 형제에 대하여 보상금 수급자로 지정되는데 동의하거나 경합하는 부양 주장 형제가 특별히 부양했다는 증거를 찾아볼 수 없는 등 다양하게 부양의 모습들을 판단하고 있다(대구고법 2020누2746판결 ; 서울행정법원 2020구단59331판결).

즉, 「독립유공자 예우에 관한 법률」 제12조 4항 1호의 '부양'이란 독립유공자의 생활 안정 및 복지향상에 도움이 되는 일체의 지원과 부조를 말하고, 경제적 급부뿐만 아니라 독립유공자의 수요나 필요에 따른 일상적·정서적인 지원과 원조도 포함되며, 단기간에 일시적·간헐적으로 이루어진 것이라 하더라도 무방하나, 독립유공자의 생애 기간 전체를 기준으로 독립유공자의 연령, 재산과 소득, 생활여건, 부양의 필요성은 물론 부양자와 독립유공자 사이의 관계, 부양자가 이행한 부양의 기간과 내용, 다른 유족의 부양 이행 정도 등 제반 사정을 종합적으로 고려할 때 같은 순위의 유족들 가운데 특히 그 부양자에게 보상금 수급권을 수여하는 것이 정당화될 수 있을 정도로 다른 유족에 비해 높은 수준으로 독립유공자를 부양하였다고 인정되는 사람을 독립유공자를 주로 부양한 사람으로 볼 수 있을 것이다.

③ 국가유공자법 제4조 1항 6호에서 '공상군경'을 정의하면서, 공상군경을 "군인이나 경찰·소방 공무원으로서 국가의 수호·안전보장 또는 국민의 생명·재산 보호와 직접적인 관련이 있는 직무수행이나 교육훈련 중 상이(질병을 포함)를 입고 전역하거나 퇴직한 사람으로서 그 상이 정도가 국가보훈처장이 실시하는 신체검사에서 상이등급으로 판정된 사람"으로 규정하고 있다. 또한 보훈보상대상자법 제2조 1항 2호에서는 '재해부상군경'을 정의하면서, 재해부상군경을 "군인이나 경찰·소방 공무원으로서 국가의 수호·안전보장 또는 국민의 생명·재산 보호와 직접적인 관련이 없는 직무수행이나 교육훈련 중 상이(질병을 포함)를 입고 전역하거나 퇴직한 사람으로서 그 상이정도가 국가보훈처장이 실시하는 신체

검사에서 제6조에 따른 상이등급으로 판정된 사람"으로 규정하고 있다. 공상군경과 재해부상군경의 차이를 국가수호·국민보호 등의 직무수행이나 교육훈련의 직접 관련성 여부에 두고 있는 것이다.

따라서 국가유공자 요건은 국가수호 등이 직접 관련되는 직무수행이나 교육훈련 중 입은 상이이면 되는 것이고, 보훈보상대상자 요건은 직접 관련성이 없는 인과관계의 직무 중 상이를 입으면 되는 것이다. 그러나 보훈심사실무에서는 동법 시행령을 근거로 상이를 다시 발병과 기존 질병의 악화로 나누어 발병은 국가유공자 요건으로, 기존 질병의 악화는 국가유공자 요건에서 제외하여 보훈보상대상자 요건으로 격하시키고 있는데, 이는 요건에서 상이를 발병과 기존 질병의 악화로 구분하지 않는 국가유공자법에 분명히 반하는 것이다. 즉, 피고가 국가유공자법 시행령 [별표 1]의 2호 2-8 중 '기존의 질병이 원인이 되거나 악화된 경우를 제외한다'는 규정은 법률의 하위법규인 시행령에서 추가로 요건을 요구하여 법률상 공상군경의 개념을 하위법규에 의해 축소하는 것으로써 위임입법의 한계를 넘어서 위법한 것으로 평가할 수 있다[13]. 대법원 역시 기존 질병이 해당 질병의 발생 또는 악화에 일부 관련되거나 영향을 미쳤다고 볼 여지가 있는 경우에도 직무수행이나 교육훈련이 발병의 주된 원인으로 인정될 수 있다면 국가유공자 요건을 충족하는 것으로 보고 있다(대법원 2016. 8. 30. 선고 2014두46034판결).

④ 보훈심사실무에서 추가상이(국가유공자법 제6조의 5)에 대해서는 상당히 인색한 편이다. 추가상이는 기 상이를 인정받은 전제에서 기 상이가 인과관계가 되어 다른 상이가 나타나거나 기 상이에서 포함되었어야 하지만 누락된 경우에 인정받을 수 있는 상이이다. 예를 들면, 추간판탈출증(L4-5)에 대한 상이 신청이 많은 편인데, 이에 대해 상이가 인정된 경우 추후 이에 기반하여 신경인성 방광 및 대변실금이 나타난 경우에 추가 상이 여부의 문제이다. '방광 기타 신경근육

13) 이러한 문제에 대해서는, 법률의 위헌 여부를 헌법재판소에서 심사할 수 있듯이, 법률 하위의 명령·규칙·조례 등에 대하여는 재판이 진행 중인 사안에서 적용되고 있는 해당 명령·규칙·조례 등의 위헌·위법 여부를 법원에서 심사할 수 있다. 이를 법원의 위법심사라고 하고, 위헌·위법의 명령·규칙·조례 등의 적용을 해당 사안에서 개별적으로 거부할 수 있다.

기능장애' 및 '대변실금', '척추관협착증'은 상호 연관된 체간 장애 및 신경계통의 기능장애로 판단되는데, 추가 상이 관련 기왕증이나 과거력이 청구인에게 없었던 이상 추간판탈출증으로부터 인과관계가 부인될 수 없고, 원 상이와 추가 상이 진단 사이에 청구인에게 귀책시킬 만한 사유나 어떤 변화요인이 없었다면 추가 상이는 원 상이로부터 경험칙상 상당인과관계성이 추정된다고 보는 것이 합리적이다.

보훈대상으로 등록을 거부당한 추가 상이에 대하여 독자적으로 그 처분을 행정쟁송으로 다툴 수 있다. 실무상 상이에 대하여 일부가 누락되어 일부만 상이가 인정되는 경우가 거의 없을 것이라고 본다면, 추가 상이의 인정 여부는 통상 기상이를 원인으로 하여 발현된 질환에 대한 보훈보상대상자의 요건의 해당 여부가 문제될 것이다.

⑤ 보훈대상 신청인이 수회, 수년이 걸려 권리구제절차를 밟아 겨우 요건 인정을 받은 경우에도, 신체검사에서 등급기준 미달판정을 받아 결국 보훈의 예우와 지원을 받지 못하고 있는 경우가 상당히 빈번하다. 이는 보훈대상자가 되어야 할 사람을 다시 구렁텅이에 빠뜨리는 것이고, 독립된 상이등급판정처분에 대하여 다시 권리구제절차를 밟아야 하는 소모전이 될 수밖에 없다. 의학적 기준에 기반한 상이등급기준에 문제가 있는 것은 아닌지 면밀히 재검토해야 한다. 국가유공자법 제6조의 4(상이등급의 구분) 제2항은 '상이등급의 기준은 상이 부위 및 양태, 사회생활의 제약을 받는 정도 등을 종합적으로 고려하여 정한다'고 명시하고 있음에도, 국가보훈처는 나름의 신체검사 기준에 따라 의료적 진단만을 실시했지, 신청인이 병력으로 실제 어느 정도의 사회적 제약을 받고 있는지 종합적이고 타당한 판단을 하지 않는다.

상기 서술은 요건 인정 후 신체검사를 통한 상이등급판정을 받지 못한 경우인데, 「고엽제후유의증 등 환자지원 및 단체설립에 관한 법률」(이하 '고엽제법') 상 고엽제후유증 2세환자의 말초신경병증이 문제되는 경우, 요건 심사에서 보훈병원의 내부인정기준을 적용하고 있는데 동 질환의 신경이상 증상이 부위별 50% 기능 제한일 때 요건을 인정하고 있다. 내부 검진기준은 공개되지 않고 출처가 체계적이지 않아 법적 구속력 있는 재량준칙이라고 보기도 어려우며, 보훈대상 신청인이 호소하는 증상에도 불구하고 신경학적 검사 등으로 말초신경병증을 완벽하게 진단하기에는 한계가 있어 신경학적 검사와 증상들이 꼭 일치하는 것은 아니라는 점 등을 종합적으로 고려할 때, 비정상 소견 50%를 기준으로 설정해서 미치지 못하면 증상에도 불구하고(비정상 소견이 45%일 때 시일이 지남에 따라 그 비중은 높아질 것이고, 비정상 소견이 50% 미만이므로 말초신경병증을 인정할 수 없다는 것이 잘 설명되지 못함) 말초신경병에 합당하지 않는다는 국가보훈처의 처분은 합리적이라고 할 수 없다.

상기 말초신경병증 관련 고엽제후유증으로 등록 신청하여 거부된 사안에서, 서울고등법원은 "고엽제로 인하여 발병하였을 개연성이 많은 질병으로서 고엽제후유증 인정대상으로 규정한 질병의 하나인 말초신경병을 앓고 있는 이상…고엽제와 현재의 질병 사이의 인과관계를 입증한다는 것은 용이하지 아니할 것이라는 점 등에 비추어 보면 원고의 위 말초신경병이 위에서 본법 시행령 제6조 단서 소정의 각 호에 정한 질병임이 입증되지 아니하는 한 원고의 위 말초신경병은 고엽제로 인한 질병으로 봄이 상당하다 할 것인데, … 원고의 위 말초신경병은 고엽제로 인한 질병으로서 원고는 고엽제후유증환자에 해당한다고 봄이 상당하고, 따라서 이와는 달리 원고를 고엽제후유증환자로 인정하지 아니한 이 사건 처분은 위법하다 할 것이다"라고 판시한 바 있다(서울고법 1995. 9. 6. 선고, 94구28170 판결[확정]).

⑥ 국가유공자법 제6조의 3 제1항에서는 대통령령으로 정하는 사유가 있는 사람의 상이등급 판정을 위한 신체검사는 서면심사로 할 수 있음을 규정하고, 이는 고엽제법 제4조 4항에서 상급종합병원의 진단서를 제출하는 경우 보훈병원의 검진을 생략할 수 있다고 정하는 것과 같은 취지로 보인다. 동 규정들은 상급종합병원 진료의 高신뢰성, 상급종합병원과 비교하여 보훈병원의 한계, 국가유공자 등 등록신청자의 편의성 등을 고려하여 마련된 것으로 적극 적용되어야 할 필요성이 있음에도, 행정쟁송에서 피청구인이나 피고가 되는 국가보훈처는 이에 대하여 "서면심사를 할 수 있거나 또는 검진을 생략할 수 있는" 재량 또는 임의

규정이므로 서면심사를 진행하지 않고 보훈병원에서 신체검사 및 검진을 실시하였더라도 당연히 적법한 처분이라고 하고 있다. 이렇게 할 것이면 굳이 상기 규정을 왜 두었을지 반문하면 답이 나오게 된다. 국가유공자 등을 발굴하고 예우하고자 하는 입법취지에 반하게 된다.

특히 고엽제법의 경우에는 보훈병원의 검진을 대체하는 상급종합병원의 진단서 제출을 대등하게 허용하고 보훈심사를 거치는 경우를 의학적 검토가 필요한 경우로 제한함으로써 등록신청자의 권익을 신속히 도모하고 있다. 이는 모두 국가의 재량을 제한 또는 축소하여 고엽제 피해자가 감수해야 하는 고통을 국가가 특별히 배려·보상하기 위한 것으로 해석해야 하므로, 해당 규정의 문리적 해석에 구애되지 않고 연혁적·목적적 해석을 통해 등록신청자가 구제되어야 한다.

따라서, 상급종합병원의 진단서가 제출된 경우에 보훈대상자에게 유리하게 보훈병원의 검진을 생략해야지, 생략할 수 있다고 규정하고 있기 때문에 상급종합병원의 진단서를 무시하고 보훈병원의 검진을 실시하여 보훈대상자에게 불리한 처분을 할 재량은 없다고 보아야 한다. 보훈대상 신청자에게 유리한 상급종합병원의 진단으로 서면심사를 대체하지 않는 국가보훈처의 실무관행은 상기 법률규정을 임의적으로 묵과한 것이어서 입법취지에 반한 재량행사의 일탈·남용이라고 볼 수 있다.

⑦ 고엽제법 제4조 제4항 본문에서 '국가보훈처장은 다음 각 호의 경우에는 「한국보훈복지의료공단법」 제7조에 따른 보훈병원의 장에게 관련 자료를 보내 그 신청인이 고엽제후유증환자·고엽제후유의증환자 또는 고엽제후유증 2세환자인지를 검진하게 하여야 한다'고 정하면서 제4조 제7항 단서에서는 '다만, 제4항 각 호 외의 부분 단서에 따른 상급종합병원의 최종진단서를 제출한 자 중 해당 진단서에 기재된 질병이 제5조 제1항 각 호의 어느 하나, 같은 조 제2항 각 호의 어느 하나 또는 같은 조 제3항 각 호의 어느 하나에 해당하는지의 여부가 불분명하여 의학적인 검토가 필요하다고 인정되는 경우에는 국가유공자법 제74조의 5에 따른 보훈심사위원회의 심의·의결을 거쳐 이 법의 적용 대상자인지를 결정하여야 한다'고 명시하고 있다.

한 고엽제후유증환자 비해당 결정처분 취소 사건에서 대법원은 “이는 상급종합병원의 전문성을 존중함과 동시에 신청인으로 하여금 불필요하게 중복된 절차를 거치지 않도록 하기 위한 것이다. 따라서 상급종합병원의 최종진단과 보훈병원의 검진 결과가 상이한 경우, 이는 고엽제법 제4조 제7항에서 정하고 있는 ‘고엽제후유증에 해당하는지의 여부가 불분명하여 의학적인 검토가 필요하다고 인정되는 경우’에 해당한다고 보아야 한다. 고엽제법은 이러한 경우에 국가보훈처장은 보훈심사위원회의 심의·의결을 거쳐 등록에 관한 결정을 하도록 규정하고 있는데, 고엽제후유증환자의 등록신청 및 결정에 관한 고엽제법 각 규정의 문언 내용과 체계, 입법 취지 및 국가유공자법이 보훈심사위원회를 설치한 취지 등에 비추어 볼 때 이러한 절차는 국가보훈처장이 결정하기에 앞서 반드시 거쳐야 할 필요적 절차라고 보는 것이 타당하다. 그럼에도 불구하고 피고는 이러한 절차를 거치지 않은 채 보훈병원장의 검진결과만을 토대로 고엽제후유증환자 비해당결정을 하고 말았으니, 국가보훈처장의 이 사건 비해당 결정은 고엽제법 제4조 제7항이 정한 절차를 거치지 않은 하자가 있어 위법하다”고 판시하고 있다(대법원 2018. 11. 9. 선고, 2018두47431판결).

⑧ 고엽제법 제5조 제5항 및 제6항에서 각 ‘월남전에 참전하고 전역한 자 등 또는 남방한계선 인접지역에서 복무하고 전역한 자 등으로서 제1항 각 호의 어느 하나에 해당하는 질병을 얻은 자는 제4항에 해당하는 것이 입증되지 아니하는 한 그 질병이 고엽제로 인하여 발생한 것으로 본다’, ‘월남전에 참전하고 전역한 자 등 또는 남방한계선 인접지역에서 복무하고 전역한 자 등으로서 제2항 각 호의 어느 하나에 해당하는 질병을 얻은 자는 제4항에 해당하는 것이 입증되지 아니하는 한 고엽제후유의증환자로 본다’고 규정함으로써, 등록신청자의 질병의 발생에 대한 입증책임을 전환하여 질병과 고엽제후유(의)증 간의 인과관계를 간주·의제하고 있다.

고엽제법은 등록신청자의 입증책임 부분에 있어 법상 요건을 추정하여 국가에게 입증책임을 전환하는 것에 그치지 않고 간주하고 있다. 아직 국가로의 입증책임의 전환이 규정되지 못한 국가유공자법에 비해 등록신청 국민에게 매우 강력하고 유리한 부분이다.

Ⅲ. 결론

보훈심사에서 가장 흔히 다루어지는 국가유공자 및 보훈보상대상자 인정에 있어 국가보훈처의 예산 및 실무 관행에 근거한 보수적인 입장과 군인·경찰과 같이 위험직무에 종사하는 공적 영역에 대한 이해 부족 및 사실 오인, 이에 따라 국가보훈처의 잘못된 법령의 적용이 복합적으로 작용되어 결국 보훈을 받지 못하는 많은 국민들이 고통스러워 하고 있다. 상이에 대한 추정 규정이 삽입되어 입증책임이 국가에게 전환되지 않는 한 수많은 국가유공자 및 보훈보상대상자 등록신청에 대한 거부처분 및 권리구제 노력은 계속될 것이다.

국가보훈처가 관련 자료를 참고하여 국가유공자 등의 요건 해당 여부를 독자적으로 결정할 수 있는 것은 당연한 것이지만, 이것이 국가보훈처가 보훈정책을 아주 잘 집행하고 있으니 문제가 없다는 것으로 포장하는 말과는 다른 것이다. 국가보훈처의 처분에 대하여 국민들이 계속 법원에 구제를 신청하는 것에 대하여 피고는 그때그때 쟁송에 대응하는 것으로 끝날 것이 아니라, 국가를 위해 헌신·희생한 사람들이 권리구제를 통해 하는 이야기들을 귀 기울여 보훈정책에서 개선점을 찾아 제도적으로 반영할 수 있도록 노력해야 한다.

보훈예산은 6조원 가량인데, 상당히 적지 않은 예산임에도 국가보훈대상자 등록을 호소하는 이들은 너무도 많은데, 자포자기하는 경우가 많고 긴 시간의 권리구제절차를 통하더라도 절망하는 경우가 많은 것 같다. 숭고한 이들을 위해 쓰여야 할 예산은 다 어디로 가고 있는가. 국민들의 지속적인 관심과 요구, 보훈법의 정립 노력과 같이 전문가들의 실질적이고 적극적인 대안 제시, 국가와 공무원들의 적극행정 등 요소가 종합적으로 잘 갖추어져야 국가유공자 기타 다양한 유형의 국가보훈대상자에 대한 충분한 예우와 지원이 가능하다. 장차 일정 시간이 흐르면 국가보훈대상자의 으뜸인 독립유공자와 참전유공자는 자연적으로 소멸될 것이고, 이에 따라 다른 유형의 국가보훈대상자가 되고자 하는 국민이 소외되고 있지 않은지, 시대 변화에 따라 달라져야 하는 예우와 지원은 무엇인지 충분히 고민해야 한다. 국가에 대한 신성한 국방의무를 양심적으로 거부하는 것을 인권 보장 측면에서 접근하였다면, 국가에 대한 의무를 충분히 다하고 아픈 자에 대하여는 더 말할 것도 없이 국가가 특별히 배려해야 한다. 보훈을 잘하는 것이 국가의 품격을 높이는 일이다.

참고문헌

권영복·정철호. 2022. "독립유공자 보호제도에 대한 헌법적 고찰: 입법정책적 관점에서." 『한국보훈논총』 21(1). 한국보훈학회.

정영훈. 2016. "국가유공자에 대한 보상·지원의 헌법적 근거에 관한 검토". 『법과정책연구』 16(3). 한국법정책학회.

국가보훈처. 홈페이지. 자료실.

중앙행정심판위원회, 재결서, 2021-4963 국가유공자법 적용배제결정 등 취소청구.

대법원 2018. 11. 9. 선고 2018두47431판결.

대법원 2016. 8. 30. 선고 2014두46034판결.

대법원 2012. 7. 26. 선고 2012두1501판결.

대구고등법원 2020누2746판결.

서울고등법원 94구28170판결.

서울행정법원 2020구단59331판결.

● 저자 프로필

▪ 유호근

청주대학교 정치행정 전공 교수, 한국보훈학회 회장, 국가보훈처 정책자문위원 등을 맡고 있다. 한국외국어대학교 정외과를 졸업하고, 동 대학원에서 정치학 박사학위를 받았다. 한국평화연구학회 회장, 한국정치학회 국가전략분과 위원장, 통일부 통일교육위원, 민주평통 충북평화통일포럼 연구위원장, 한국국제정치학회 부회장, 감사, 비전통안보분과 위원장 등을 역임했다. 주요 논문으로 "보훈외교의 정치 경제: 맥락과 함의," "한국전쟁과 유엔 참전국: 보훈외교를 중심으로," "보훈을 통한 공공외교 연구" 등이 있고 주요 저서로는, 『국제관계학: 인간과 세계 그리고 정치』 외 다수의 논문과 저서가 있다. hky37@cju.ac.kr

▪ 심옥주

한남대학교 교수. (사)한국여성독립운동연구원 원장, 공주독립운동기념관 운영총괄을 하고 있으며, 국가보훈처 문화재청 여성가족부에서 독립운동가 발굴과 문화유산 프로젝트를 수행해왔다. 연구분야는 한국근현대사상과 민족운동, 여성독립운동분야이며 주요 저서로는 〈한국여성독립운동연구〉 〈독립, 호국, 민주의 미래와 보훈의 가치(공저)〉 〈여성독립운동가 사전〉 〈한국여성독립운동과 국가보훈〉 등이 있다. 주요 논문으로는 "호주 여선교사의 독립운동: 독립운동과 서훈과정을 중심으로" "안중근 가 여성의 독립운동에 관한 연구" 등이 있다. simokjoo1919@hanmail.net

▪ 남광규

고려대학교 아세아문제연구원 통일과 국제평화센터장과 매봉통일연구소 소장으로 재직 중이며 고려대학교에서 정치학 박사학위를 받았다. 주 연구 분야는 통일, 북한문제, 한국외교다. 최근 연구로는 『미국·중국·일본·러시아의 대북 국가이익』

(편저), *North Korea and South korea*(Co-Authors), "윤석열 정부의 대북정책·한미관계 방향과 정책적 과제," 등이 있다. maebong2000@naver.com

▪ 박동순

경남대학교 대학원 정치외교학과를 졸업하고 "탈 냉전기 한국의 전투부대 파병정책 결정에 관한 연구"로 정치학 박사학위를 취득하였다. 국방부 군사편찬연구소에서 국제분쟁사부장을 역임하였으며, 현재 한성대학교 교수로 있다. 국제분쟁, 국가보훈정책, 국방외교안보, 통일정책 및 사회통합 등에 관심이 많다. 주요 저작은『한국의 전투부대 파병정책』,『국제분쟁과 평화활동』,『내 인생 주인으로 살기』등이 있다. pds3692@hanmail.net

▪ 이강수

국방부 6·25전쟁 60주년 사업 기획총괄부장, 전쟁기념관 기획·학예부장 등 보훈분야에서 다년간 근무하였다. 한성대학교 일반대학원에서 "역대 정부의 보훈 정책 결정요인 연구"라는 주제로 박사학위를 받았으며, 한성대학교에서 2013년부터 국방정책과 인력·조직 분야 강의를 하고 있다. 보훈분야 주요연구서로『민간참전단체 주관 6·25전쟁 참전기념행사의 효율적 수행방안』,『국가보훈의 역할증진과 가치 확산방안』등이 있으며, 6·25전쟁 지원국이 63개국임을 밝힌『6·25전쟁 물자지원국 연구』연구 책임자로 활동하였다. ksks8146@naver.com

▪ 홍원표

한국외국어대학교 정치외교학과를 졸업하고 같은 대학원에서 "고전적 합리주의의 현대적 해석: 스트라우스, 보에글린, 아렌트를 중심으로"라는 주제로 박사학위를 받았다. 한국외국어대학교 LD학부 교수로 재직했고 현재는 명예교수로 있다. 한나아렌트학회 회장(2009~2012)을 역임했다. 주요 저작은『현대 정치철학의 지형』,『아렌트: 정치의 존재이유는 자유다』,『한나 아렌트 정치철학: 행위, 전통, 인물』,『비극의 서사』가 있다. hongwp@hufs.ac.kr

▪ 김홍국

연세대학교와 동 대학원을 마친 뒤 KDI국제정책대학원에서 MBA, 경기대에서 "민주화 이후 대통령 국정어젠다의 설정과 정책화에 관한 연구"라는 주제로 박사학위를 받았다. 경기대, 중앙대, 동국대 등에서 강의했다. TBS 보도국장과 경기도 대변인을 역임했다. 현재 한국보훈학회와 한국협상학회 부회장이며, 독도의용수비대 기념사업회 이사이다. 주요 저작은 『넬슨 만델라 위대한 조정자』, 『오바마2.0』, 『미국의 거장들』 등이 있다. archomme0@gmail.com

▪ 권영복

동국대학교 대학원에서 '국가보훈제도에 있어서 전공사상군경의 법적 보호에 관한 연구'로 법학박사학위를 취득했다. 세한대학교 경찰소방대학 교수로 재직하였고 현재 동국대학교 행정경찰학부에 초빙교수로 재직 중이다. 주요논문으로 ''군인의 국가배상청구금지와 국가보훈제도의 관계 고찰, 국가보훈제도와 전몰·순직군인 유족 보훈급여제도의 개선방안, 독립유공자 보호제도에 대한 헌법적 고찰, 군복무자의 재해보상청구권에 대한 헌법적 고찰' 등이 있으며, 관심분야는 헌법 및 행정법 전반, 국가보훈제도 전반, 군인의 권익보호 등이다. himmel8043@hanmail.net

▪ 노동영

2013년부터 현재 충북지방변호사회 법무법인 청녕의 변호사이다. 충북대학교에서 "한반도 통일에 있어 국제법상 UN의 역할"로 박사학위를 받았다. 국방부 정보분석관, 강동대학교 조교수를 지냈고, 공군사관학교에서 항공우주법 강의를 병행하고 있다. 변호사로서는 행정법을 전문영역으로 하여 국가보훈처 보훈심사위원으로 활동하며 행정사건의 영역인 보훈쟁송을 다수 수행하고 있다. 학문적으로는 보훈, 항공우주, 통일에 관한 공법적 연구를 다루고 있다. 공저 저서로 『우주법론』, 『지방자치의 법과 과제』가 있다. noicjj@hanmail.net